传播、书写与想象
明清文化视野中的西方

宋刚／主编

前　言

明清时期，中国与西方在文化领域展开了较以往更为广泛、深入的交流，一方面，入华天主教传教士大力推广西学、传播教义；另一方面，中国人对西方文化和西学做出了多样及多重的反应。双方的交流对近代中国产生了持久影响。这一交错的文化史一直是学界关注的重要课题。过去二十年的研究已经脱离传统的单向传播（或反应）模式，更多学者提倡诸如相遇、调适、互动、对话等新的方法论，形成了以开放、兼容为主导的发展趋势。

关于明清文化视野中的西方这一课题，早期研究多见于中西比较文学领域，尤其是孟华等学者从法国学术界引入了形象学理论，并将社会集体想象物（imaginaire social）、套话（stéréotype）、他者（autre）、文化描述（représentation）等概念应用于中国文学中的西方形象研究。此类研究侧重文本细读和解析，其中的代表性作品大多来自精英阶层，时间则集中在晚清时期。随着跨学科研究的发展，形象学理论和概念逐渐波及历史学、宗教学、艺术史、文化学、人类学、翻译学等领域。近十年，与此课题相关的研究不断出现，为学界探索提供了新的维度。然而，目前的研究仍然相对分散，常常限于个案的讨论，综合性成果尚不多见。有鉴于此，本书集合海内外学者的代表性研究成果，透过历史、文学、语言、宗教、科技等视角，考察晚明至晚清二百年间中国人关于西方的一系列知识、观念、描述和想象。在探讨多种西方形象的形成及演变的同时，进一步发掘"他者"的形象对近代中国历史和中西文化交流的启示意义。

本书共收录九篇论文，研究对象有欧洲来华传教士、中国信徒、文人学者、旅欧外交官等，牵涉题材包括小说、诗歌、《圣经》译本、游记、日记、文学译作、信稿、地理学著述等。虽然九篇论文的研究角度各异，但都是以明清时期中西文化交流作为背景,探求某种西方观念或形象如何在中国语境中被呈现、解释和改造,以及如何对后世产生影响。

　　本书具有以下两大特色:首先,北京大学的孟华教授、复旦大学的邹振环教授、美国宾夕法尼亚州立大学的夏伯嘉教授、台湾"中央研究院"的李奭学研究员等人,长期从事中西文化交流的研究,在比较文学、宗教学、历史学等领域深有造诣。他们贡献出对相关专题的典范研究,为本书增色不少。其次,本书以促进跨学科、跨地区的学术交流为目的,收录的论文在研究方法上力求创新,注重在双向交流领域中含有中国元素的个案研究。具体而言,夏伯嘉探讨早期旅欧中国人反向观察西方的例证。宋刚发掘清初天主教徒徐若翰所描述的负面耶稣会士形象,不再局限于目前仍有影响力的欧洲中心视角或中国中心视角。李奭学、蔡锦图关于《圣经》汉译的研究,表明在文本翻译行为之外,还因为中文的特殊性而牵涉到文言、白话取向的策略性问题,进而引发对明清基督教译经语体与近代中国文学关系的重新思考。此外,孟华、邹振环、蒋向艳、徐欢颜对不同时代、不同身份的中国人心目中西方形象的考察,以及黎子鹏对郭实猎所塑造的英国形象的分析,既有特定的"集体想象"的痕迹,也凸显出西方形象背后隐藏着"自我"与"他者"文化身份认同的吊诡。这些研究涵盖一系列跨越文化传统边界的文字、观念和经验,不但更有力地证明了中西之间在近代历史进程中的互动、互存关系,而且也将促进相关领域的学者开展更多富有前瞻性的专题研究。

　　本书能得以付梓出版,有赖于复旦大学出版社的支持,以及香港大学文学院查良镛基金(Louis Cha Fund)的资助,编者在此一并致谢!

目 录

明清之际中国人眼中的欧洲 …………………… 夏伯嘉 001
折射的他者
　　——吴历《三巴集》中的西方形象 ………… 蒋向艳 016
晚明至清初天主教中文《圣经》翻译 …………… 蔡锦图 033
"人情反复，初终易辙"
　　——清初天主教徒徐若翰笔下的耶稣会士 … 宋　刚 053
近代白话文的崛起与耶稣会传统
　　——试窥贺清泰及其所译《古新圣经》的语言
　　　问题 …………………………………… 李奭学 083
"无上之国"
　　——郭实猎小说《是非略论》与《大英国统志》所
　　　塑造的英国形象 ……………………… 黎子鹏 127
对曾纪泽使法日记的形象研究
　　——以语词为中心 ……………………… 孟　华 152
晚清士人对莫里哀的接受
　　——以陈季同和曾朴为中心 …………… 徐欢颜 164
晚清中国人对澳大利亚的认识 ………………… 邹振环 182

作者简介 ……………………………………………… 212

明清之际中国人眼中的欧洲

夏伯嘉

[摘要]

从 1649 年到 1770 年间,约有超过百位中国人前往欧洲,他们大部分都是天主教信徒,如耶稣会士樊守义、信徒黄嘉略等。同一时期,也有包括陆希言在内的中国信徒,以及在广东任职的官员印光任、张汝霖等人,到访欧洲人在东方的前哨站之一澳门。本文借助这些人所留下的文字书写,辅以中国及欧洲档案中的记录,尝试重建西方帝国主义时代以前中国人对欧洲和欧洲人的观察。这些带有显著个人色彩的观察,体现出传统皇权体系内中国人对西方文化的多元化认知和反应。更重要的是,这些记录提供了中国人反向观察欧洲的个案,不但有助于纠正对东西文化相遇的部分偏颇观点,而且也提醒我们在使用东方、西方,以及东方主义、西方主义等二元概念时采取更为谨慎的态度。

[关键词]

樊守义;《身见录》;黄嘉略;陆希言;《澳门纪略》;反向观察

一、场　　景

1722 年 1 月 13 日,傅圣泽(Jean-François Foucquet,1699—1740),这位曾在中国服务二十三年的法国耶稣会传教士,搭乘法兰西东印度公司的船只"Prince de Conti",从广州出发返欧。与他同行的是十一大箱的中文书和他的助手胡若望(John Hu)。胡若望是一位中国天主教徒,他被傅圣泽雇用,负责协助傅圣泽开启隐藏在古代中文经典中的大门,进而揭示经典内有关上帝对于救赎的应许。这位四十岁的鳏夫,祖籍江西,居住在广东省省会广州城附近。他留下他的母亲和一个已成年的儿子,前往欧洲,展开自己的精彩旅程。在抵达法国的路易港(Port Louis)时,傅圣泽和胡若望两人的关系迅速交恶。胡若望的偏差行径、不服从的态度以及对西方生活的不适应,种种情形都导致两人关系的中止。由于傅圣泽认为胡若望已经神志不清,1723 年 4 月,他便将胡若望安置在位于夏伦顿(Charenton)的精神病院。胡若望一直待在那里,直到1725 年 11 月,透过巴黎新任助理警官以及戈维里神父(Pierre de Goville,1701—1758)的帮忙,才获准出院返乡。法国耶稣会戈维里神父,曾在中国服务二十年,反对傅圣泽企图在古代中文经典中寻找基督教启示符号的研究。在传信部(Propaganda Fide)和法国政府的帮助下,胡若望从位于奥属尼德兰的奥斯滕德(Ostende)离开,在 1726 年 1 月返抵中国。回乡之后,胡若望仍用自己在法国受到的苦待及未收到傅圣泽答应支付的尾款等问题,不断地骚扰传教士。在拿到补偿之后,他回到了佛山。史学家史景迁(Jonathan Spence)曾成功地在他 1988 年的专著《胡若望的疑问》(*The Question of Hu*)中,借由傅圣泽写的自辩书和报告胡若望在西方生活情形的书信,重建了这个故事。至于胡若望本人,我们只有他在夏伦顿写给傅圣泽的一封二十行的中文短信,史景迁复制并翻译了这封信。

当我们聆听胡若望的声音时,我们只听到他婉转地询问戈维里神父,为什么他被关在夏伦顿,或是他在广州天主教堂前面大声地对路人抱怨他所受到的苦待。也许是这样的原因,史景迁选择以下面一段文字作为该书的结尾:

> 胡若望在老家安居,享受自己熟悉的景致和声音。……他的乡亲中间从来没有人像他那样有远渡重洋的经历。不仅广州没有,整个广东省也没有。坐在夕阳底下,他望着枝干低垂的榕树,庄稼收割后空荡荡的稻田,熟悉的小溪中缓缓流淌的溪水,还有远处的山丘。"胡伯伯,胡伯伯",孩子们叫嚷着,睁大的双眼满是期待,他们尖细而确信的声音冲上无际的半空,"胡伯伯,告诉我们西洋是什么样的?"胡若望沉吟半晌,闭上了眼睛。"这个嘛",他说,"西洋跟我们这里也差不多"。①

这是一个从反向检视欧洲的例子,但胡若望的故事是缺乏文字资料的:他

---

① Jonathan Spence, *The Question of Hu*, New York: Knopf, 1988, p.134.

闭起了他的眼睛,在记忆中回顾过去。史景迁所创造出的这幅画面,不禁让人联想到另外一幅真实的图像:香港岛某村庄的小广场。这幅由法国艺术家绘制于1838年的彩色石版画,出自博尔杰的三十二幅系列作品,题名为"中国速写和中国人"(Sketches of China and the Chinese)。博尔杰曾谈到他如何绘制这些作品:"我走到街道的中央,站在一幢庙宇的对面,在一棵树根向四面伸展的大树下,我开始写生,但迅即为好奇的村民所包围。"①

正由于博尔杰的艺术表现,我们才拥有他的视觉记录,然而我们对于这群中国旁观者的观察却是完全空白,正如胡若望始终未开始述说他的故事一样。当我们极欲平衡东方主义者的诠释时,我们碰到的是"他者"(the other)的视觉空白和沉默。因此笔者致力于复原这些声音和视角,重建西方帝国主义时代以前中国人对欧洲和欧洲人的观察。本文有两个主要目标:第一,选择一些中国史料来纠正对东西文化相遇的部分偏颇观点;第二,但又或更为重要的,反对使用东方、西方,及东方主义、西方主义这种二元的分法。总而言之,在这种反向的观察中,我们必须谨慎,不预期有些异于寻常、更加有趣或新奇的想法存在,因为对于一个热切得知故事另一面的读者来说,胡若望将要说的故事也许反倒令人失望。但无论如何,胡若望并非第一个赴欧远行的中国人,也许他是他家乡的第一人,但他绝不是广东省的第一人。

二、在欧洲的中国人

从1649年到1770年间,根据记录,大约有超过百位中国人前往欧洲。这些人都是男性天主教徒,绝大多数为神职人员。还有更多的一群无法准确计数的人,前往欧洲人在亚洲的据点,特别是马尼拉、巴达维亚和果亚。这类的迁徙包括男性和女性,有些人是主动前往寻求就业机会和财富,有些人是受欧洲人所聘,并非自愿前往,当然也有些少数年轻的中国信徒,远赴海外接受神学教育或领授圣职。基于本文的研究目的,这是第一群让我们感兴趣的赴欧访客。以下一一介绍他们的故事。

1. 郑维信(1633—1673),澳门人,洗名Manuel de Siqueira,陪同法国耶稣会士陆德(Alexandre de Rhodes,1591—1660)前往意大利。1645年离开澳门,

---

① Hong Kong Museum of Art, *Hong Kong. The Changing Scene. A Record in Art*, Hong Kong: The Council, 1980, p.30.

走陆路,经中亚、波斯、亚美尼亚和小亚细亚,1649年抵达罗马。沿途中他学习亚美尼亚语,也遭到穆斯林绑架,和同行的耶稣会神父分离,最后独自前往意大利。1651年他进入耶稣会,1664年在科英布拉(Coimbra)晋铎,1666年离开欧洲,1668年返抵中国。

2. Andreas Zheng,南明官员,随同卜弥格神父(Michael Boym,1612—1659)赴欧,于1652年抵达威尼斯。他曾要求加入耶稣会,然而似乎逗留在罗马,一生未返中国。

3. 1654年一位中国信徒Dominic,随同意大利耶稣会士卫匡国(Martino Martini,1614—1661)返欧。

4. Nicolau da Fonseca(1642—1689年后)是来自澳门的中国人,1661年陪同马理尼(Giovanni Filippo De Marini,1608—1682)返欧。1665年他在里斯本加入耶稣会,1666—1668年前往印度果阿(Goa)。之后晋铎,在越南南部服务。

5. Gregorio Lopez,又名罗文藻(1616—1691),首位晋铎的中国人,之后成为主教。他曾在马尼拉服务十年(1638/1640—1647,1652—1655,1683—1684),之后返回中国,为多明我会在华的传教士。

6. 沈福宗(Michael Shen Fuzong,约1658—1691),17世纪80年代与比利时籍耶稣会士柏应理(Philippe Couplet,1623—1693)赴欧。航程中偶遇的强风,将其所搭乘的荷兰船只吹离航线。毫无疑问,他是首位看到位于卑尔根(Bergen)的挪威海岸线的中国人。沈福宗和柏应理最终在阿姆斯特丹上岸,前往安特卫普、布鲁塞尔和鲁汶。他在罗马停留超过一年,不但晋见法王路易十四(Louis XIV,1638—1715)和英王詹姆士二世(James II,1633—1701)两位君主,并与牛津大学的东方学家海德(Thomas Hyde,1636—1703)一同工作。1688年加入里斯本的耶稣会。1691年在返回中国的旅程中,逝世于靠近莫桑比克的沿海。

7. 黄嘉略(Arcadio Huang,1679—1716),1702年由巴黎外方传教会神父梁弘任(Artus de Lionne,1655—1713)带至罗马。由于他对是否担任圣职产生疑虑,便从罗马回到巴黎。他娶了巴黎的一位女子玛丽·克劳德·赫涅(Marie-Claude Regnier)为妻,育有一女。其后在法国皇家图书馆工作,曾与弗莱(Nicolas Fréret,1688—1749)、孟德斯鸠(Montesquieu,1689—1755)及东方学者傅尔蒙(Etienne Fourmont,1683—1745)会面。1716年病逝。

8. 樊守义(Louis Fan Shouyi,1682—1753)是首位留下旅居西方的个人记录的中国人。为协助担任康熙皇帝特使的耶稣会士艾若瑟(Antonio Francesco

Provana，1662—1720)出使教廷,他在1708年抵达里斯本,同年加入在罗马的耶稣会,1717年晋铎。1719年他和艾若瑟一同回国,艾若瑟在途中病故,樊守义则回到中国。他曾向康熙皇帝和其他有兴趣的听众讲述在欧洲的情形。在康熙皇帝的要求下,樊守义完成了《身见录》这份第一手记录,当然他也借此机会强调天主教及欧洲文明的成就。

9. 胡若望(John Hu,1681—?),为了协助傅圣泽赴欧。他在欧洲停留时间逾三年,但大部分都在沙伦顿(Charenton)的精神疗养院,1725年返回中国。

10. 在18世纪,逾五十名中国人独自赴欧。有五名中国人,包括康(Philippe Stanislas Kang)、刘汉良(Paul Liu)、蓝方济(Ignace-Xavier Lan)、陶(Father Tao)、曾貌禄(Maur Caor),都在耶稣会学院(Jesuit College Louis-le-Grand))就读。

11. 高类思(Louis Gao,1732—1790)和杨德望(Etienne Yang,1733—1798)在1751年从北京前往巴黎,在法国停留至1765年。他们研读神学,也向重农学派学者(Physiocrats)介绍儒家哲学。最终他们返回北京耶稣会的居住地,从事神职服务。

12. 1732年在那不勒斯建立的中国学院(Collegio dei Cinesi),为近代欧洲训练了51名中国籍学员,其中有41名返回中国传教,但有两名死于旅途中,还有一名学员(Lucio Wu)曾多次企图逃离中国学院,最终死于罗马梵蒂冈的监狱。

在这逾百名旅欧的中国天主教徒中,有些人我们仅有他们的名字,也有些人在中文和欧洲档案中有更多的记录。但只有耶稣会士樊守义和信徒黄嘉略,曾经留下他们欧洲经验的书写记录。

樊守义(1682—1753)是山西人①,跟随意大利籍耶稣会士艾若瑟前往欧洲。在他旅欧十二年间(1708—1720),大部分时间都待在意大利。返回中国后,樊守义前往北京教区服务,直到1753年过世为止。樊守义与艾若瑟出使罗马教廷,目的是平息礼仪之争的冲突。礼仪之争起自在华耶稣会和其他托钵修会的争执,对于是否允许中国信徒参与祭孔和祭祖仪式,双方意见不一,最后演变成罗马和北京的外交冲突。樊守义在回国之后,面对国人一连串关于西方的提问,促使他撰写了篇幅短小的《身见录》。如他在序言中所言:"蒙王公大人殷殷垂顾,

---

① 樊守义的生平可见Joseph Dehergne, *Répertorire des jésuites de Chine de 1552 à 1800*, Rome: Institutum Historicoum S.I, 1973, p.86;方豪:《中国天主教史人物传》,香港:香港公教真理学会,1973年,第3册,第33—35页。

询以大西洋人物风土,余始以十余年之浪迹,一一追思,恍如昨见。"①《身见录》一书,从樊守义登上葡萄牙船舰 Bom Jesus de Mazagão 开始,用简洁而精确的笔法,描述了途中停留的各个港口:巴辣哥亚、巴以亚府(Bahia)、里斯本(Lisbon)、热内亚(Genoa)和里务尔诺府(Livorno)。樊守义描写了巴达维亚的城内空间和富庶景况,巴以亚府坚实的防御战船,位于泰古河出海口的里斯本港及城内壮丽的教堂、宫殿和养济院,还有热内亚国内繁华的商贸,以及规模虽小但令人印象深刻的里务尔诺府。樊守义特别细致地描绘了罗玛城的炫丽景致,宗座圣殿和圣伯多禄广场诸多细节,令人印象深刻的教廷图书馆、圣若望堂(St. John Lateran)、圣母雪堂(Mary of the Snow)、耶稣会教堂、"德国书院"(German College),以及教宗夏日居住的蒂沃利(Tivoli)花园。在回忆录中,樊守义对祭台供器的华丽装饰惊讶不已。他甚至认为仔细欣赏一个祭坛就可以花上一整天的时间。他游历了那不勒斯(Naples)、佛罗伦萨(Florence)、博洛尼亚(Bologna)、米兰(Milan)和都灵(Turin)。尽管某些细节已在记忆中渐渐地模糊,但樊守义在这十二年间,曾与一些重要人物会面,包括佛罗伦萨君王、萨克森及波兰两国世子,还有众多意大利城邦的君主和统治者。他也记下了洛雷托(Loreto)的传说,在耶稣过世后,圣母为了逃避迫害,先后搬迁圣室至马赛(Marseilles),最后转至洛雷托。这是在整本记录中少数关于教会历史的记载。结尾部分笔锋直下,樊守义又再次登上开往里斯本的船只,随后就回到广州。

《身见录》一书所勾勒出西方的概况,显示出作者并非是个敏锐的观察者。面对清廷名流询问罗马教廷的情况时,樊守义所使用的是众人熟悉的中国化的概念。例如,他称教宗为教化王,按文意来说是负责道德教训的君主。并由 72 名"宰相及主教司铎"襄佐王事。由于《身见录》是在他返回中国后才写成,樊守义也许为了满足那些上层名流的好奇心,重新编织了他的记忆。然而,相对于近两百年来自欧洲各地传教士写成的中国回忆录,《身见录》的文笔却相当地平淡模糊。② 到

---

① 《身见录》全文可参见方豪:《中西交通史》,台北:中国文化大学出版社,1983 年,或 Giuliano Bertuccioli, "Fan Shouyi e il suo viaggio in Occidente" (Chinese Text and Italian Translation), in Michele Fatica and Francesco D'Arelli, eds., *La Missione cattolica in Cina tra I secoli XVIII-XIX*, *Matteo Ripa e il Collegio Dei CInesi*, Naples, Istituto Universitario Orientale, 1999, pp.341-419.
② 法国耶稣会士记录不少旅程中的趣闻和种种详细经过,可参见 *Lettres édifiantes et curieuses des missions étrangères par quelques missionnaires de la Compagnie de Jésus*, Paris, 1702-1776. 至于从中国到法国这段的旅程,见 Claudia von Collani, ed., *Joachim Bouvet, S.J., Journal des Voyages*, Taipei: Ricci Institute, 2005. 至于在更早期充满风险的旅程,可见 Liam Brockey, "Longos Caminhos e Castos Mares: Jesuit Missionaries and the Journey to China in the Sixteenth and Seventeenth Centuries," *Bulletin of Portuguese Japanese Studies*, No. 1 (2002): pp.45-72.

底是什么原因造成如此大的差异?这些作品是否反映出作者不同的知识水平和好奇心?为何欧洲传教士极欲知道中西的差异?又或因着这群传教士作者留意保持与被观察对象的距离,例如海洋、目的地、官员、宫廷、非信徒和信徒,因为距离而产生的观点,使得一个独立的自我(self)得以纯粹地保留在他们的作品当中?又或我们可以反问:为什么樊守义的《身见录》如此平淡?为什么他只是一个被关注的客体(来自欧洲各地君王的接见),而非一个充满好奇心的主体?在《身见录》中,我们无从发现樊守义作为中国人或是天主教徒的自我意识,然而这些关于自我认同、国家、宗教的议题,却处处见诸传教士的记载。后面我将在本文分析中,试图解决这些问题。在此之前,我想先介绍第二篇文献,黄嘉略的日记。

黄嘉略出生于中国沿海福建省一个虔敬的天主教家庭,他在家排行第五,但也是唯一的子嗣。父母将他托付给巴黎外方传教会的神父,接受古典中文和基督教教育。青年黄嘉略在1702年随同梁弘任主教赴欧。梁弘任站在外方传教会的立场,坚决反对在华耶稣会的行径。在罗马停留初期,梁弘任原期许黄嘉略能进入圣职,但他并无意于此。在外方传教会的支持下,黄嘉略前往巴黎,为当时管理皇家图书馆的阿贝·比农(Abbe Bigno)工作,担任翻译。他在巴黎期间结识了玛丽小姐,两人于1713年4月结为连理,家庭生活主要靠来自皇室的少部分资助,及他翻译工作的薪饷。

1713年10月间,黄嘉略开始提笔撰写日记。在这本34页的日记册中,黄嘉略的字小巧整齐,尽管有些拼写错误,但基本来说他的法文不错。书中几处出现了罗马拼音的中文,这些多半是黄嘉略不欲人知的内容。[①] 黄嘉略在日记中记录着他的日常生活和当时的公众事件,包括巴黎的寒冬,还穿插着火警、粮价、肉价、货币贬值等事件。1714年4月19日,西班牙王位继承的冲突结束,神圣罗马帝国皇帝与路易十四签订《乌得勒支和约》(*Treaty of Utrecht*),黄嘉略在日记中对此事表示相当满意。[②] 日记中也记载了这对年轻夫妇结婚初期经济窘

---

① 在这份手抄本 *Journal domestique du chinois Arcade Hoang*, *October 1713-1714* 上有标记:Bibliothèque de France, Manuscripts, nouvelle acquisitions française 10005。编号 fr. Nou.acq.280 是黄嘉略的手稿 "papiers du chinois A. Hoang 1679-1716"。关于黄嘉略的研究,可见 Danielle Elisssef, *Moi, Arcade: Interprète Chinois du Roi-Soleil* (Paris: Arthaud, 1985),这本书以黄嘉略和法国早期汉学家弗莱的手稿为基础,但采用小说形式撰写。另外还可参见 Jonathan D. Spence, "The Paris Years of Arcadio Huang," in *Chinese Roundabout*, New York: W.W. Norton, 1992, pp.11-24;许明龙:《黄嘉略与早期法国汉学》,北京:中华书局,2004年。

② 《黄嘉略日记》,fos. 12a-b, 21b-22a, 23a-b.

迫，却因着黄嘉略在 1713 年 11 月 14 日买了三张彩券，意外地得到解决。① 整体来说，日记呈现了黄嘉略生活的各个方面。这对夫妇经常望弥撒，黄嘉略为隶属奥古斯汀修会的圣叙尔比斯（St. Sulpice）教堂捐款。②他们家也定期接待一些访客，如黄嘉略的岳母和他的雇主比农。还有很多日常琐碎之事，如他们制作果酱，品尝蘑菇、奶饭、白葡萄酒，以及在某次他染上风寒时，他妻子买了两个馅饼。③

  1714 年初，当黄嘉略收到来自皇家支付的工资时，他的身心都恢复到他原本乐观开朗的状态。他又再度前去拜访一位暹罗商人④，他的妻子也毫无节制地购物。尽管他仍因着风寒的关系而持续发烧，但却精神振奋。1714 年 2 月 16 日的日记写到：黄嘉略（Cardinal de Fonchan Houang）总是因着高烧而觉得不适。午后，岳母脚步蹒跚地来到家中（son altesse royale mlle. de Valois R）。⑤这本日记的笔调幽默、乐观，甚至带点自嘲的口吻。"黄嘉略现在是大主教（Mgr. Le Patriarche）、大将军（le general）、大使（l'ambassadeur）、大元帅（le marchal）、大总督（le gouveneur）；他的太太则是雍容高贵的黄小姐。"1714 年 3 月 4 日的记录也带有类似的笔触："今天早上黄先生已经在他房间开始工作，然而他的妻子却才正离开家门准备外出购物。"⑥再看 2 月 17 日的日记，有如同当代大众小说作者常用的幽默、自嘲口吻："亲爱的读者，你一定相当清楚，黄先生从这个月的 18 日到 25 日总是埋首工作。"⑦

  如果黄嘉略在书写日记时使用法文呈现出他对于所居住国家的亲密感，那偶尔出现的中文罗马拼音则是对他的妻子保留个人的隐私。黄嘉略在 1713 年 12 月首次谈到他妻子的月经，他使用"*hue quin*"。⑧ 他也使用"Marie-Claude nóu nóu"，也许用以暗指性事或是她的"坏脾气"。当他不使用他的法文称号时，他曾有次称自己为黄相公（Hoange siang con）。⑨ 在这本小册子的封面上题有四个中文字，"日薄西山"，大概暗含自己已为老年或是衰残的状态。

  尽管他的社会地位普通，但黄嘉略确实是个非凡的人，他结识孟德斯鸠，并

---

① 《黄嘉略日记》，fo. 5b.
② 《黄嘉略日记》，fo. 6, 8.
③ 《黄嘉略日记》，fo. 12.
④ 《黄嘉略日记》，fo. 12b.
⑤ 《黄嘉略日记》，fo. 15.
⑥ 《黄嘉略日记》，fo. 17b.
⑦ 《黄嘉略日记》，fo. 16b.
⑧ 《黄嘉略日记》，fo. 10b.
⑨ 《黄嘉略日记》，fo. 25b.

和他切磋中国文化,他也梦想能完成一部中法辞典。1715年10月,在他妻子怀孕三个月后,黄嘉略搁笔。1716年春天女儿出生,带给他极大的喜悦,但他的妻子却因生产的劳累和感染风寒,生产后几天就过世了。从他的日记中,我们发现黄嘉略的身体向来不好,他于1716年10月1日过世。他的孩子也同样取名为"Marie-Claude",交由他的姻亲照顾①,但只活几个月就夭折了。

这位出身福建、旅居巴黎的天主教徒,曾任皇家图书馆的翻译,还有"Mogsignor Le Marechal Huang"和黄相公的名号,但他为什么称法王路易十四为"我们的国王"(notre roi)?他的日记是出自一个中国人还是一个巴黎小资产阶级之手?毫无疑问,对于当时的法国人而言,黄嘉略是中国人,但这个事实并不阻碍他成功地融入法国社会。这本轻薄的日记充分勾勒出一幅充满活力、聪明和风趣的男士图像。作为一个中国人、基督徒和巴黎人,他敏锐地意识到本人多面向既重叠又和谐的自我认同。就笔者所知,他是第一个娶欧洲女子的中国人。相较而言,黄嘉略几乎和他的乡亲胡若望过着截然不同的生活。胡若望对于欧洲男女无别的关系十分反感,因而他对巴黎群众极力地用中文传讲,要求在礼拜中恪守中国传统中男女有别的界线。在他停留法国那段充满绝望的日子中,他坚决拒绝学习法文。

三、谁是观察者?

这同时也是个谁是被观察者的问题。也就是说,是欧洲和欧洲人的故事。对于他者的观看结果完全需仰赖观者的地位来决定。整体而言,观看是需要依据特殊的文化滤镜来决定,而在欧洲近代时期,这个滤镜属性是由儒家和天主教来决定。先前我们讨论过的这三个人,胡若望、樊守义、黄嘉略,对他们而言,中国的天主教会像是欧洲文化的前哨站,带领观者进入欧洲文化的大门。这些人在出海前,对于欧洲文化已有程度不一的了解。在穿过前哨站之后,进入欧洲文明炫丽的大殿,每个人将依据他内在的能力自我调整。最糟的莫过于胡若望的例子,因为不懂法文和欧洲生活的礼仪及性别分际,他失败了;樊守义成功地成为知名的中国籍耶稣会士,并在传教史上留名;黄嘉略的例子则充满戏剧性,在他的日记中反映出他个人和欧洲的联结以及特有的悲剧性。

其实,不必大费周章远赴海外才能体验欧洲和欧洲文明,欧洲文化早已具体

---

① Spence, *Chinese Roundabout*, pp.18-20, 22-24.

而微地再现于中国的几个门户城市。即如比利时籍传教士南怀仁（Ferdinand Verbiest, 1623—1688）的描述,在当时葡萄牙据有的澳门,是几世代赴华传教士对中国的第一印象。多元文化在此交会,澳门为欧洲传教士提供一个绝佳的练习环境:他们在此学习中国语言和风俗习惯,在他们进入中国内地之前,他们就和中国籍传教员合作。在教难时期,澳门成为传教士避难和被流放的所在地。对于晚明和清初的中国人而言,澳门则提供了最直接的西方生活图像,远超过耶稣会士的文字描绘。然而在19世纪之前,我们仅有两篇关于澳门的中文史料,但其中并未流露出中国人对于欧洲事物的好奇心。

第一件史料罕为人知,现收藏于法国国家图书馆,是中国籍耶稣会士陆希言（1631—1704）的手稿。① 陆希言是江苏省人,1688年已值成年的他进入耶稣会。他在他的家乡首次接触天主教信仰,但他在澳门才正式开始接受神学训练。1681年,陆希言和另一名中国信徒也是著名画家的吴历（1632—1718）,陪同比利时籍耶稣会士柏应理前往澳门,他们希望从那里登船前往欧洲。由于他们两人未能上船,转留在澳门的耶稣会学院,后来受洗,陆希言的洗名为"Dominique",吴历为"Simon-Xavier a Cunha"。不同于欧洲人对澳门的第一印象是从海上远望,从内地经由陆路而来的他们,则有着不同的印象:

> 未至前山,遥望如一叶荷葵,横披水面;迨其茎,则有关焉,职司启闭,以别界之内外也。进而稍近,则楼阁层层,高者依山巅,低者傍海边,缘崖屈曲,恍然一幅佳山水。至入其境,见城无百堵,众无一旅,家无积粟,凄凉满襟,然似赖以安全者,有文士焉;衣服翩翩,吟哦不辍,从天主堂而出入,读书谈道,习格物,穷理而学超性者。有武士焉;攘衣露肘,带刀佩剑,从炮台而上下,较勇力,比超距,思擒游龙而搏猛虎者。是诸文武之士,恪守上帝之明命,而不敢违,其静动行为,无不托庇于天主。②

陆希言继续描述了许多教堂,特别是耶稣会的圣保禄教堂。接着他描述救济院（Misericordia）、麻风病院,以及专门收留穷人和旅客的医院。至于防御设施,他发现这些大炮远优于明朝那些西洋式枪炮,足以驱逐海盗、倭寇和越匪。他认为"海贼、犁蛮、倭寇均不敢由此而出入,保障东南,藩篱百粤,功岂渺

---

① BF Chinois, 7043/9。该书部分原文亦可见方豪《中国天主教史人物传》（中册）的陆希言传记。
② 方豪：《中国天主教史人物传》（中册）,第250—251页。

小哉?"①

倘若我们能将这样的言论理解为对于葡萄牙的正面评价,陆希言清楚地表达了他对于文化交流的看法:

> 乃有摈而为界外者,因存其本国之风,衣冠犹在,语言犹在尔!若吾不以为外,而以孔孟之书,周鲁之礼化之一道同风,而后用其昭事之道以导吾民,则人知爱敬天主而爱人,是无偷薄之人,举国皆天民矣。用其格物穷理之学,以启发吾国之才俊,则物理可辨,推测可明,精微可尽,大学格物致知之章,可以补其阙失矣;用其勇以制伏不臣,则无思不服,率土皆王臣矣;用其税以充国,则饷额无亏,县有攸赖矣;以如是之地,如是之人,如是之道,如是之学,如是有功于吾国家者,而又视为外夷,摈为界外,不亦深可慨也夫!抑为不知究也夫!②

这段特殊的文字是在一个乐观的时代所写的。明清政权转移时,战火摧毁了天主教的地方组织,但如今天主教又再度重启传教任务。1688 年陆希言和吴历是首批在中国接受圣职的神父,先前仅是允许入会成为修士。四年之后,康熙皇帝允许在中国传教和举行宗教仪式,批准官员得以自由进入教堂,作为对耶稣会士宫廷服务的奖赏。在 1692 年容教诏令之后,仅仅一个世代,宗教宽容的氛围因着罗马教廷谴责中国礼俗而急转直下。18 世纪中叶,清朝政策仍持续禁止中国人信奉天主教。

第二份史料《澳门纪略》,是由两名中国官员印光任和张汝霖所撰,于 1751 年出版。③ 此二人皆为低阶官员。他们"专理澳夷事务,兼管督捕海防"④,在澳门北边十五里处的前山寨设防驻扎。(1681 年陆希言曾旅经此地)两人曾经以官方身份前往澳门。书中表露出 18 世纪中叶禁教之时,中国士大夫对于澳门这块葡萄牙当时的据地,特别是居住此地的中国天主教徒的反感。

依循地方志的惯例,在介绍了行政沿革之后,《澳门纪略》一开始先讲述澳门的历史和地理。对本文来说,最有趣同时也是书中篇幅最长的部分,是对于人口

---

① 方豪:《中国天主教史人物传》(中册),第 251 页。
② 方豪:《中国天主教史人物传》(中册),第 251 页。
③ 《澳门纪略》已有两个现代校注版,由赵春晨校注,分别由广东高等教育出版社于 1988 年出版,及澳门文化司署于 1992 年出版。澳门版的插图尤为精美。本文的引文皆出自此版本。
④ 赵春晨:《澳门纪略校注》,第 75 页。

的详细记载。澳门分为葡萄牙人,以及他们来自非洲、印度尼西亚、马来西亚的侍从(男女人数超过3 500),数目不详的中国移民和中国教徒,还有一半中国血统的教徒(人数多于2 000)。① 书中有21张木刻插图,绘制了澳门的地形、官府建筑、城池、男女服饰、来自不同修会的天主教传教士、轿子和葡籍船只。附录列出以中国文字标示读音的396个葡萄牙文词语。

要理解《澳门纪略》一书,我们需要考虑身为作者之一的张汝霖,曾参与1746—1748年镇压澳门地区改宗的中国信徒。② 据张汝霖的描述,当时有两类的中国人被吸引入教:第一是那些居住澳门多年,深受外国风俗和语言影响的人,其中有些改宗天主教的人,同时改穿西洋服饰,有些仍保留传统服饰。第二类则包括经常拜访外国人居地的商人、工匠和士兵。③ 张汝霖鄙视西方,他轻视如时钟、望远镜、风琴、水钟、喷水池等西方器物,视之为无用的发明。④ 他对天主教的教义更是充满贬低之意,对张汝霖和同辈的18世纪中国文人而言,天主教等同于官方查禁的异端邪教。张汝霖引用蒋德璟在17世纪最重要的反天主教文集《破邪集》序文所言,把天主教等同于非法的异端,如白莲、闻香诸教。⑤ 他又进一步征引个人经验谴责天主教:

> 今就澳门取其书观之,所云五经十诫,大都不离天堂地狱之说,而词特陋劣,较之佛书尤甚。间尝寻求其故,西洋诸国由来皆崇奉佛教、回回教,观其字用梵书,历法亦与回回同源,则意大里亚之教当与诸国奉佛,奉回回者无异,特其俗好奇,喜新而竞胜,聪明之士攘回回事天之名,而据如来天堂地狱之实,以兼行其说。⑥

倘若对天主教、伊斯兰教、佛教、道教和其他异端邪教的鄙视是许多18世纪儒家士人的特征,那么从中国中心观孕育而生的傲慢和无知,认为外国皆为蛮夷纳贡之邦的想法,自然也就弥漫在中国官员当中。《澳门纪略》的作者们,除了偶尔巡视澳门外,从未离开中国。他们对于西方的认知主要来自明朝的书籍,也就是清中叶官修史书《明史》中对外国的记载,以及15世纪初一些中国人在印度洋

---

① 赵春晨:《澳门纪略校注》,第75页。
② 该书载有他反对天主教的行动和颁布的法令,见赵春晨:《澳门纪略校注》,第81—84页。
③ 赵春晨:《澳门纪略校注》,第82页。
④ 赵春晨:《澳门纪略校注》,第175页。
⑤ 赵春晨:《澳门纪略校注》,第86页。
⑥ 赵春晨:《澳门纪略校注》,第183页。

一带活动的记录,不过缺乏直接的消息来源。他们当然知道葡萄牙人居住在澳门。《明史》的用语是"佛朗机"(这是源于中世纪阿拉伯语称呼法兰克人为"佛朗机"),清中叶改为"弗郎西"。在《澳门纪略》中提及"弗郎西"曾征服吕宋岛,无疑是作者将西班牙卡斯提尔(Castile)和葡萄牙混为一谈,因为这两国在1580年至1640年曾短暂合并。① 作者认为佛朗机位于占城西南,但他们也知道需时三年才能航行至佛朗机。② 在书中几处,我们可见作者混淆了葡萄牙和意大利:或是葡萄牙帝国控有果亚、美洛居(Timor)、巴西国、菲律宾,其帝国分别由两个国王治理世俗事务和宗教事务。③ 他们也了解葡萄牙和尼德兰相互敌对,争相控制东南亚和南中国海。在作者眼中,葡萄牙人的特征是"长身高鼻,猫睛鹰嘴,拳发赤须,好经商……初奉佛教,后奉天主教"④。荷兰人则是"红毛番","深目长鼻,发、眉、须皆赤,足长尺二寸,颀伟非常,然不善战,所恃惟巨舟大炮,故往往多挫衄。……其自鸣钟、鸟铳、马铳、双利剑、单利剑、照星月水镜、江河照水镜,制作精好,甲于西洋"⑤。然而,这两位官员作者并不知道这两个海上强国在宗教上的差异。

对于在澳门的葡萄牙人,印光任和张汝霖是相当苛刻的:"第夷性类多贪黠,其役使之黑鬼奴尤为凶悍,又有内地奸民窜匿其中,为之教诱唆使,往往冒禁触法,桀骜不驯,凌轹居民,玩视官法。更或招诱愚民入教,贩卖子女为奴仆,及夹带违禁货物出洋,种种违犯。"⑥作者们也十分清楚,单靠道德谴责并无法吸引读者,因此从儒家仇视蛮夷的笔调,转向大篇幅对异族的论述。他们详细地描述葡萄牙男性和妇女,他们的黑奴,以及衣着,房室,防御设施,教堂,不同的修会,士兵,礼仪,计时装置,历法,丧葬仪式,交通方式,食物,珠宝,服饰,家具,武器,进口的物资,以及这个亚热带地区的动植物生态。⑦ 尽管作者平实地陈述这些事实,但他们显然对于性别议题较感兴趣。在这两位中国士大夫的眼中,葡萄牙人相当重女轻男。女性掌管家务并有财产继承权。葡萄牙男性则入赘女方,恪守一夫一妻。倘若违反该制度,因着女性的控诉,将被教宗处于死刑。有些人死罪可免,其手足将被铁环勾绕,直至血满全身方止。女性并不遵循一夫一妻的规

---

① 赵春晨:《澳门纪略校注》,第124、126页。
② 赵春晨:《澳门纪略校注》,第122、142页。
③ 赵春晨:《澳门纪略校注》,第141页。
④ 赵春晨:《澳门纪略校注》,第126页。
⑤ 赵春晨:《澳门纪略校注》,第127—130页。
⑥ 赵春晨:《澳门纪略校注》,第75页。
⑦ 赵春晨:《澳门纪略校注》,第145—182页。

定。据作者们观察,当他们有了中国女婿时,他们会相当自豪。①

这段话的讨论重点,并不在于呈现心理学的愿望满足(wish-fulfillment)和对西方特别的性幻想(sexual fantasy),反而是此举颠倒了立足于华夷之辨的儒家父权社会秩序。不被澳门葡萄牙人遵循的男尊女卑观念,正是中国人和周遭蛮夷的自然尊卑顺序。《澳门纪略》中对于澳门、葡萄牙、意大利和其他欧洲国家的讨论,为我们提供从汉代至清中叶朝贡关系的概况。印光任和张汝霖罗列了中亚、朝鲜、日本、琉球群岛、安南、吕宋、暹罗、满剌加、苏门答剌、锡兰山、古里、西洋琐里、小琐里、忽鲁谟斯、阿丹。在这种秩序中,欧洲虽然敬陪末座,但却是侵略性最强的后起之秀,为中国带来了利玛窦和天主教,把葡萄牙人带至澳门。② 在传统的世界观下,欧洲人的到来势必引起中国士人的兴趣,如同《澳门纪略》一书所呈现的。但这绝非出自好奇心,尽管这种异国情调的喜好在晚明士大夫中间一度形成一股风潮。

四、结　　论

假使东方主义是将一个充满自主性的"他者"简化成没有主体性的个体,恰如其批评者反对一个来自西方,然而却敏锐、自信且意识到其他文明的存在的观察者的论述,前面分析的四位中国作者的文字,则提醒我们反东方主义论述也同样令人反感。在这四个文本中,印光任和张汝霖的《澳门纪略》是最接近于东方主义框架上的文类,换句话说,我们可以在传统史料中发现对于非汉族的文字记录,描述来自天下四方蛮夷的服饰、饮食、居住环境、语言、交易和战事。如同任何民族志的记载,这样的叙述至少透露出作者和被观察对象的心态。相较于《澳门纪略》,陆希言、樊守义和黄嘉略撰写的三个文本则在光谱的另一端,是对于西方民族的观察。这三名作者都是天主教徒,对于西方认知程度不一:陆希言是其中最倾向于传统文化的儒者,仅懂一点拉丁文皮毛,且从未步出中国以外;樊守义略懂意大利文和拉丁文,黄嘉略则是说着一口流利的法文,两人旅居国外若干年。整体来说,他们的个人观察相当重要:黄嘉略的机智诙谐让我们进入他隐秘的家庭生活,并感受到他的不幸;樊守义真诚但平庸的描述,带我们感受他被意大利的辉煌所震慑的惊奇,以及轻而易举结合了中国文化和天主教的双重

---

① 赵春晨:《澳门纪略校注》,第 154 页。
② 赵春晨:《澳门纪略校注》,第 95—107、132—137 页。

认同。正因为这些来自远方的声音展示出他们对西方的反向观察，使得中欧文化相遇的图景变得更为丰富。

Ming-Qing Chinese Perceptions of Europe
Ronnie Po-chia Hsia

[Abstract]

From 1649 to the 1770s, more than a hundred Chinese traveled to Europe. The majority of them, including Louis Fan Shouyi and Arcade Huang Jialue, were Catholic converts. During the same period, some Chinese converts like Dominique Lu Xiyan, as well as Qing officials Yin Guangren and Zhang Rulin in Guangdong, visited or stayed in Macau, one of the early European outposts in the East. Focusing on the writings by these converts and officials, along with a group of extant archival records from China and Europe, this article aims to re-construct Chinese observations of Europe and the Europeans before the Age of Imperialism. Their personalized observations embodied the diversified perceptions of and responses to Western culture among late imperial Chinese people. More importantly, these records provide inspiring case studies on the reversed Chinese gaze at Europe. They not only help correct some biased views on the historical encounters of Chinese and Western cultures, but also remind us to take a more cautious stance when using East-West, Orientalism-Occidentalism, and other dualistic concepts in research.

[Keywords]

Louis Fan Shouyi, *Shenjian lu*, Arcade Huang Jialue, Dominique Lu Xiyan, *Aomen Jilue*, Reversed Observation

折射的他者
——吴历《三巴集》中的西方形象*

蒋向艳

[摘要]

吴历《三巴集》前帙《澳中杂咏》主要呈现了西方他者的什么形象？后帙《圣学诗》又呈现了西方他者哪方面的形象？这一西方他者的形象总体如何？吴历对这一西方他者形象的态度如何？《三巴集》及其所书写的西方他者形象对吴历生时及后来的清代社会和人们产生了什么影响？在当今具有什么意义？本文运用比较文学形象学原理，通过对以上问题的探讨，以解析吴历的天学诗集《三巴集》所折射的西方他者形象。

[关键词]

吴历；《三巴集》；西方；他者；文化折射

吴历（1632—1718）所处的年代，到过欧洲、实地观察过西方习俗的中国人寥寥无几。1681年跟随比利时耶稣会士柏应理（Philippe Couplet，1623—1693）由澳门赴欧洲的沈福宗（Michael Alphonsius Shen Fu-Tsung，1657—1692）是最早到达欧洲的中国人之一。沈福宗之后则有1702年随巴黎外方传教会传教士梁弘仁（Artus de Linonne，1655—1713）至欧洲并在法国度过余生的黄嘉略（Arcade Huang，1679—1716）。不过这两人均英年早逝，留下的中文著述（黄嘉略有《汉语语法》《汉语字典》，以及一部记于1713年10月19日至1714年10月2日之间的私

---

* 本文作为学术研讨会与会论文分别在2012年11月14—16日由浙江大学外语学院举办的"海外汉学与中外文化交流"国际研讨会和2012年12月7—9日由香港大学中文学院举办的"绝域远人：明清文化视野中的西方"国际研讨会上参与讨论，作者在此感谢香港与会学者北京大学孟华教授对本文提出的修改建议。本文首次发表于《国际汉学》2017年第1期。

人日记①)不多,直接描写西方的更少。清人樊守义(1682—1753)1707年随法国传教士艾若瑟(Antonio Francesco Giuseppe Provana,1662—1720)出使罗马,居意大利九年,他的《身见录》(约1721年)被视为最早的西方游记(原稿藏于罗马图书馆,阎宗临有校注,1941年刊)。相比而言,吴历是较早在文学作品中通过澳门这一"界外"地域描绘西方的中国文士之一。齐皎瀚指出,在澳门时,吴历"尽管身处中国国土,却是以一名目击者的身份准确描绘西方风俗的第一位中国诗人"②。

1680年,吴历和陆希言作为赴罗马教廷的中国司铎候选人来到澳门,后未前往欧洲,而是留在澳门三巴静院③学道④。澳门"界外"之称,见于陆希言所撰《澳门记》最后一段:

> 乃有摈而为界外者。因存其本国之风,衣冠犹在,语言犹在尔。若吾不以为外,而以孔孟之书、周鲁之礼化之,一道同风。……以如是之地,如是之人,如是之道,如是之学,如是有功于吾国家者,而又视为外夷,摈为界外,不亦深可慨也夫,抑为不知究也夫?⑤

澳门之被摈为"界外"的原因有:早在1535年即明嘉靖十四年,澳门被辟为对外舶口,允许外国商人入澳贸易;1553年中葡停止干戈,中葡冲突关系缓和,1557年澳门正式开埠⑥,葡萄牙人从此正式开始在澳门"合法"定居。而从顺治十八年(1661年)始,清廷执行"迁界"(指为避"海逆",安定民生,令江南、浙江、福建、广东濒海诸省民众迁居内地)政策,澳门成为这一"迁界"令的敏感地带。康熙四年(1665年),澳门被视为"化外教门"的特殊地区,恩准澳门居民免迁内地。⑦ 澳门

---

① 许明龙:《黄嘉略与早期法国汉学》,北京:中华书局,2004年,第59页。
② Jonathan Chaves: *Singing of the Source: Nature and God in the Poetry of the Chinese Painter Wu Li*, Honolulu: University of Hawaii Press, 1993, p.55.
③ 澳门作为中国与海外相通的重要门户,同时也是欧洲天主教会在东方的中心基地,始建于1572年、重建于1602—1640年的三巴寺(或称圣保罗教堂)(São Paulo)是欧洲耶稣会在远东的传教中心。吴历这次来到澳门,在三巴寺所设的神学院——三巴静院或圣保禄学院学习神学,修习成为传教士的必修课程,包括格物、穷理、超性之学和拉丁文。
④ 关于吴历未能跟随柏应理到欧洲的原因,参见金国平、吴志良:《吴历"入澳不果"隐因探究》,载《早期澳门史》,广州:广东人民出版社,2007年,第450—471页。该文指出,吴历和陆希言随柏应理前往欧洲的原定任务是协助罗马教廷审核各种经典的汉译文,但由于"礼仪之争"公开,不能再讨论和批准经典汉译,吴历和陆希言的西行就失去了意义,因此两人被留在澳门学道。
⑤ 吴历撰,章文钦笺注:《吴渔山集笺注》,北京:中华书局,2007年,第697页。文中着重号为本文作者所加。
⑥ 金国平、吴志良:《早期澳门史》,第13页。
⑦ 韦庆远:《清初的禁海、迁界与澳门》,载《澳门史论稿》,广州:广东人民出版社,2005年,第48—75页。

就这样被划在了"界"外,与内地相隔。1680年当吴历他们来到澳门,葡萄牙人在此定居已达一百多年,澳门独特的葡人文化已逐渐成形。引文中的"外夷"即指当时居住在澳门的葡萄牙人,"外"指外国。陆希言在《澳门记》中客观描绘了澳门这一"界外"地的异"国"风情,力写对澳门之被摈为"界外"、被视为"外夷"的不满,"内""外"之截然对立,当时"界内"对澳门的成见之深,可以想见。那么,作为陆希言在三巴静院同时期修道的同学,吴历对于这片"界外"土地及其生活又是如何描绘和应对的呢?在吴历眼里,西方这一他者在"界外"澳门折射出的形象究竟如何?这需要到吴历主要创作于澳门修道期间的"天学诗"集[①]——《三巴集》(包括前帙《澳中杂咏》三十首和后帙《圣学诗》八十二首)中去探究。本文尝试运用比较文学形象学的理论,探讨吴历眼里澳门折射出的西方形象。

比较文学继承了法国比较文学的系统教育,肯定了文学与社会、与历史的联系。法国比较文学家巴柔(Daniel-Henri,Pageaux)倡导形象学甚力,他对形象学的论述中关于他者相异性的书写以及对待他者的基本态度或象征模式两部分内容尤其中肯。[②] 巴柔指出,比较文学形象学关心的是对相异性和关于相异性的书写,即以文本所存储的能够直接或间接传播他者形象的词汇作为形象的原始构成成分。巴柔所说的词汇可以扩展到句子、语段、语篇;对于本文所分析的对象文本《三巴集》来说,这些书写往往是诗句或一整首诗。第二个重要内容即对待异文化的基本态度或象征模式,巴柔区分了四种态度:狂热、憎恶、亲善,以及第四种可能:一个新的统一整体,可以说是一种世界主义的开放而宽厚的态度。本文运用巴柔的形象学原理,首先梳理《三巴集》对他者相异性的书写,以此呈现其中的西方形象,同时表明作者对这个西方他者的态度,然后考察《三巴集》及其所呈现的西方他者形象在清代及后世的影响,最后总结全文。

一、《澳中杂咏》:西方他者的异地映射

1. 澳门风物志

(1) 他者相异性的书写

吴历将他在澳门观察到的地貌、经济、风俗习惯等写入诗歌,《澳中杂咏》

[①] "天学诗"为吴历对这一题材诗歌的自称,见吴历:《续口铎日抄》,引自《吴渔山集笺注》,第616页。

[②] 参见巴柔著,孟华译:《从文化形象到集体想象物》和《形象》,载孟华主编:《比较文学形象学》,北京:北京大学出版社,2001年,第118—152、153—184页。

构成吴历在澳门这一17世纪下半叶带有鲜明西方影响痕迹地区的西式生活图景,类似于一种游记文学。齐皎瀚指出,吴历的三十首《澳中杂咏》很可能是"中国文学作品中最早在直接观察的基础上细致描绘西方风俗的诗歌创作"[①],它们充分展现了直接由葡萄牙商人给澳门带来的新风新貌,比如海上商业盛于农业:

> 海鸥独拙催农事,抛却濠田隔浪耕。地土纵横五六里,隔水濠田甚瘠。居客不谙春耕,海上为商。(其二)

在这里,有疍人以海上捕鱼为业,以海为家,好群聚饮酒的生涯:

> 夜半疍船来泊此,斋厨午饭有鲜鱼。(其三)
> 海气阴阴易晚天,渔舟相并起炊烟。疍人放舟捕鱼,以海为家,终岁不归。(其五)
> 晚堤收网树头腥,蛮疍群沽酒满瓶。(其八)

有使用橄榄油的西式烹调法:

> 鱼有鲥鳠两种,用大西阿里袜油炙之,供四旬斋素。(其三)

食材、调味品中,有来自南洋群岛的胡椒:

> 小西船到客先闻,就买胡椒闹夕曛。(其十八)

有来自西方欧洲报时准确的自鸣钟:

> 灯前此地非书馆,但听钟声不听鸡。(昏晓惟准自鸣钟声。)(其十九)

有葡萄牙人黑人仆役的居所、关于美丑的特殊俗尚及其善舞的特征:

---

① Jonathan Chaves, *Singing of the Source*, p.50.

黄沙白屋黑人居,门柳如菱秋不疏。黑人俗尚,深黑为美,淡者为丑。(其三)

黑人舞足应琵琶。黑人歌唱舞足,与琵琶声相应,在耶稣圣诞前后。(其二十七)

居客异于内地的着装风俗:

俗喜短毳衣衫,两袖窄小,中间四旁纽扣重密。……(其六)

葡萄牙商人妇不事农桑、好锦衣打扮的生活:

少妇凝妆锦覆披,那知虚鬓画长眉。夫因重利常为客,每见潮生动别离。(妇)全身红紫花锦,尖顶覆拖,微露眉目半面,有凶服者用皂色。(其七)

西人与中国人相异的免冠礼:

来人饮各言乡事,礼数还同只免冠。发有金丝拳披者,矜重戴黑多绒帽。帽式如笠,见人则免之为礼敬。(其九)①

(2) 吴历的态度

通过《澳中杂咏》对澳门的描绘,澳门的西式生活风貌跃然纸上。在这里,这个西方形象就是活生生的生活现实,吴历对此没有表现出丝毫的惊诧和不安,而是欣然观察,以欣赏和赞美的笔调描绘澳门的西式生活风貌。显然,澳门为吴历打开了观察新世界、了解新事物的一道门窗,而吴历乐在其中。顾彬曾指出,《澳中杂咏》最惊人的是吴历克服对欧洲任何偏见的能力以及对东西方差别的幽默描绘。② 吴历在面对"他者"时,不仅看到了中国和欧洲之间的差别,而且还知道外国人也可能将他视为不同的人。③ 齐皎瀚指出,与同时代其他中国文人诗文

---

① 以上吴历诗作均引自《吴渔山集笺注》,下同。
② Wolfgang Kubin, "Crossing the Border, Breaking with the Past: Wu Li's Iconoclasm," in *Culture, Art, Religion: Wu Li (1632-1718) and His Inner Journey*, 2006, p.333.
③ Kubin, "Crossing the Border, Breaking with the Past: Wu Li's Iconoclasm," p.328.

中对外国风俗的描写相较,《澳中杂咏》具有惊人的"移情性"(empathetic),表明吴历面对异国风俗没有表现出丝毫的恐外症(free of xenophobia)。① 由巴柔的四种基本态度考量,吴历对澳门生活画景的态度应是第三种,即亲善或友善。

另外,《澳中杂咏》对澳门的书写不仅突出了他者相异性,同时也融入了他者和自我的相似性、相同性。吴历在面对澳门异于中国内地的西风异俗时,在敏锐地观察到两者之异的同时,也隐含着对两者之同的体认。如见面礼俗之不同,仅在于表现形式——西方人以入室脱帽为敬礼,而中国人没有这个礼节,形式不一,但两种不同形式所表达的礼仪内容本身是相同的;服装问题亦如是。吴历对东西之异同给予同样的关注,表明吴历对于异文化的态度,实在是比较"开放而宽厚"的,是近似于巴柔所谓世界主义的第四种态度。

2. "大西""海外":吴历想象的西方

(1) 他者相异性的书写

吴历所在的圣保禄学院是一所由天主教耶稣会创立于1594年的传教士学院,办学经费主要由葡萄牙商人提供支持。当时,尽管身处多葡人居住、深受葡萄牙文化影响的澳门,在《澳中杂咏》中,吴历却甚少直接提到葡萄牙这个具体的欧洲国家,而一般以"大西""西"来指称广义的西方欧洲,如"大西阿里袜油"(其三)、"偶逢乡旧说西矿"(其六)、"计程前度大西去"(其十)、"谓罗先生到大西矣"(其十六)、"西字如蝇爪"(其二十六)、"西征未遂意如何"(其二十九)、"柏先生约予同去大西"(其二十九)。此外,还有一次以"海外"来指称地域上的西方欧洲,即"性学难逢海外师"(其二十五)。"海"字意味深长。客观上,澳门特殊的地理环境与"海"字密不可分。在《澳中杂咏》所描绘的澳门风物志中,"海"字出现频繁,大部分都是实指澳门濒临之大海:"海鸥"[海鸥独拙催农事(其二)]、"海气"[海气阴阴易晚天(其五)]、"以海为家"(其五)、"海上"[海上太平无一事(其八)]、"海中"[一发青洲断海中(其十三)]、"海浪"[无风海浪似雷霆(其十七)]。

(2) 吴历的态度

首先,吴历在诗中不直言葡萄牙而以"西""大西"指称西方欧洲,表明他是将欧洲西方作为一个整体来考虑和对待的,因此对葡萄牙这个具体的欧洲国家并不特别留意。相较而言,清修《明史·外国传》中将"佛郎机"(即葡萄牙)刻画为一欧洲强国,突出其强大、可怕的异国形象(《佛郎机传》云:"其人……好经商,恃

---

① Jonathan Chaves, *Singing of the Source: Nature and God in the Poetry of the Chinese Painter Wu Li*, p.58.

强陵轹诸国,无所不往。""自灭满刺加、巴西、吕宋三国,海外诸蕃无敢与抗者。"),吴历的《澳中杂咏》与此不可同日而语。吴历在圣保禄学院修习神学,以罗马天主教耶稣会为总的精神指导,故而对欧洲有此全体的概念性认识。吴历的这种认识突出了宗教之统一对于欧洲作为一个文化整体的重要意义。

其次,"海"字在诗中的频繁出现表明吴历似乎对这个字有着特殊的偏爱。事实上,"海"字对吴历而言绝非仅仅意味着作为物质实体的大海,"海"与"大西"联合在一起代表吴历内心对于海上远航、对于西方"绝域"的向往。在吴历生活的年代,海上航行对吴历并不陌生。在吴历早年相过从和往来的诗画文友人中,有一位遗民文人朱舜水。朱舜水(1600—1682)参与复明事业,曾于1647年奉命赴日乞师。1659年,复明事业失败,舜水再至日本,先后居长崎和江户,服明衣冠,讲学授徒二十余年,直至去世。在朱舜水赴日之际,吴历作《送朱舜水之日本》二首为之送别:

> 征帆出海渺无津,但见长天不见尘。
> 一日风波十二险,要须珍重远游身。
>
> 春风日日送行旌,谁送天涯九万程?
> 自古无情是杨柳,今朝攀折昨朝生。

"征帆出海渺无津,但见长天不见尘。""谁送天涯九万程?"对于扬帆万里的海上旅途,吴历一方面为朋友担心,折杨柳为朱舜水送别,希望他"珍重远游身",表达对友人的依依不舍之情和对他远游旅途的祝福,同时,字里行间又流露出诗人对远方旅途的憧憬。在那个社会动荡、经历巨变的年代,吴历身边朋友的不同命运和遭际可以说是拓宽吴历视野的一条重要途径。在澳门学道时,吴历又作了如下两首诗,分别是《澳中杂咏》第十六首:

> 虹见来朝狂飓起,吞舟鱼势又纵横。
> 不知九万风涛去,归向何人说死生?(谓罗先生到大西矣。)

以及第二十九首:

> 西征未遂意如何?滞澳冬春两候过。

明日香山重问渡,梅边岭去水程多。(柏先生约予同去大西,入澳不果。)

　　第十六首是吴历为怀念返回欧洲的耶稣会士"罗先生"而作,第二十九首是吴历为自己未能陪同柏应理前往欧洲,只好滞留澳门学道之事而感慨。前者描绘了诗人想象中海上旅程的万般险难,表达了诗人对"罗先生"经历这番险象环生的海上航程的担心和挂念,同时仍然透露出吴历对这种海上航行的一种带有新奇心理的想象。这里的"大西"指西洋欧洲。"九万风涛"与前面的"天涯九万程"同义,均指旅途之遥,超乎想象。吴历在澳门学道时,与西洋教士朝夕相处,身边不乏往来于中土和西洋之间的教士,那么他对欧洲与中国之间海上航行的旅程远近以及所需的时间,不可能毫无所知("计程前度大西去,今日应过赤道旁。计柏先生去程应过赤道。"《澳中杂咏》其十);对于远行日本和远行大西,吴历均以"九万"路程描摹之,可见这只是诗人对海上旅途的一般描绘,并不反映其对两者地域距离中国远近的认知。吴历的好奇心在于,"不知九万风涛去"之后,吴历继续发出疑问,"归向何人说死生?"他想象罗先生到达欧洲之后,会向什么人讲述基督教对生死问题的解答?后者则表达了吴历对自己未能如愿前往西方欧洲的遗憾心情。这两首诗都表明事实上吴历向往大海另一边的那个未知的新世界。他没有将眼光局限于"中华帝国"之"界内",而是敢于放眼未知的地区和领域,具备探索未知新世界的好奇心和勇气。

二、《圣学诗》:对西方他者知识 (基督宗教)的体认

　　《圣学诗》作为《三巴集》主要的天学诗,记录了吴历在三巴静院的修道生涯,体现了他对西方基督教的感悟和认知,构成了吴历在三巴静院所习得的"西方知识"。具体而言,这部分西方知识主要包括对人生终极问题的解答、对待西圣以及基督宗教教义三方面的内容。

　　1. 对人生终极问题的解答:对天国的企望
　　(1) 他者相异性的书写:天国
　　吴历少年时代经历明清易代之变,持守遗民气节,无意于仕途,终生不仕;跟随明遗民学者陈瑚学儒、随钱谦益习儒、向王时敏学画、向陈岷学琴,试图通过对艺术的追求实现自己的人生价值,在思想上早已有出世倾向,在行为实践上一度

亲近道教风俗习气。在家乡常熟虞山一带,青年时的吴历曾一度崇尚岐黄医术,吟咏和描画采芝,多画采芝图,如为虞山处士张春培岑蔚居而作的《岑蔚居产芝图》(1659年)、《采芝图》(1664年)、《九芝图》等。"采芝"主题隐含对长生不老药的寻求。这正是当时包括渔山儒学师陈瑚在内常熟一批明遗民的癖好。《采芝图》表明青年吴历对以道教方法寻求长生之术具有兴趣。① 吴历的母亲1662年卒,吴历禅友默容和尚和儒学之师陈瑚分别于1672年和1675年离世,吴历之妻亦亡于1670年代。正在至亲师友相继去世的时候,吴历与欧洲耶稣会士柏应理和鲁日满(François de Rougemont,1624—1676)相过往,后皈依天主教,在澳门三巴院的学道经历更坚定了吴历的天主教信仰。宗教信仰的转变使他首先对自己早年梦想长生不老的思想进行了反思和批驳。这体现在《澳中杂咏》第十三首诗中:

浪绕三山药草香,如何得误几君王?
秦时采剩今犹绿,药自长生人自亡。

不仅如此,信奉天主教之后,吴历自觉地将自己早年对长生的追求转向了对基督教天国的企望。《圣学诗》中,有以下17首诗的诗句中提到或隐含、描绘了天国:

从今帆转思登岸(《佚题》十四首其二)
翘首穹苍十二重(《佚题》十四首其五)
何日头回向九天(《佚题》十四首其七)
梓里原来永福庭(《佚题》十四首其十四)
久扃天衢今始开(《庆贺圣母领报》二首其一)
永福之门此日开(《庆贺圣母领报》二首其二、《赠郭》)
后入太平城(《杂感五绝》三首其二)
何日天朝重聚首(《颂先师周铎》)
天衢稳步乐无垠(《赞宗徒圣西满》)
归极是真凭……回天许共升。(《感咏圣会真理》九首其一)

---

① 参 Yao Ning(姚宁):The Painting *Fungus Growing at the Cenwei Residence*《岑蔚居产芝图》(1659年) of Wu Li 吴历 (1632—1718) and the Religious Belief of his Early Years, http://aacs.ccny.cuny.edu/2009conference/yao_ning.doc。

天外有天宽,长春不暑寒。(《五绝》二首其一)

永福在高天(《五绝》二首其二)

十二重寰最上头,主宫别自有春秋。……天上欲求真福乐,人间须断假营谋。(《诵圣会源流》十二首其一)

阊阖有梯通淡荡(《诵圣会源流》十二首其二)

死前谁信天乡乐,了后方惊狱火真。(《诵圣会源流》十二首其六)

最是末期升坠际,预消魔策送天乡。(《护守天神》)

最高之处府潭潭,眷属团圆乐且耽。"(《诵圣会源流》十二首其八)

由这些诗句对天国的描写,再联系《澳中杂咏》"归向何人说死生"的诗句,显然,对吴历而言,基督教教义的天堂论,即对死生问题的解答是吸引吴历入教的一个重要原因,因为这能解答他长期以来对死生问题的思考和困惑。

另一方面,在吴历的诗笔书写下,天国的属性和特征显示出来。

首先,作为物质之天,天国有层次:"九天""穹苍十二重""十二重寰最上头""最高之处";有通向天国之门("永福之门""阊阖")和道路("天衢");常年温暖如春,"长春不暑寒","氤氲花气开玫瑰"。从这些描绘来看,吴历诗笔下的天国似乎较少受到利玛窦《乾坤体义》等天文学理论著作中天体说的影响。

其次,天国的抽象属性有:"彼岸":超脱生死;是"永福庭""太平城""天乡",其中有"真福乐",可永享福、太平和"无垠"之乐,"眷属团圆乐且耽",是人生最终的归宿("归极")。

17世纪80年代正是礼仪之争兴起的年代,当时一些中国天主教徒与欧洲在华传教士讨论中国古籍中"上帝""天"之名,严谟为此撰有《帝天考》(据钟鸣旦考证,《帝天考》约成书于17世纪80年代①)。而当时正在澳门学道的吴历,似乎并未直接介入这场讨论,《圣学诗》中屡屡出现"主"字汇,"上帝"则无,可见吴历关心的重点或许并非天主之名,而是基督教所允诺的那个永福之地——天国。利玛窦说,"夫天堂大事,在性理之上"②,列出天堂六福:圣城、太平域、乐地、天乡、吉界、寿无疆山。吴历诗中所描绘天国之抽象属性,正是其二、三和四。

---

① [比]钟鸣旦著,何丽霞译:《可亲的天主:清初基督徒论'帝'谈'天'》,台北:光启出版社,1998年,第17—21页。

② 利玛窦:《畸人十篇》,引自朱维铮主编:《利玛窦中文著译集》,上海:复旦大学出版社,2007年,第482页。

(2) 吴历的态度：虔信

吴历相信人最后必将受到天主的审判："万罪从来不足怜,经言恶表判尤严"（《佚题》十四首其七）,只有"从今帆转思登岸,摧破魔波趁早风",离开"世海",离开尘世,破除魔鬼设下的障碍,扭转驰向地狱的方向,"头回向九天",奔向基督教宣扬的天国,才可能享受到永恒的福祉："永福在高天,人生非漫然。"得升天国之永福之地犹如回到故乡："梓里原来永福庭";也只有在这个天国,人才能脱离尘世的牵绊和魔鬼的魔障,做到"一身由我主,谁遣受拘牵?"（五绝二首其二）表明吴历在归信天主教之后,在天国允诺中找到了解答人生终极问题的答案,自觉地将早年对长生的追求转向对基督教天国的虔信和企望。

2. 西圣

(1) 他者相异性的书写

吴历将在三巴院学道过程中所学习的西方天主教和耶稣会圣人写进诗歌,可以说是他为学道所做的功课,这也正是"圣学诗"的真义。被他写进"圣学诗"的《圣经》人物和天主教教会圣人修士包括：圣母、圣西满、圣依纳爵、圣方济各·沙勿略、圣方济各·玻尔日亚、圣达尼老·格斯加、圣类斯·公撒格、圣方济各·来日斯等。吴历在《庆贺圣母领报》二首中强调了圣母玛利亚以童贞女由神圣感孕而生耶稣的意义："久扃天衢今始开","永福之门此日开",耶稣降生使通向天国之门开启,"福音"由此开启。耶稣十二宗徒之一圣西满"被化名邦教泽新""勋绩不惭大主弟",为传道事业作出重要贡献,并稳步升入天国："天衢稳步乐无垠。"此外吴历还分别写诗赞颂了耶稣会创始人圣依纳爵、东方开教先驱沙勿略、耶稣会四圣徒之一圣方济各·玻尔日亚、少年修士圣达尼老·格斯加、圣类斯、公撒格和圣方济各·来日斯。

(2) 吴历的态度：赞颂

吴历以一首长诗颂耶稣会创始人圣依纳爵,叙述其创立耶稣会的经过,赞其才"超奇拔萃",其品"贞洁精莹",其性坚忍不拔,其业"眷怀普世,乐引万民",赞颂其为"上智之指南,公义之平衡。炽心事主之至范,沈迷世海之耀灯"。对东方开教先驱沙勿略,吴历赞其为耶稣会之"栋梁",亚洲之"慈父"。对耶稣会四圣徒之一圣方济各·玻尔日亚、少年修士圣达尼老·格斯加、圣类斯·公撒格和圣方济各·来日斯,吴历均叙述其入耶稣会经历,及其德行和对教会的贡献。圣方济各·玻尔日亚在妻子去世、料理好子女和家事后加入耶稣会,他的人生经历或与吴历自己有几分相似。圣达尼老·格斯加和圣类斯·公撒格都于少年时入耶稣会,且都是年纪轻轻离开人世,但其德行大成,故吴历赞圣达尼老·格斯加"仰溯芳名万古稀",赞圣类斯·公撒格"千秋德泽新"。在受到赞颂的九位圣徒中,六位是耶稣会士。他们品行之贞洁、德行之高尚、对修会之虔敬、对慈亲(圣母)之忠诚、对普世之深切眷怀,是吴历颂诗的主要内容,也是他自身学习和修行之处。

3. 基督教教义

(1) 他者相异性的书写

《圣学诗》主要包涵吴历对以下基督教基本教义的认识:

① 罪论:"万罪从来不足怜"(《佚题》十四首其七),承认人有万种罪过,从来不值得天主怜悯。表明吴历对基督教"罪"论和天主向来严厉的认识。唯一无罪的人只有耶稣基督:"一日婴儿堕地时,庶无罪悔盖难之。"(《诵圣会源流》十二首其四)在人之"罪"这个问题上,吴历对自身的要求也十分严格,认为自己即使在三巴静院学了三四年神学,却是"卑污依旧"(《佚题》十四首其四),表明他对修习基督宗教神学有涤罪功能的认识。

《七克颂》专论傲、吝、淫、忿、妒、饕、怠这七种罪,同时提出了克服这七种罪的方法:要谦真、心惠、贞德、太和、恕、甘节、振策,以激励自己,劝勉世人。吴历创作《七克颂》的灵感来源是西班牙耶稣会士庞迪我(Diego de Pantoja,1571—1618)所撰的《七克》。这部作品对包括杨廷筠①、王征②在内许多明末中国天主教徒学者均产生过较大影响。

② 三位一体论:"三一含元妙"(《感咏圣会真理》九首其一);"无古无今三位一,彻天彻地一家三"(《诵圣会源流》十二首其八);"奥义今知父子神"(《诵圣会源流》十二首其十一)。

③ 地狱、天堂论:如上文"对人生终极问题的解答"部分所述,吴历对基督教所宣扬的天国感悟颇深,在《圣学诗》中多次提及或描述。天堂、地狱并举的有两处:"奔驰狱路心如醉,何日头回向九天?"(《佚题》十四首其七);"死前谁信天乡乐,了后方惊狱火真"(《诵圣会源流》十二首其六),均为规劝世人虔心向教,以基督天国(天堂)为人生旅程的目的和方向。

④ 天主为人格神:"主持造化是何人?"(《佚题》十四首其九)创造并主宰天地万物的天主是一人格神,以耶稣基督为其在世上的肉体化身,赐洪恩于世。吴历称天主这一人格神为"乾坤大父"("乾坤大父性中真"《诵圣会源流》十二首其七)。他在《诵圣会源流》十二首其五中以《诗经·魏风·陟岵》孝子念及父母兄

---

① 杨廷筠有序《七克》文。
② 有研究指出,庞迪我的《七克》对王征决定受洗入教起了重要作用。毛瑞方:《王征与晚明西学东渐》,上海:华东师范大学出版社,2011年,第58页。

之己思譬喻基督教天主对世人的呼唤与爱,同样是将基督教的天主譬为人世间的家长"父母兄",带有浓浓的人情味。按:《诗经·魏风·陟岵》原文:

> 陟彼岵兮,瞻望父兮。父曰:"嗟! 予子行役,夙夜无已。上慎旃哉,犹来无止!"
>
> 陟彼屺兮,瞻望母兮。母曰:"嗟! 予季行役,夙夜无寐。上慎旃哉,犹来无弃!"
>
> 陟彼冈兮,瞻望兄兮。兄曰:"嗟! 予弟行役,夙夜必偕。上慎旃哉,犹来无死!"

⑤ 耶稣基督一生行迹、对世人洪恩浩荡:吴历感咏耶稣基督以承受被钉死在十字架上的苦刑救赎世人的洪恩:"五伤恩甚大。"(《杂感五绝》三首其一)"一人血注五伤尽,万国心倾十字奇。……仔肩好附耶稣后,仰止山巅步步随。"(《诵圣会源流》十二首其二)齐皎瀚指出,法国汉学家谢和耐在《中国与基督教:中西文化的首次撞击》(*Chine et Christianisme: Action et Réaction*, Paris: Gallimard, 1982)中认为中国基督徒很少提到耶稣基督其人,吴历的天学诗可作为反证。① 《感谢圣会洪恩》二首其一也是赞咏耶稣基督之作,写耶稣降生救世、选门徒普天下传教的千古伟绩。

⑥ 受洗礼:"常生今有望,泼濯出尘封。"(《感咏圣会真理》九首其三)这里的"泼濯"首先当指基督宗教的受洗礼,指人受洗之后得以在天主的爱里"重生",成为基督教徒后继续用圣水泼濯,去除尘垢,"常生"才有希望。

(2) 吴历的态度

对这些基督教教义,吴历的基本态度首先是学习和接受,继而感悟、体认之,并以符合中国传统的语言加以表述。他运用中国传统文化已有的词汇,尤其是儒家、佛教、道教词汇,以中国传统古体诗的形式表达他对基督教神学思想的理解,其天学诗创作成为基督教在中国本土化过程中的一种文学表述。对基督教教义的中国式书写实际上是吴历与西方他者的交流和对话,通过这些圣学诗的创作,吴历树立起他对西方他者"天学"知性形象的认知,同时也逐渐建立起在他者观照下的新的自我形象——正是章文钦所谓"华化天学"的先声。

---

① Jonathan Chaves, *Singing of the Source: Nature and God in the Poetry of the Chinese Painter Wu Li*, p.65.

总而言之,《三巴集》所显示的西方他者形象的产生主要基于客观和主观两方面,或者说是他者形象源与他者形象塑造者这两者的原因。客观上,西方他者的形象源——澳门深受葡萄牙文化的影响、异于内地的风物志、远西地域(尽管只是想象中的)、基督教这三者对吴历来说均为"异者",超出吴历本人旧有的经验和知识范围之外,因此作为他者形象的材料来源被诗人写入诗歌。主观上,西方他者形象的塑造者——吴历,首先在心理上具备纳故迎新的精神;其次,作为一名神学院的神学生,吴历具有为这一西方他者塑形的自觉性、主动性和必要性;同时,吴历拥有高超的文学创作才能,故能撷取以上三者之异而创作新诗,在这些天学诗中塑造了鲜明的西方他者形象。

三、《三巴集》所折射西方他者形象的影响

吴历原本画名盛于诗名,在他 17 世纪 70 年代中期接近天主教以前,其诗画作品主要传阅、流通于他的儒、道、佛三家的师友圈,包括陈瑚、钱谦益、朱彝尊、许之渐、王士祯、默容和尚等人;在吴历远赴澳门学道以后,他的诗作的读者基本以道友为主,但也传阅于外界世俗人群。在对当时读者的影响力上,《三巴集》前帙《澳中杂咏》和后帙《圣学诗》又有不同的命运。前帙《澳中杂咏》在当时的传播度比后帙《圣学诗》广一些。《三巴集》之《澳中杂咏》吴历手写本,当传于 17 世纪 80 年代中期吴历从澳门返回江南,在苏州、常熟、南京、上海一带传教之后。吴历为传教所需,继续与附近一些能诗善画的文士相过往,期望将他们带入教会。这些文士包括为《三巴集》作序的宋实颖(1621—1705)、尤侗(1618—1704)和画家文人顾文渊(？—1700)等。

尤侗所作的序主要针对的是《澳中杂咏》。尤侗言及自己在史馆修《明史》编纂《外国传》时,读到描绘外国风俗的文字,"心甚异之"[1],因而根据这些文字创作了描绘异国风俗的百首《竹枝词》,实际上他本人对外国风俗并没有直接接触和体验的经历。而吴历在澳门时"耳目所遇,往往殊焉"[2],《澳中杂咏》对西方异域生活的描绘是建立在直接观察的基础上的,这令尤侗既欣赏又羡慕,对吴历"异之益甚"[3],语气中满溢着对吴历所慕之道的企羡和向往之情。宋实颖的序

---

[1] 尤侗:《三巴集序》,载《吴渔山集笺注》,第 21 页。
[2] 尤侗:《三巴集序》,第 21 页。
[3] 尤侗:《三巴集序》,第 21 页。

则主要是就《圣学诗》的内容而言。他将吴历所学天学称为"心学"，称自己对渔山"乍见之而若惊，继观之觉渊乎茫茫""不可测"，不可以"浅近视之"①，实也表达了对吴历所慕之道的敬仰。

在当时吴历所交往的文士中，有一位叫顾文渊的画家文人，他为吴历的《六十吟》（作于1691年）和诗《吴墨井秉泰西教于嘤川，有六十吟寄示，敬倚原韵》，其中有"为问敷教夫如何""何时鼓棹过嘤水，请发所采先知篇""神游欧罗巴一度，使我开拓胸中天"②之句，表明吴历在与他的诗画文友交往时，不仅向他们宣讲教义，向他们讲述他在澳门时的西学修习经历，即《三巴集》中对西方他者形象的书写也是他传教工作的一项重要内容，并且这项工作也取得了一定的实际功效。

《三巴集》后帙当时也有手抄本，但由于其内容的特殊性，读者群很可能局限于教会内部，不如《澳中杂咏》传阅得广。再加上吴历在上海一带传教、主持嘉定教堂教务期间，其教友大部分为"乡野村夫"③，具备较高文学素养的士人比较欠缺。这种客观情况更导致《三巴集》对当时世人的影响力较为有限。吴历去世后六年，雍正二年（1724年），天主教在中国遭禁，各地教堂与教士墓地均没籍入官。上海南门外圣墓堂从此荒芜，吴历之坟也湮没于荒草之中。吴历卒年遂不为人知，清末许多叙述吴历生平者均谓吴历晚年浮海欧洲，不知所终。直到吴历墓碑被晚清道光、咸丰时收藏家徐紫珊（？—1853）发现，吴历晚年在上海、嘉定的传教生涯、作为"天学修士"的确切身份及卒年才为世人所知。然而在这段对中国天主教会而言十分艰难的时期，吴历的《三巴集》在缓慢而笃实地前行。《三巴集》前帙曾两度刊刻：1719年，陆道淮刊刻《墨井诗钞》（飞霞阁版）别卷《三巴集》；道光年间，常熟顾湘刻《墨井诗钞》别卷《三巴集》。对《三巴集》后帙而言，直到1909年，清末耶稣会士李问渔（李杕）撰《吴渔山先生行状》，并辑录吴历诗歌作品为《墨井集》，这才将《三巴集》前帙和后帙、当时藏于徐家汇藏书楼的八十首《圣学诗》抄本完整收入，刊印于上海徐家汇。《三巴集》这才能以较为完整的面目问世，为开启于20世纪的吴历研究提供了宝贵的研究资料。

在章文钦所笺注的《吴渔山集笺注》一书的附录三"清人述略"（共102篇，均为吴历在世时和去世之后清人在题画诗文、笔记等文体中提到他的文字）中，几

---

① 宋实颖：《三巴集序》，载《吴渔山集笺注》，第18—19页。
② 《吴渔山集笺注》，第670—671页。
③ 肖清和：《吴历与清初中国天主教教会——以续〈口铎日抄〉为中心》，《新世纪宗教研究》第六卷第四期，第120页。

乎篇篇都提及吴历的画名,有 10 篇文字提及吴历的诗名,只有简洁的"工诗"或"咏诗"两字。吴历去世之后,18 世纪 20 年代以后的清统治期基本上已是禁教期①,有的为避吴历是天主教徒之讳,故意对这一点避而不谈,或者语焉不详;有的反教者则公开批判吴历这段"不光彩"的历史。② 这些资料反证了吴历在世以及去世后的清代,《三巴集》及其所折射的西方他者形象在清朝人中的影响力是十分有限的。但是在这 102 篇述略中,出版于 19—20 世纪的三篇文字提到了《三巴集》:其一是蒋光煦(1813—1860)在其《东湖丛记》中提及陆道淮所刻《三巴集》,对其内容则不着一字③;其二是徐世昌(1855—1939)在其《晚清簃诗汇》(1929 年)中明确指出"渔山盖以儒生而归西教者"④,重点提及吴历的《三巴集》,并称他曾学道于澳门耶稣会三巴堂;第三是李濬之(1863—1930)在《清画家诗史》(1930 年)中也提到了吴历的《三巴集》。⑤ 可见 20 世纪以来,吴历的诗名及其《三巴集》所书写的西方他者形象的影响力逐渐彰显出来,尤其是 20 世纪 80 年代以来,《三巴集》作为吴历天学诗的重要部分持续受到中西学者的关注和研究。

吴历的"天学诗",即以基督教为主题的中国古典诗歌创作,被中国古典诗歌研究专家、美国汉学家齐皎瀚称为"以前所未有的大胆进行实验性创造",是吴历"真正的独创性"所在⑥,无论对中国诗歌发展史还是基督教在华史的研究而言,都具有极高的研究价值。吴历天学诗的专门研究除了齐皎瀚 1993 年的专著《源流之诵:中国画家吴历诗中的自然和上帝》,中国学者章文钦撰有专文"吴渔山天学诗研究"⑦;近年来吴历的天学诗继续受到研究者的关注。2010 年,徐晓鸿

---

① 1718 年吴历去世时,中国礼仪之争仍在继续。继 1704 年、1715 年教皇克莱门特十一世两度签署谕令谴责中国礼仪,1721 年,嘉乐(Carlo Ambrosius Mezzabarba)在康熙朝廷的斡旋宣告失败,1723 年返回欧洲。而 1722 年继康熙登上皇位的雍正不喜天主教,禁教态度坚决。1742 年,教皇本笃十四世颁布谕令,再次严禁中国教徒行中国礼仪。这一事件基本上为中国礼仪之争画上了句号。参见孙尚扬、钟鸣旦:《1840 年前的中国基督教》,北京:学苑出版社,2004 年,第 357—363 页。
② 如白门逸民斥天主教为"邪说""邪教",批吴历"沉湎于邪教者卅余年"。见白门逸民:"墨井画跋批",载《吴渔山集笺注》,第 715 页。章文钦认为,白门逸民可能是雍正、乾隆年间金陵反教之士大夫。
③ 蒋光煦:"墨井道人之诗集",载《吴渔山集笺注》,第 761 页。
④ 徐世昌:"吴历",载《吴渔山集笺注》,第 774 页。
⑤ 李濬之:"吴历",载《吴渔山集笺注》,第 775 页。
⑥ Jonathan Chaves, *Singing of the Source: Nature and God in the Poetry of the Chinese Painter Wu Li*, Preface, p.xii.
⑦ 章文钦:《澳门与中华历史文化》,澳门:澳门基金会,1995 年,第 214—247 页。本论文英译文载:Zhang Wenqin, "A Study of Wu Yushan's poetry of celestial learning", in *Religion and Culture: An International Symposium Commemorating the Fourth Centenary of the University College of St. Paul*, Macau: Instituto Cultural de Macau, 1999, pp.131-172.

在中国基督教杂志《天风》上发表一组文章《吴历及其"天学诗"》(一至六),介绍和解读吴历的天学诗创作。可见《三巴集》所书写的、折射的西方他者形象,至今依然闪耀着光彩,吸引着研究者的关注。

The Other Refracted:
Image of the West in *Sanba Poetry Collection* of Wu Li

Jiang Xiangyan

[Abstract]

What images of the Other, the West, were respectively presented in *Aozhong zayong* and *Shengxueshi*, the two parts of *Sanba Poetry Collection* of Wu Li? What is the general image of the West in it? And what is Wu Li's attitude to this image? How did the description of the Western other in *Sanba Poetry Collection* influence Qing society and the Chinese people during and after Wu Li's time? And what is its significance today? This article employs the theory of imagology in comparative literature to analyze the image of the West — the other refracted through the description in Wu Li's *Sanba Poetry Collection*.

[Keywords]

Wu Li, *Sanba Poetry Collection*, the West, the other, Cultural refraction

晚明至清初天主教中文《圣经》翻译

蔡锦图

[摘要]

　　本文综览天主教会从晚明至清初的译经成果。天主教来华传教士在晚明已在个别著作中翻译了少量《圣经》经句,也有《圣经》史实的描述,以及撰写过某些经文的注释,尤其是教会礼仪的经文,包括在讲坛上的宣讲、福音信息、在日课经中的圣咏吟唱,以及对经唱颂所引用的经文等。根据现存的记录,最早的天主教中文《圣经》译本是 18 世纪初由法国巴黎外方传教会士白日昇(Jean Basset,约 1662—1707)翻译的文言《新约》部分。然后是 1730 年由法国耶稣会士殷弘绪(Père Francois Xavier d'Entrecolles,1664—1741)在北京出版的《多俾亚传》。而最完整的《圣经》经文是法国耶稣会士贺清泰(Louis Antoine de Poirot,1735—1813)在 18 世纪下半叶所译的北京官话《圣经》及注释。尽管上述《圣经》译本没有出版,或流通量并不多,但对于天主教的传教工作(甚至 19 世纪初新教来华传教士的《圣经》翻译)却有影响。

[关键词]

　　《圣经》翻译;天主教;白日昇;殷弘绪;贺清泰

在 19 世纪清中叶之前,天主教来华传教士虽然没有出版完整的《圣经》,但对中文《圣经》的翻译,却以不同形式存留,或是散存于不同的教理书刊中,或是见于福音传播的作品中,辅助教会的传教和牧灵事工。明末清初之际,天主教传教士直接翻译的《圣经》也有少量出现,虽然流传不广,却反映了传教士在《圣经》翻译上的努力,而他们的成果也或多或少为以后来华的新教传教士所参考,最终有助于形成19世纪末之后中文《圣经》的丰硕成果。①

近年关于来华天主教文献的整理较多,而对于明清两代天主教传教士在《圣经》翻译上的论述,尤其以比利时鲁汶大学的钟鸣旦(Nicolas Standaert)讨论天主教传教士在17世纪的中文《圣经》翻译历史的论文最为完备。② 此外,对于18世纪几部天主教《圣经》翻译作品也有愈来愈多的探讨。

本文尝试在前人研究的成果基础上,概述在清中叶之前,天主教中文《圣经》翻译的成效与影响,并按照其摘用《圣经》的篇幅,介绍在华天主教未有中文《圣经》正式出版之前,传教士对《圣经》章句的摘引和诠释、《十诫》和《福音书》的翻译和诠释、殷弘绪(Père Francois Xavier d'Entrecolles,1664—1741)的《训慰神编》,以及白日昇(Jean Basset,约1662—1707)和贺清泰(Louis Antoine de Poirot,1735—1813)的《圣经》,并回顾这段历史对天主教中文《圣经》翻译的意义。

一、晚明至清初天主教中文《圣经》翻译略论

在16世纪中叶明晚期,天主教传教士再次来华,意大利耶稣会士罗明坚(Michele Ruggieri,1543—1607)和利玛窦(Matteo Ricci,1552—1610)等为天主教在中国的传播奠定基础。这群以耶稣会为主的来华传教士,以中文撰写、翻译了不少天主教教义著作。不过,他们大多仅在个别著作中摘录了部分《圣经》经句,例如罗明坚于1584年在广州刊行的《天主圣教实录》,就是首部天主教要理中文著述,其中涉及天主教教理之处,即有经文的摘引。早期耶稣会士的著述,既介绍西方天主教教理,也创译了许多基督教用词的中文翻译。例如,近期研究认为"十字架"一词为早期耶稣会士所创,罗明坚的著述即有提及,而这个用词的创始者可能是西班牙耶稣会士沙勿略(Francisco Xavier,

---

① 关于19世纪末之后,天主教中文《圣经》出版的情况,参阅蔡锦图:《天主教中文〈圣经〉翻译的历史和版本》,载《天主教研究学报》,香港:香港中文大学天主教研究中心,第2期,2011年,第11—44页;《〈圣经〉在中国:附中文〈圣经〉历史目录》,香港:道风书社,2018年,第21—98页。

② 参阅 Nicolas Standaert, "The Bible in Early Seventeenth-century China", in Irene Eber, Sze-kar Wan, Knut Walf, eds., in collaboration with Roman Malek, *The Bible in Modern China: the Literary and Intellectual Impact*, Sankt Agustin: Institut Monumenta Serica; Nettetal: Distribution: Steyler, 1999, pp.31-54. 下文对清中叶之前天主教中文《圣经》翻译略论,即参考了这篇文章的意见。

1506—1552）。① 明清基督教传教士（包括天主教、基督新教传教士）在创制汉语新词的贡献，以及他们在汉语词汇学史上之地位，应该得到更多探讨。

当时耶稣会士的中文著作大多为阐释教会的基本要理和神学，例如三位一体、原罪、救恩等。他们的作品概述了不少天主教教理、概念和《圣经》的故事，而且也提到某些《圣经》主要的概念。相比之下，对于经文摘引的数量并不算多，而且大多经过摘录和修饰。

其中一个例子是在于《十诫》。《十诫》（Decalogue；希伯来文是 עֲשֶׂרֶת הַדְּבָרוֹת）的经文分别见于《出谷记》（20：2—17）和《申命纪》（5：6—21；34：11—27），不过在上述经文中没有清楚界定如何区分《十诫》。5世纪时的奥古斯丁（Aurelius Augustinus，354—430）参考犹太教的传统，但把《出谷记》20章2至6节视为第一诫，而把17节划分为两诫。这种分法后来被称为"奥古斯丁分法"（Augustinian division），为罗马天主教会所接受。

耶稣会士的著述对《十诫》的摘引，即按上述基础而概分。早期耶稣会士引用《十诫》的著述，包括有罗明坚的《天主实录》（1548年）、王丰肃（Alfonso Vagnoni，1566—1640，即"高一志"）的《天主教要解略》（1615年，即《天主十诫解略》）、意大利耶稣会士艾儒略（Giulio Aleni，1582—1649）的《涤罪正规》（日期不详）、葡萄牙耶稣会士阳玛诺（Manuel Dias Junior，1574—1659）的《天主圣教十诫直诠》（1642年）、潘国光（Francesco Brancati，1608—1671）的《天主十诫劝谕圣迹》（1654年）和南怀仁（Ferdinand Verbiest，1623—1688）的《教要序论》（1670年）。②

在上述书刊中，都没有对《出谷记》和《申命纪》有关《十诫》的经文作出完整的翻译，而是简述十诫的要旨，然后作出注释或引论。在此以阳玛诺的《天主圣教十诫直诠》为例，此书分为上下两卷，在卷首注明"上卷论前三诫上爱天主下卷论后七诫下爱世人"。书中有关十诫的经文如下③：

一钦崇一天主万有之上
二毋呼天主圣名以发虚誓

---

① 相关推论，参阅庄钦永、周清海：《基督教传教士与近现代汉语新词》，新加坡：青年书局，2010年，第108—109页。
② 关于明清天主教传教士对十诫的翻译，参阅柴田笃：《明清天主教における十诫："爱天主·爱人"の概念を通して》，载《中国哲学论集卷号》，福冈：九州大学中国哲学研究会，1996年，第35—54页。
③ 本书多次重印，以下所引者为1814年版本。

三守瞻礼之日

四孝敬父母

五毋杀人

六毋行邪淫

七毋偷盗

八毋妄证

九毋愿他人妻

十毋贪他人财物

该书详尽解说"十诫"的意义,不过并没有把《出谷记》和《申命记》的有关经文翻译出来,所以这些著述虽然解说了"十诫"的意义,却不是对《圣经》的直接翻译。

天主教第一本正式出版的中文《新约圣经》节译,也是由阳玛诺完成的。这部作品名为《圣经直解》,是主日福音经文的中文翻译及注释,在1642年出版。《圣经直解》共有八卷,按照一年中主日所用的《圣经》经文加以批注和箴言,而其经文是译自16世纪通行的天主教拉丁文《圣经》(Latin Vulgate Bible),并且附有详尽的注释。①

明末清初对于《圣经》的翻译,主要出现在类似的教理书籍上。大体上,这些作品可以按其使用方式分为三类:

(1)《圣经》史实的描述。例如西班牙耶稣会士庞迪我(Didacus Pantoja,1571—1618)的《受难始末》(日期不详,1925年土山湾有重刻本)、艾儒略的《天主降生言行纪略》(1642年初刻于北京,共8卷)等。

(2)《圣经》经句的摘引和诠释。例如利玛窦的《天主实义》(1595年初刻于南昌)、阳玛诺的《天主圣教十诫真诠》(刊于1642年)、意大利耶稣会士利类思(Ludovico Buglio,1606—1682)散见于不同书刊的中文《圣经》译文等。

(3) 教会礼仪经文:利类思翻译过不少弥撒经书和祈祷书,载录了中文的经文,例如《弥撒经典》(1670年印,共5卷)、《司铎日课》(1674年刻于北京)、《圣母小日课》(1676年刻于北京)、《已亡日课经》(日期不详)等。

上述书刊中的《圣经》经文,不一定是按严格的方式翻译,而是以中文(特

---

① 参阅塩山正純:《カソリックによる聖書抄訳 ディアスの〈聖経直解〉》,载爱知大学国際コミュニケーション学会:《文明21》,第20号,2008年,第57—78页。

别是文言)阐述《圣经》历史和故事的演绎,以及关注《圣经》对教会礼仪的应用,例如讲坛宣讲、福音信息、在日课经中的圣咏吟唱,以及对经唱颂所引用的经文等。在书中的《圣经》经文,可能会按照所用的目的,而作出相关的修辞。

可是,天主教较完整的中文《圣经》译本,却并没有随之出现。在16至17世纪之间,来华的天主教传教士并没有像19世纪来华的新教传教士一样,以极快的速度翻译完成整部《圣经》。其中一个原因,可能在于到了17世纪中叶,天主教对于各传教地区的《圣经》翻译,不再是由相关地区的传教士个人决定,而是取决于罗马教廷于1622年成立的教廷传信部(Congregatio de propaganda fide)的教务政策。到了17世纪末叶,在中国的天主教传教士,除了耶稣会士和西班牙籍的道明会、方济会、奥斯定会会士之外,都是由传信部直接派来的。传信部制定了严格规定,颁布教令,于1655年就禁止印行未得到该会书面许可的著作。在这种情况下,天主教中文《圣经》甚少在这时期出现,就不难理解。这不是说天主教传教士没有翻译《圣经》,而是让《圣经》的经文散存在他们的著述之中。此外,耶稣会及其他修会的作品不少有《圣经》的片断式摘引。① 《圣经》的教训大量存留在不同的作品中,传教士在教理和牧灵的需要上,仍然有足够的中文《圣经》材料可供使用。

明清两代的天主教传教士直接翻译《圣经》的数量虽然不多,但他们也确实曾经翻译了部分的《圣经》,只是这大多是私人的译本,甚少流传。上述译经的尝试都是见于18世纪,包括这世纪初由法国巴黎外方传教会士白日昇在四川翻译的文言《新约》部分,1730年由法国耶稣会士殷弘绪在北京翻译和刊行的《训慰神编》(其中包括《多俾亚传》的意译本),以及18世纪下半叶由法国耶稣会士贺清泰翻译的北京官话《圣经》和注释。殷弘绪是首位以单卷意译一卷《圣经》(《多俾亚传》)并且出版,而白日昇和贺清泰则是试图把《新约》或整部《圣经》翻译,虽然白日昇壮志未酬,他们两人的译本都没有出版,却是启动了最早期的尝试。

下文按照时序,略述这三项尝试。

---

① 关于明清耶稣会士的中文《圣经》译述,徐宗泽在《明清间耶稣会士译著提要》的"卷二 圣书类"中,就简要介绍了共66部耶稣会士翻译或摘引《圣经》经文的作品。参阅徐宗泽编:《明清间耶稣会士译著提要》,上海:中华书局,1948年,第17—104页。笔者将这些作品,以译者为分类,编排了一个简表(见文后附表)。

二、白日昇的文言《新约》

现存最早的天主教中文《圣经》译本,就是18世纪初由法国巴黎外方传教会传教士白日昇翻译的《新约》部分,虽然这部译本未能完成,却影响了早期来华的新教传教士。①

白日昇约1662年生于法国里昂,1684年进入巴黎外方传教会的神学院(Seminaire des Missions Étrangères de Paris),1685年以传教士的身份前往暹罗,1689年到达中国的广州,在1692年至1693年间负责江西省的教务。从1702年开始,白日昇在四川的西南部传教,1707年因礼仪之争而离开四川,同年12月卒于广州。②

1704年复活节,白日昇在四川为一个中国人徐若翰(Joannes Xu,?—1734)施洗。③ 从这时候开始,白日昇与徐若翰把拉丁文《圣经》从《玛窦福音》至《希伯来书》第一章,翻译成中文的文言语体。直至1707年12月间,他们把《新约》翻译了大部分。④ 或许由于白日昇离世,这部译本并未完成和出版,然而这却是天主教至此时最完整的《圣经》,而且是相当准确地按照拉丁文《圣经》作出翻译。

---

① 关于白日昇抄本,早期论述参阅 A. C. Moule, "A Manuscript Chinese Version of the New Testament (British Museum, Sloane 3599)," *Journal of the Royal Asiatic Society of Great Britain and Ireland*, no.1 (Apr., 1949), pp.23-33; Bernward H. Willeke, O.F.M., "The Chinese Manuscript in the British Museum," *Catholic Bible Quarterly*, VII (1945), pp.450-453; "Das Werden des chinesischen katholischen Bible," *Neue Zeitschrift für Missionswissenschaft*, 16 (1960), pp.284-285. 近期论述,参阅蔡锦图:《白日昇的中文圣经译本及其对早期新教译经的影响》,载《华神期刊》,2008年6月,第一期,第50—77页;《〈圣经〉在中国:附中文〈圣经〉历史目录》,第34—43页;曾阳晴:《白日昇〈四史攸编耶稣基利斯督福音之合编〉之编辑原则研究》,载《成大宗教与文化学报》,第11卷,2008年12月,第156—188页;塩山正純:《近代の中国語訳聖書の系譜に関する覚書き―バセの〈四史攸編〉を中心に》,载爱知大学語学教育研究室:《言語と文化》,24号,2011年,第83—100页;内田慶市:《白日昇漢譯聖經攷》,载関西大学:《東アジア文化交渉研究》,第5号,2012年,第191—198页;唐子明:《启示与文学:中文〈圣经〉翻译的故事》,香港:天道书楼,2018年,第2—12页。

② 关于法国巴黎外方传教会在四川的活动,参阅郭丽娜:《清代中叶巴黎外方传教会在川活动研究》,北京:学苑出版社,2012年,书中有多处地方提到白日昇在四川的工作。关于巴黎外方传教会所藏白日昇由1701年至1707年间在四川的书信,参阅 François Barriquand; Joseph Ruellen (Traduit par); Wang Ling (Traduit par), *Jean Basset (1662-1707): pionnier de l'église au Sichuan précurseur d'une Eglise d'expression chinoise*, Paris: Éditions You Feng Litraire & Editeur, 2012.

③ 关于白日昇和徐若翰的译经工作,参阅 François Barriquand, "First Comprehensive Translation of the New Testament in Chinese: Fr Jean Basset (1662-1707) and the Scholar John Xu," *Societas Verbi Divini: Verbum SVD* 49 (2008), pp.91-119.

④ 相关叙述,见白日昇在四川的中国同事李安德(André Ly, 1692—1774)于1751年3月19日的日志。参阅 Andreas Ly, *Journal d'André Ly, Prêtre Chinois, Missionnaire et Notaire Apostolique, 1746-1763*, in Adrien Launay ed., Paris: Alphonse Picard, 1906; Hongkong: Imprimerie de Nazareth, 1924年再版。

白日昇的译本，有一部抄本保存在罗马，直至 2006 年才被发现。徐若翰可能在白日昇逝世之后，把福音书的经文以合参的方式编辑，与其他书卷抄录成另一部抄本。这部福音书合参的抄本流落在广州，至 1737 年被一个东印度公司的职员发现并购下，并且复抄一份，呈献给伦敦皇家学会的史路连（Hans Sloane，1660—1753）。前者后来存放在英国圣经公会，再转赠英国剑桥大学，后者则存放在大英图书馆。

白日昇译本现今有上述三部抄本，分别存放于罗马和英国。加上后来抄自其中一部的三份抄本，合共六部。

以下简述这六部抄本。

在罗马卡萨纳特图书馆（Biblioteca Casanatense）中所存的白日昇译本，大概是最早期的抄本（或是原稿），它的四卷福音书是顺着书卷次序翻译的，直至《希伯来书》第一章。罗马卡萨纳特图书馆抄本的页数为 366 页（filio volume，下同），以直行抄写，每半页共有 9 行，每行 22 字，大小为 245×140 毫米，以西式钉装。这部抄本极可能是在白日昇逝世之后不久完成的，故此即使不是最早期的原稿，也是相当早的。

以《麻耳谷攸编耶稣基督圣福音》（即《马尔谷福音》）一章 1 至 8 节为例（见图 1）：

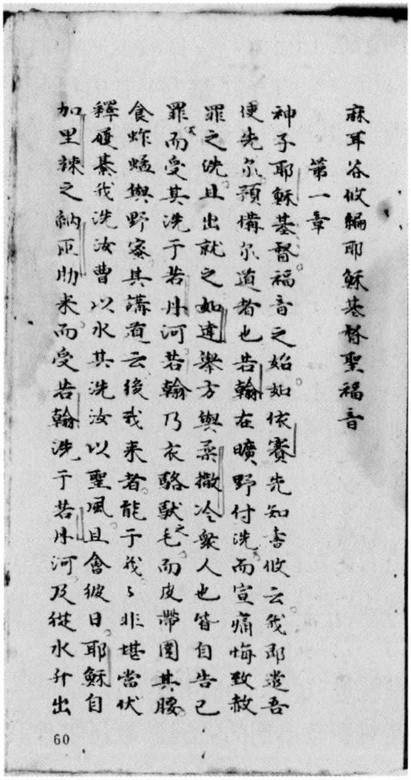
麻耳谷攸編耶穌基督聖福音
第一章
神子耶穌基督福音之始如依賽先知書攸云我即遣吾
使先尒預備尒道者也若翰在曠野付洗而宣痛悔致赦
罪之洗且出就之如達擧方與柔撒冷衆人也皆自告己
罪而受其洗于若丹河若翰乃衣駱馱毛而皮帶圍其腰
食蚱蜢與野蜜其講道云後我來者能于我我非堪當伏
釋履綦我洗汝曹以水其洗汝以聖風且會彼日耶穌自
加里辣之納匝肋來而受若翰洗于若丹河及從水升出
60

图 1　白日昇译本（罗马抄本）

《麻耳谷攸编耶稣基督圣福音》首页

> 神子耶稣基督。福音之始。如依赛先知书攸云。我即遣吾使先尔。预备尔道者也。若翰在旷野付洗。而宣痛悔致赦罪之洗。且出就之。如达举方。与柔撒冷众人也皆自告己罪。而受其洗于若丹河。若翰乃衣骆驮（驼——引者注）之毛。而皮带围其腰。食蚱蜢与野蜜。其讲道云。后我来者。能于我。我非堪当伏释履綦。我洗汝曹以水。其洗汝以圣风。

以上引文显示，白日昇的《圣经》译本是相当严格的翻译。较特别的是，白日昇译本的译名方式，是以"神"字翻译圣号。由于罗马教廷对礼仪之争的决定，在1704年发表谕令批准"天主"的译法（以后在1715年及1742年重申），但暂时仍未严厉禁止"神"的译法，故此在四川的传教士都会采用"天主"和"神"的译名，直至18世纪中叶。

在英国剑桥大学图书馆（Cambridge University Library）和大英图书馆（the British Library）各自藏了一部白日昇译本的抄本。（见图2、图3）两者的福音书是以合参的方式编写（书中所用的标题为"四史攸编耶稣基利斯督福音之会编"），其中剑桥抄本可能较早期，由徐若翰抄写和编成福音书合参的抄本，而大英图书馆是较后期的覆本。剑桥抄本的页数为Ⅲ+201+1，封套大小为295×187毫米，经文页面大小为255×155毫米，以直行由右至左抄写，每半页共有12行（第154页下只有11行），每行24字，以浅棕色皮面纸页包装，共5个细绳装箍。这份抄本是在欧洲的纸张上抄写的，附有水印，纸张是属于17世纪下半叶之后的。①

至于大英图书馆抄本略为后期，是在18世纪中叶以剑桥抄本为基础抄写的，被称为《史路连抄本3599号》（The Sloane MS ♯3599），以皮纸包装，经文每半页大小为380×240毫米，页数为377页（计算是由页2至378），由页2至109是在英国纸张上抄写，由页110至378是在双面的中国纸张上抄写的。每半页6行，以直行由右至左抄写，每行24字（有时是23或25字）。由《宗徒大事录》（书中所用的标题为"使徒行"）②至《希伯来书》（书中所用的标题为"福保禄使徒与赫伯辈书"）第一章列出了章数，没有节。③ 由于这部抄本是新教英国伦敦传道会传教士马礼逊（Robert Morrison，1782—1834）在来中国之前所见到的中文《圣经》，故此对新教早期的《圣经》翻译工作具有相当影响。④

---

① M. Rosaria Falivene compiled, Alan F. Jesson ed., *Historical Catalogue of the Manuscripts of Bible House Library*, London: British and Foreign Bible Society, 1982, pp.50-51. 承蒙英国剑桥大学圣经图书馆馆长Onesimus Ngundu博士告知，美国华盛顿要建立一座圣经博物馆（www.museumofthebible.org），已从剑桥大学购入包括这部抄本在内的《圣经》，在该馆竣工时移送当地。在本文撰写时，这部抄本仍然存放在剑桥大学，故此仍称"剑桥抄本"。
② 不论是罗马卡萨纳特图书馆抄本、剑桥抄本还是大英图书馆抄本，都是以"使徒行"为标题，显示这极可能是原书的书题，而不是漏字。
③ Moule, "A Manuscript Chinese Version of the New Testament," pp.24, 25; Thor Strandenaes, "The Sloane MS♯3599 — An Early Manuscript of an Incomplete Chinese Version of the New Testament", *Theology and Life* (Hong Kong: Lutheran Theological Seminary), no.6 (1983): pp.61-76.
④ 关于白日昇译本对马礼逊和马殊曼译经的影响，参阅赵晓阳：《二马〈圣经〉译本与白日昇〈圣经〉译本关系考辨》，载中国社会科学院近代史研究所、比利时鲁汶大学南怀仁研究中心编：《基督宗教与近代中国》，北京：社会科学文献出版社，2011年，第425—454页；塩山正純：《近代の中国語訳聖書の系譜に関する覚書き―バセの〈四史攸編〉を中心に》，載愛知大学：《言語と文化》，No.24，2011年，第83—99页。

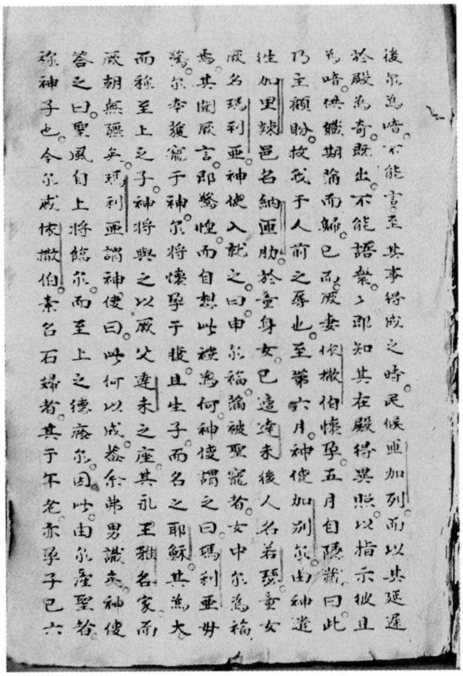

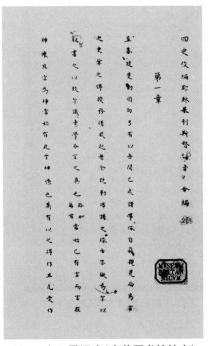

图2 白日昇译本(剑桥抄本)
《四史攸编耶稣基利斯督福音书之会编》
第3页(原书缺前两页)

图3 白日昇译本(大英图书馆抄本)
《四史攸编耶稣基利斯督福音书之会编》
第1页

剑桥抄本和大英图书馆抄本的四福音是合参形式,称为《四史攸编耶稣基利斯督福音书之会编》,可能是由徐若翰在较后期,把四卷福音书以合参的形式,根据法国教士阿尔诺(Antoine Arnauld,1612—1694)的合参本而编写的,而《宗徒大事录》及保禄书信按照经文次序编排。

从19世纪至20世纪初,至少共有三部接续的抄本存留至今。1805年,马礼逊与在英国的粤籍助手Yong Sam-tak① 在大英图书馆抄录了白日昇译本,带来中国。(见图4)马礼逊承认,他在中国最早出版的《使徒行传》(即《宗徒大事录》)② 只是他的编辑作品而已,因为它是相当倚重白日昇的经文,在译名、用词、语法和神学概念上,两者之间只有极少的差异。到了1811年的《路加福音》之

---

① 一般将Yong Sam-tak译成"容三德",但近年有提议这个名字应为"杨善达"。笔者未能确定,故此仅引用Yong Sam-tak。
② 马礼逊译:《耶稣救世使徒行传真本》,广州,1810年。

图 4　白日昇译本（马礼逊抄本）
《四史攸编耶稣基利斯督福音书之会编》
第 1 页

后，才认为这是他的译作。尽管马礼逊后来在其他经文上有较大的翻译主见，但他最后对《使徒行传》的修订，也主要是在译名上，至于语法和概念上的改动则不多，仍然可见白日昇译本的痕迹。在印度的新教英国浸礼会传教士马殊曼（Joshua Marshman，1768—1837）在翻译中文《圣经》时，也曾参考马礼逊带来中国的抄本。

马礼逊和 Yong Sam-tak 抄录的白日昇译本由在香港的马礼逊教育协会（Morrison Education Society）保存至 1869 年，然后转交给香港大会堂图书馆（City Hall Library）保存至 1914 年，后来成为香港大学图书馆的藏书。①

另一份抄本的来源较复杂。新教美国公理会传教士裨治文（Elijah C. Bridgman，1801—1861）从马礼逊带来中国的抄本再誊写一份抄本，以后再由英国圣道会传教士理一视（Jonathan Lees，1835—1904）抄写一份，理一视其后允许他的中国助手为英国圣经公会在上海的驻华代表文显理（George H. Bondfield，1855—1925）复制一份抄本。从这最后的一份抄本，文显理再誊抄一份，在 1904 年送给英国圣经公会。这份抄本的页数为 II+306+II，大小为 258×150 毫米，经文页面大小为 220×120 毫米，以直行由右至左抄写，每半页共有 8×25 字，在纸页的双面抄写。（见图 5）② 现今这份抄本存放在剑桥大学，至于之前的其他抄本就已不知去向。

白日昇译本的最后一份是藏于思高圣经学会，其封面以手写英文注明是"史路连抄本"，在北京誊抄自照相复印本，1938 年 4 月由思高圣经学会的创立人雷永明（Gabriele Allegra，1907—1976）神父所藏。这份抄本每页有 12×24 个字，附上手写中文"雷永明天主堂司铎"。（见图 6）③

---

① Strandenaes，"The Sloane MS♯3599,"p.63.
② T. H. Darlow and H. F. Moule, *Historical Catalogue of Printed Editions of Holy Scripture in the Library of the British and Foreign Bible Society*, [S.I.]: British and Foreign Bible Society, 1903-1911, vol. II, p.183；*Historical Catalogue of the Manuscripts of Bible House Library*, p.52.
③ Strandenaes，"The Sloane MS♯3599,"p.63.

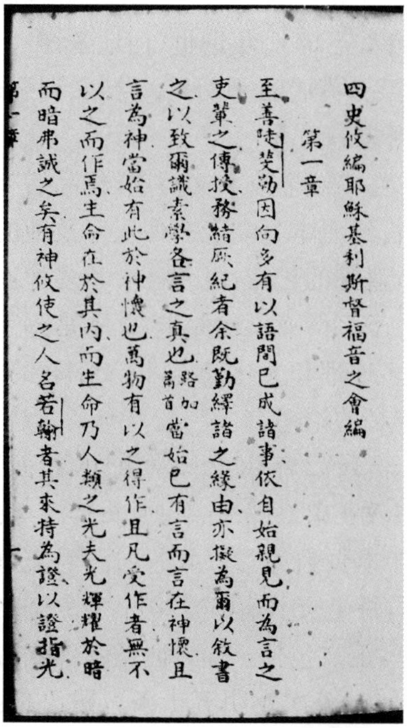

四史攸編耶穌基利斯督福音之會編

第一章

至善陡斐勒因向多有以語間已成諸事依自始親見而為言之吏輩之傳授務詳厥紀者余既勤繹諸之緣由亦擬為爾以敘書之以致爾識素學各言之真也（路加首）當始已有言而言在神懷且言為神當始有此於神懷也萬物有以之得作且凡受作者無不以之而作焉生命在於其內而生命乃人類之光夫光輝耀於暗而暗弗識之矣有神攸使之人名若翰者其來特為證以證指光

图 5　白日昇译本（文显理抄本）

《四史攸编耶稣基利斯督福音书之会编》
第 1 页

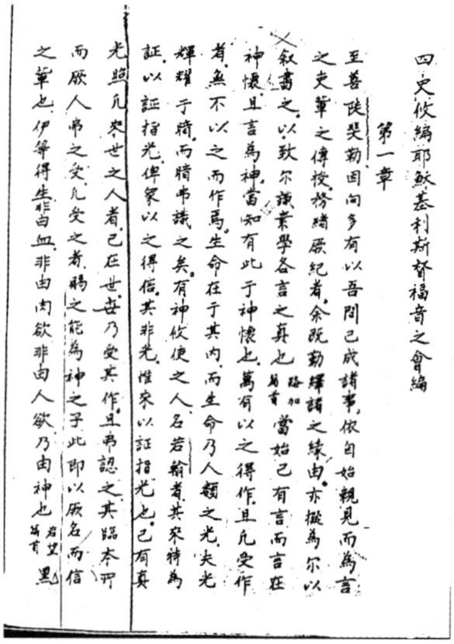

四史攸編耶穌基利斯督福音之會編

第一章

至善陡斐勒因向多有以語間已成諸事依自始親見而為言之吏輩之傳授務詳厥紀者余既勤繹諸之緣由亦擬為尔以敘書之以致尔識素學各言之真也（路加首）當始已有言而言在神懷且言為神當始有此于神懷也萬有以之得作且凡受作者無不以之而作焉生命在于其內而生命乃人類之光夫光輝耀于暗而暗弗識之矣有神攸使之人名若翰者其來特為証以証指光俾眾以之得信其非光惟來以証指光也已有真光照凡來世之人者已在世世乃受其作且弗認之其臨本所而厥人弗之受凡受之者賜之能為神之子此即以厥名而信之輩也伊等得生非由血非由肉欲非由人欲乃由神也（若望首）

图 6　白日昇译本（思高抄本）

《四史攸编耶稣基利斯督福音书之会编》
第 1 页

由于白日昇的这部译本并没有完成，故此不能确定他最终是想把它用在什么地方。然而，它是相当完整地翻译了拉丁文《圣经》，故此可以推测白日昇原拟是把它出版（或抄录成多份抄本），以供更多教士或信徒所使用。或许由于没有完成的关系，这部译本对后来天主教译经的影响不大，反而成为来华的第一代新教传教士在翻译《圣经》时的参考，大概这是在历史中的一份意外。

三、《多俾亚传》的翻译和诠释

1730 年，法国耶稣会传教士殷弘绪在北京出版《训慰神编》，正文载录《圣多俾亚古经原本》（即《多俾亚传》）。[①] 殷弘绪在 1681 年加入耶稣会，1698 年 6 月抵达中国广州，曾转至厦门学习汉语，后在江西饶州、抚州、九江一带传教，再前

① 蔡锦图：《〈圣经〉在中国：附中文〈圣经〉历史目录》，第 44—46 页。

往北京。由于当时正值雍正禁教,故此只能秘密传教。1706年,殷弘绪被委任为法国省耶稣会会长,在任13年,留京20年,至1741年逝世(何地未详)。殷弘绪撰有《主经体味》(8卷)、《忠言逆耳》(1卷)、《莫居凶恶劝》(2卷)、《训慰神编》(2卷)等书,另未刊者有《人参考》《中华风俗志》等。①

《多俾亚传》大概于公元前2世纪以亚兰文或希伯来文写成,作品后来被译成希腊文。这卷书记载托比特(《圣多俾亚古经原本》作"老多俾亚")及他的儿子多俾亚被亚述王放逐不久后,在尼尼微城所遇到的传奇性历程。《圣多俾亚古经原本》是《训慰神编》的一部分,但殷弘绪的《圣多俾亚古经原本》并不是逐字翻译《多俾亚传》的原文,而是意译和扩写,对许多地理和文化处境,以及宗教的意义,在翻译时于正文附上解说,并附有解经和释义的论述。

殷弘绪在1730年的《训慰神编》,后来于1872年由慈母堂重印,封面刊载:"训慰神编/天主降生一千八百七十二年/主教亚弟益郎准慈母堂重梓"。现今所见者只有这一部重印本。(见图7)这部重印本页数为"3+40+21",经文页面大小为203×133毫米,以直行由右至左抄写,每半页共有9×20个字。全书分为弁言、正文和跋语。弁言是《续古抚今自序》,正文包括三篇,即《圣多俾亚古经原本》首附续古抚今小引四章句中集注十条》和《节次发明五十条》,跋语是《劝人九要》。

本书在书首的《续古抚今自序》和仿风雅体四章而撰的《续古抚今自序》之后,即介绍多俾亚的背景和故事。在此引首段经文如下②:

……曰多俾亚生于加理勒亚地。③ 系撒玛理亚国所属。曩与如德亚为一邦。物阜年丰。时雍偕④美。惟崇上主。不杂异端。故常显神恩。群称福土。迨后人心变乱。世教衰微。彼此欺凌。遂分二国。自撒玛理亚创建之初。即妄行邪说。不守旧规。更禁往如德亚国之日路撒棱府圣堂瞻礼。通国之人。从风而靡。名为敬主。实奉土神。秽德昭彰。寡廉鲜耻。违者坐受伤残。时多俾亚在弱龄。慈严早背。窃念先人成训。断不差讹。另设之规。必多訛谬。自古信崇之正教。安敢置而不行。遂定志确遵弗随流俗。

---

① 参阅徐宗泽编:《明清间耶稣会士译著提要》,第404—405页。殷弘绪写过大量信件寄回欧洲介绍中国知识,英译本参阅 Duncan Langford, trans. & ed., *The letters of Père d'Entrecolles*, Kent: Canterbury Ceramic Circle, 1995。
② 参见图7。原书没有分节,标点符号俱按原文。
③ 原书以细字注"按中历为东周平王二十四年"。
④ 原字并不清晰,在此仅是推测。

此系上主浩荡深恩。特于汹汹群恶之中。留一踽踽独行之士。保存圣教。立表劝人。

《多俾亚传》随后论述老多俾亚父子的故事，在书末跋语的《劝人九要》即按多俾亚的故事，杂以在教会历史中的圣贤事迹，叙述基督徒要有九要，即：诚、智、廉、勇、实、和、恒、义、谦，谓“以上九德，系劝人之要务，缺一不可者”。

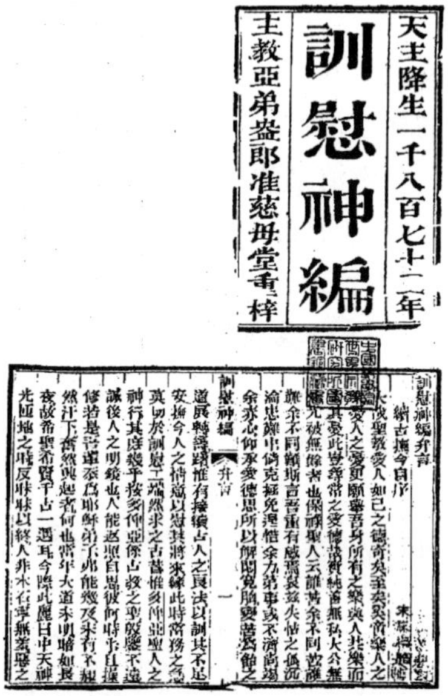
天主降生一千八百七十二年
訓慰神編
主教亞弟盎耶准慈母堂重梓

图 7 《训慰神编》1872 年重印版封面及首页

按原书所载，《训慰神编》的编译及校阅者为“远西耶稣会修士殷弘绪继宗译述”“同会雷孝思永维　白晋明远　冯秉正端友　校阅”“值会德玛诺　鉴定”。雷孝思（Jean Baptiste Regis，1663—1738）、白晋（Joachim Bouvet，1656—1730）和冯秉正（Moyriac de Mailla，1669—1748）都是法国耶稣会士，在北京供职，并曾于 1708 年奉康熙之命测绘中国地图。白晋由于堕马导致腰痛而不能继续前往测绘，只能留在北京休养，有关测绘在 1708 年至 1717 年间由雷孝思、冯秉正和另一位法国籍耶稣会士德玛诺（Romain Hinderer，1668—1744）负责，再集各传教士所绘分图，汇成全中国总图，定名为“皇舆全览图”。四人均是法国耶稣会在北京供职的修士，而他们同时是《训慰神编》的校阅和鉴定者。

《多俾亚传》不是严格的译经，大概因此它的书名是《训慰神编》，但它是把一卷经卷的内容由始至终地叙述，并且加以扩写应用，刊印出版，这在天主教《圣经》翻译上是一次尝试的努力。

四、贺清泰的北京官话《圣经》和注释

法国耶稣会士贺清泰在 1770 年来华，居于北京的北堂，在 1790 年之前翻译了北京官话和满文的《圣经》。[①] 贺清泰根据拉丁文《圣经》，以北京官话翻译的

① 关于贺清泰的译经作品，参阅 Kim Dongso（金东昭），“P. Louis de Poirot, S. J., the first translator of the Bible into the Chinese and Manchu languages,” *Altai Hakpo* (Journal of the Altai Society of Korea) 6 (2003): pp.15-39；蔡锦图：《〈圣经〉在中国：附中文〈圣经〉历史目录》，第 47—50 页。

《圣经》，共有 34 卷，附每卷书的导言和注释，题为《古新圣经》。由于贺清泰的经文没有刊行，故未得到流传。1949 年前，原译本存于北京的北堂藏书楼和上海的徐家汇藏书楼，香港思高圣经学会亦有部分于 1936 年复制的摄影本。

贺清泰的《古新圣经》之书卷有：《有造成经之总论》二本、《救出之经》一本、《肋未子孙经》一本、《数目经》一本、《第二次传法度经》一本、《若耶稣之经》一本、《审事官录德经》一本、《众王经书序》四本、《如达斯国众王经》二本、《厄斯大拉经序》一本、《多俾亚经》一本、《禄德经》一本、《若伯经序》一本、《厄斯得肋经》一本、《如第得经》一本、《达味圣咏》三本、《撒落满之喻经》一本、《智德之经》一本、《厄格肋西亚斯第个》四本、《达尼耶尔经书》一本、《依撒意亚先知经》一本、《玛加白衣经序》二本、《圣史玛窦万日略》一本、《圣史玛尔谷万日略》一本、《圣史路加万日略》一本、《圣若望圣经序》一本、《诸德行实》一本、《圣保禄》、《圣伯多禄》、《圣亚各伯》、《圣如达书扎》三本、《圣若望默照经》一本。[1]

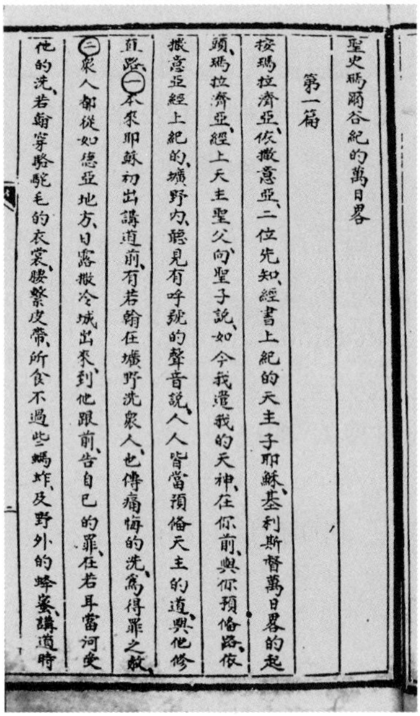
聖史瑪爾谷紀的萬日畧
第一篇
按瑪拉濟亞依撒意亞二位先知經書上紀的天主子耶穌基利斯督萬日畧的起
頭瑪拉濟亞經上天主聖父向聖子說如今我遣我的天神在你前與你預備路依
撒意亞經上紀的壙野內聽見有呼號的聲音說人人皆當預備天主的道與他修
直路㊀本來耶穌初出講道前有若翰在壙野洗衆人也傳痛悔的洗爲得罪之赦
㊁衆人都從如德亞地方日露撒冷城出來到他跟前告自己的罪在若耳當河受
他的洗若翰穿駱駝毛的衣裳腰繫皮帶所食不過些螞蚱及野外的蜂蜜講道時

图 8　贺清泰译本

《圣史玛尔谷纪的万日略》
经文首页

在此引述《圣史玛尔谷纪的万日略》（即《马尔谷福音》）一章 1 节至 8 节（见图 8）[2]：

按玛拉济亚、依撒意亚、二位先知、经书上纪的天主子耶稣、基利斯督万日略的起头、玛拉济亚、经上天主圣父、向圣子说、如今我遣我的天神、在你前、与你预备路、依撒意亚经上纪的、圹野内、听见有呼号的声音说、人人皆当预备天主的道、与他修直路、㊀本来耶稣初出讲道前、有若翰在圹野洗众人、也传痛悔的洗、为得罪之赦、㊁众人都从如德亚地方、日露撒冷城出来、到他跟前、告自己的罪、在若耳当河受他的洗、若翰穿骆驼毛的衣裳、腰系皮带、所食不过些蚂蚱、及野外的蜂蜜、讲道时常说、有比我刚强的在我后来、我还不敢伏地释他的鞋带、我用[3]洗你们、他要以圣

① 参阅徐宗泽编：《明清间耶稣会士译著提要》，第 18—20 页。
② 原书没有分节。本段是根据上海徐家汇图书馆的版本。
③ 原书可能缺了“水”字。

神洗你们。

贺清泰的译经是按照拉丁文《圣经》,并且在翻译之时也兼顾北京官话的通顺习惯。贺清泰是第一次以北京官话翻译《圣经》译本。对于一个以文言作为正统著述用语的时代,贺清泰的译经方式具有许多可供探讨之处。

除了《古新圣经》外,贺清泰还翻译了一部满文《圣经》,共有 25 卷,包括《旧约》大部分,以及"次经"《玛窦福音》和《宗徒大事录》。在贺清泰之后,直至在 1822 年至 1835 年间,才由斯捷凡·利波夫佐夫(Stepan Vasilevich Lipovtsov, 1770—1841)在英国圣经公会的资助下,翻译和出版满文新约译本。虽然贺清泰的满文《圣经》翻译较早,但由于没有出版,故此利波夫佐夫的译本是最早出版的满文《新约》。

五、回　　顾

中文《圣经》翻译的主要问题,并不如一般所想象的,只是涉及如何忠于原文(希伯来文或希腊文),而是关乎目标语言(中文)的语言特色,以及如何寻找适切的中文来翻译《圣经》。传教士的语言能力,究竟是否能够纯熟地掌握原文,继而翻译成流畅的中文固然重要,但也要面对另一个问题,那是关乎中文语言的性质,涉及《圣经》应以文言或官话或地方语言为翻译的语言取向。

早期在华天主教传教士对于传教地区的关注,首要问题在于传教和牧灵的需要,并且由于传教和牧养对象(即译经对象)的语言、文化等背景,而在文笔风格上作出适度的调饰。这样的尝试是相当困难的。除了翻译语言之外,以什么形式和什么用语出现,也是需要相当的考虑。晚明天主教传教士从第一部著述开始,直至清初才有较完整的《圣经》翻译尝试,显示上述的考虑是相当谨慎的。

谨慎的其中一个原因,可能在于前文已述的罗马教廷对中文《圣经》翻译的规范。另一个原因,大概是明末清初天主教传教士对中国礼仪问题的争议,尤其涉及如何以中文翻译拉丁文的"Deus",包括是否翻译成"天主"的问题。① 由于罗马教廷对礼仪之争的决定,在 1704 年发表谕令,表明"天主"才是翻译拉丁文

---

① 参阅 Sangkeun Kim, *Strange Names of God: The Missionary Translation of the Divine Name and the Chinese Responses to Matteo Ricci's "Shangti", Late Ming China, 1583 - 1644*, New York: Peter Lang Publishing, 2005。作者广泛引用中文、朝鲜文、日文和英文的文献,探讨明末天主教传教士与中国信徒对"圣号问题"(Term Question, 即如何翻译圣号的问题)的论述,以及反天主教的中国学者的回应。

"Deus"的适当译法(以后在1715年及1742年重申),而禁止用"上帝"或"天"等方式,但暂时仍未严厉禁止"神"的译法,故此在四川的传教士会采用"天主"和"神"的译名,直至18世纪中叶。白日昇译本的译名方式,是以"神"字翻译圣号,反映了这是礼仪之争未有定论前的用法,贺清泰后来以北京官话翻译的《圣经》,就采用"天主"。中国天主教会有关在中国传教的策略之争论,特别是中国天主教徒祀孔祭祖是否有违天主教教义的问题,不仅影响天主教会在中国的传布,也涉及中文译经的问题。

圣号的译法并非一个不能解决的问题,反而翻译的语体更是关键。天主教传教士的著述以文言为语体,至于《圣经》翻译也是一样。结果,信众(尤其是受教育相对不多的信众)不易理解《圣经》,故此传教士也会以浅白的笔触,撰述《圣经》的内容。例如到了清末,德国圣言会赫德明(Joseph Hesser,1867—1920)神父所编写的《古经略说》和《新经略说》,就是简明扼要地概述《圣经》,有助于信徒理解《圣经》的内容,而赫德明的《主日瞻礼圣经》也有《圣经》的引述。

对于按照经文把《圣经》完整翻译的尝试,要到较后期才少量出现,其反映传教士对许多《圣经》翻译的问题,包括译词的方式、语体,甚至形式的考虑。到了18世纪之后,除了上文提到白日昇、殷宏绪和贺清泰的译本外,在同一时间有的《圣经》翻译,还有在18世纪初方济会士梅述圣(Antonio Laghi da Castrocaro,1668—1727)翻译了《创世记》和部分《出谷记》,另一名方济会士麦传世(Francesco Jovino,1677—1737)修订了上述部分译文,并且翻译至《民长记》(显然也包括多俾亚传与达内尔),但他们的译本没有出版或保存。19世纪的中国教士也有参与译经的工作,例如王多默(Thomas Wang,生卒年不详)先后于1875年和1883年翻译了官话的四福音和《宗徒大事录》;许彬(字采白)翻译四卷福音书的全编。[①] 另外,辛方济(Francis Xin,生卒年不详)也翻译了文言的四福音译本,可是这些译本也没有问世。[②] 然而,以上成果却没有带来天主教中文《圣经》译本的正式出版,直至19世纪下半叶,那些提出请求的中国教区主教才获准出版《圣经》。首部出版的单卷《圣经》为1887年耶稣会士李问渔(Laurent Li Wen-yu,1840—1911)的《宗徒大事录》[③],到了清末,天主教出版的《圣经》大

---

① 感谢上海徐家汇藏书楼的徐锦华老师,让作者得见王多默和许彬的《圣经》翻译抄本书影。详情参阅蔡锦图:《〈圣经〉在中国:附中文〈圣经〉历史目录》,第30—31页。
② 以上综述,参阅 Jost O. Zetzsche, *The Bible in China: the History of the Union Version or the Culmination of Protestant Missionary Bible Translation in China*, Sankt Augustin: Monumenta Serica Institute, 1999, pp.26-28;陈维统:《圣经简介》,香港:思高圣经学会,1981年,第123—124页。
③ 关于李问渔译本,参阅蔡锦图:《〈圣经〉在中国:附中文〈圣经〉历史目录》,第51—53页。

多即为福音书的合参,例如1890年耶稣会士沈则宽(Matthias Sen,生卒年不详)以官话翻译了《新史略·宗徒事略》,上半部分即为以福音书合参的方式编撰耶稣生平。① 首部《新约》是1922年耶稣会士萧静山(Joseph Hsiao Cing-Shan,1855—1924)的《新经全集》②,而天主教首部完整的中文《圣经》则要待1968年的《思高圣经》。③ 这时候,已经距离明末天主教传教士在16世纪中叶来华有约四百年。历史上大概没有什么传教区域,是需要这么长的时间才能出现第一部完整的《圣经》译本,但这也正反映了在中文语言的处境中翻译《圣经》是多么困难的事。

附表
《明清间耶稣会士译著提要》"卷二 圣书类"
所列耶稣会士翻译或摘引《圣经》的作品

主要著者/译者/编者	著 作
阳玛诺(Manuel Dias Junior,1574—1659)	《圣经直解》8卷(1642年)、《圣若瑟行实》、《轻世金书》4卷(1640年)、《天主圣母暨天神圣人瞻礼日解说》
阳玛诺、郭居静(Lazzaro Cattaneo,1560—1640)、费奇规(Gaspar Ferreira,1571—1649)、傅凡际(Francisus Furtado,1587—1653)、费乐德(Rodrigue de Figuerdo,1594—1642)同订,南怀仁重订	《总牍会要》
贺清泰	《古新圣经》
罗雅谷(Giacomo Rho,1593—1630)著,李天经润色,韩云校梓	《天主经解》1卷
殷弘绪	《主经体味》8卷、《莫居凶恶劝》、《忠言逆耳》
利类斯(Lodovico Buglio,1606—1682)	《弥撒经典》、《司铎日课》(1674年)、《司铎要典》(1676年)、《圣事礼典》(1675年)、《圣母小日课》(1676年)、《已亡日课经》

---

① 沈则宽译:《新史略·宗徒事略》,上海:土山湾印书馆,1890年。关于沈则宽译本,参阅蔡锦图:《〈圣经〉在中国:附中文〈圣经〉历史目录》,第54—56页。
② 萧静山译:《新经全集》,献县:直隶东南耶稣会,1922年。关于萧静山译本,参阅蔡锦图:《〈圣经〉在中国:附中文〈圣经〉历史目录》,第64—66页。
③ 《思高圣经译本》,香港:思高圣经学会,1968年。关于思高圣经译本》,参阅蔡锦图:《〈圣经〉在中国:附中文〈圣经〉历史目录》,第77—82页。

续表

主要著者/译者/编者	著 作
龙华民（Nicolas Longobardi，1559—1654）	《圣教日课》3 卷（1602 年）、《念珠默想规程》、《圣人祷文》、《圣若撒法行实》
费奇规	《振心总牍》、《新刻主保单》
利国安（Giovanni Laureati，1666—1727）、龚宝铨订，阳玛诺准	《炼灵通功经》
毕多明我、德玛诺阅订	《显相十五端玫瑰经》
许鼎、金元声	《超性俚吟》（1739 年）
艾儒略（Giulio Aleni，1582—1649）	《天主降生言行纪略》8 卷（1642 年）、《口铎日抄》（署名"思及艾"）
冯秉正（Moyriac de Mailla，1669—1748）	《圣年广益》（1738 年）、《盛世刍荛》、《朋来集说》、《圣体仁爱经规条》（1719 年）
高一志（Alfonso Vagnoni，1566—1640）	《圣母行实》（1631 年）、《圣人行实》（1629 年）、《十慰》、《神鬼正纪》、《则圣十篇》
聂仲迁（Adrien Grelon，1618—1696）	《古圣行实》
汤若望（Johann Adam Schall von Bell，1591—1666）	《崇一堂日记随笔》《真福训诠》
魏继晋（Florian Bahr，1706—1771）	《圣若望臬玻穆传》
巴多明（Dominique Parrenin，1665—1741）	《德行谱》（1726 年）、《济美篇》
庞迪我（Diego de Pantoja，1571—1618）	《七克》（1604 年）、《庞子遗诠》4 卷，
穆迪我（Jacques Motel，1618—1692）	《成修神务》3 卷
林安多（Antonio de Silva，1654—?）	《崇修精蕴》（1783 年）
李九功	《励修一鉴》（1639 年）
陆安德（Andre-Jean Lubell，1610—1683）	《善生福终正路》《真福直指》
罗雅谷（Giacomo Rho，1593—1630）	《哀矜行诠》《死说》《求说》
南怀仁（Ferdinand Verbiest，1623—1688）	《善恶报略说》（1670 年）
周志	《身心四要》（1649 年）
卫方济（François Noël，1651—1729）	《人罪至重》（1698 年）

传播、书写与想象：明清文化视野中的西方

续表

主要著者/译者/编辑者	著　作
郭纳爵(Inacio da Costa, 1599—1666)	《原染亏益》
佐勤、陆思默	《臆说》
潘国光(Francesco Brancati, 1608—1671)	《天阶》《瞻礼口铎》
九章先生、潘用观	《口铎合钞》
陆思默	《周主日观礼口铎》
熊士旗	《策怠警喻》
苏霖(Joseph Suarez, 1656—1736)	《圣母领报会规》(1694年)
作者不详/佚名	《仁会约》《天主审判明证》《周年瞻礼单》

Catholic Bible Translations in Ming-Qing China
Daniel Kam To Choi

[Abstract]

This paper is an overview of the Bible translation of the Catholic Church from the late Ming to early Qing dynasties. In the late Ming, the Catholic missionaries in China already translated a few *Bible* verses in their works, including the historical facts of the Bible, as well as the commentaries of certain scriptures, and also the scriptures in the pulpit preaching, evangelical messages, daily lessons and chants. According to the existing records, the first Catholic Chinese translation of the *Bible* in the early 18th century was translated by Jean Basset (c. 1662 - 1707), a missionary of Missions Étrangères de Paris. He translated partly *New Testament* in classical Chinese. Then, it was the book of Tobit in 1730 by Père Francois Xavier d'Entrecolles (1664 - 1741), a French Jesuit, which published in Beijing. The most complete *Bible* translation was done by Louis Antoine de Poirot (1735 - 1813), another French Jesuit, in the late 18th century. It was translated in Beijing Mandarin and also with commentaries. Although the above *Bible* translations were not been published or only had limited circulation, these translations were influenced the Catholic missionary works (even the Bible translation of the Protestant missionaries in the early 19th century).

[**Keywords**]

Bible Translation, Catholicism, Jean Basset, Père Francois Xavier d'Entrecolles, Louis Antoine de Poirot

"人情反复,初终易辙"
——清初天主教徒徐若翰笔下的耶稣会士

宋 刚

[摘要]

明清之际,耶稣会士堪称天主教在华传教事业的中坚力量。从明末利玛窦、艾儒略到清初汤若望、南怀仁,都践行文化调适策略,或进献西洋方物,或结交高官名儒,或介绍西学知识,一时声名远播,成就斐然。这种近乎理想的"西儒"形象,时常在信徒的著述中得到正面评价。

本文聚焦于收藏在罗马梵蒂冈图书馆中一封中文书信手稿,内容为抨击耶稣会士在教宗特使多罗(Carlo Tommaso Maillard De Tournon, 1668—1710)与康熙皇帝交涉教务期间从中作梗,不但导致多罗受辱被逐,在澳门郁郁而终,而且还损害了天主教在华传教事务。笔者通过搜集、比对散落在欧美多个档案馆的相关文献,确定该无名信为四川嘉定的信徒徐若翰所作。虽然徐氏名不见诸中文史籍,但经历却颇为奇特,而他的信稿有着不容忽视的历史文献价值,既反映了中国礼仪之争初期的复杂面貌,也呈现出明清之际某些信徒心目中一种负面的耶稣会士形象。

[关键词]

徐若翰;耶稣会士;白日昇;多罗;中国礼仪之争

一、"语云":一封不具名的长信

众所周知,明清之际的耶稣会士堪称天主教在华传教事业的中坚力量。从明末的利玛窦、艾儒略到清初的汤若望、南怀仁等人,都提倡由上而下的文化调适策略,或进献西洋方物,或结交高官名儒,或介绍西学知识,一时声名远播,成就斐然。这种近乎理想化的"西儒"形象,时常在信徒的著述中得到正面评价。然而随着教务的开展,潜在问题日益增多。尤其是耶稣会与其他入华修会在中国礼仪方面的歧见和争执,对分属各会的信徒产生了重大的影响。除了众多支持者的声音之外,也有少数信徒发表了不同看法,质疑甚至批评耶稣会士的传教路线及作为,展示了一个截然相反的负面形象。由于种种原因,这类为数寥寥的文献长期尘封在档案馆中,鲜有学者给予足够的重视。

在罗马梵蒂冈图书馆所收藏的明清天主教汉文文献中,有一封未具名的手书长信,篇幅近三千三百字,字体圆润工整,言辞表达典雅庄重,从内容上看应该出自一位中国文人信徒的手笔。信的封面有"第二书"的字样,字体与信中文字一致,是写信者本人所书,由此可推知作者给同一对象至少写了两封信。封面另有"语云"二字,旁边配有字母拼读"iù iuǹ",但中文字体写法与信中正文开篇的"语云"二字不同。可能是后来的收藏者为方便编目,摘取信的开头两个字作为题目。"第二书"下面有两行西文,是意大利文。第一行是简拼词语,有可能读为"*Se. j. Fila 2. Vol V. Fav J.*"。第二行是一句完整的短语,读为"*Raccolta di Proverbj*",即名言汇编的意思,应该是用意大利文对"语云"一词作出的字面翻译。(见图1)①

信中作者以"小子忝居教末"自称,可以推测是位中国信徒。然而此前极少有人关注这封无名信,即便读过信件的内容,也都未能指明作者究竟是谁。笔者最近从信的字体和内容两方面入手,搜集到几份重要的教会文献资料。经详细的文本比照和背景研究,终得以确认写信者为17世纪初期一位四川籍天主教徒徐若翰。在传教士记录的文献中,他被称为"Johan Su"。虽然徐若翰本人也承认自己只是一个小人物,既不像徐光启、杨廷筠等精英信徒声名远播,也不像罗文藻、吴历、李安德等人供奉圣职,但他的成就和经历却是可圈可点。如果将一些看似散乱的文献贯穿连接,就能勾勒出这个小人物一段鲜为人知的不平凡历史。

徐若翰不但帮助巴黎外方传教会士白日昇(Jean Basset,1662—1707)首次翻译了《新约圣经》的大部分经文,而且在白日昇去世后,将汉译的四福音书重

---

① 该文献收藏编号为 Borgia Cinese,316.7。笔者在此感谢巴黎外方传教会的包智光神父(François Barriquand)帮助认读封面上的手写意大利文字。

编为一个合参版本(Gospel Harmony)。另外,他曾从四川内地辗转到广州、澳门,耳闻目睹了巴黎外方传教会、遣使会及耶稣会之间的复杂争斗。在教宗特使多罗(Carlo Tommaso Maillard De Tournon,1668—1710)被康熙皇帝逐至澳门、遭到软禁期间,徐若翰成了多罗的中国助手和支持者之一。他所手书的长信,以一名"忝居教末"的普通教徒身份声援多罗,指斥耶稣会士"渐染邪风"的传教方式和"成一己一党之私"政治权谋。在当时中国信徒中间,敢于如此严厉批评的非常少见。其语气之强烈,甚至超过某些激烈反对耶稣会的其他入华修会的传教士。

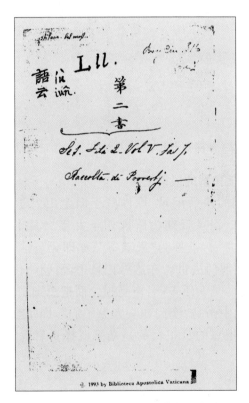

图1　梵蒂冈图书馆藏"语云"书信的封面

本文第一部分重在考证分析,将这封无名信与其他三种手写文献相互比照。虽然这四种文献分别来自不同的馆藏,但手写文字的字体、风格高度一致,而且其中一种文献直接由徐若翰本人笔录并具名。经过细致的笔迹对照,并结合相关史料,笔者可以推定徐若翰就是亲手写这封无名信的作者。

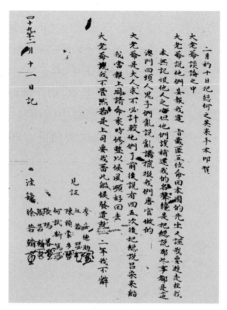

图 2　康熙四十九年(1710 年)多罗谈话记录原件

文献一：教宗特使多罗的谈话记录

这是一份很特别的谈话记录，原件藏于旧金山大学利玛窦中西文化历史研究所。（见图 2）① 记录日期为康熙四十九年二月十一日，即公历 1710 年 3 月 10 日。三个月后，被称为"大老爷"（亦即无名信开头所指的"多大老爷"）的多罗就因病在澳门去世。在这份记录中，清朝一位低级武官把总面见多罗。② 多罗表明自己受人诬告，名声受损。而把总则试图撇清干系，辩称散布谣言对多罗的恶意中伤是"澳门四头人鬼子们"，即指当时澳门的葡萄牙殖民政府官员。③ 其实把总的真正目的是劝多罗择日启程返欧，结果被多罗明言拒绝。

---

① 该所在 1988 年购得一批中西文兼有的广东档案，这份谈话记录为其中之一。笔者感谢研究所提供高清图片资料。
② 笔者目前尚未找到文中所提到的"把总何之英"的相关史料信息。
③ "四头人鬼子"有可能是指被多罗于 1708 年宣布以绝罚处置声明书的四位澳门葡萄牙官员：Diego de Pinho Teixeira（澳门总督）、Luigi Lopez（稽核员）、Lobo de Gama（军队稽核员）、Antonio de Sousa Gayo（上尉）。关于多罗被逐至澳门，与当地葡萄牙籍官员及主教 João de Casal（嘉素，1641—1735）冲突，并遭受软禁的待遇，参见 R.C. Jenkins（1815 - 1896）, *The Jesuits in China and the Legations of Cardinal de Tournon: An Examination of Conflicting Evidence and an Attempt at an Impartial Judgment*, London: Nutt, 1894, pp.116-150.

记录文字的末尾,附了六个见证人的名字和签名,其中包括李安德肋(即李安德)。最后一位签名的是徐若翰,既为见证人,同时也是注录人。该记录誊写在朱红色纸上面,或许为了彰显多罗作为教宗特使及枢机主教的尊贵身份。这份由徐若翰手书并具名的文献,为下述包括无名信在内的三种散落异地的文献建立了直接联系。

文献二: 罗马卡萨纳特手抄本《新约圣经》

图3 罗马卡萨纳特图书馆藏《新约圣经》抄本书脊和扉页

这是近年发现的白日昇、徐若翰所译《新约圣经》的两个早期抄本之一。(见图3)①现藏于罗马卡萨纳特图书馆(Biblioteca Casanatense di Roma),编号Mss. 2024。欧式皮制封面,书脊标有书名"TESTAMENT NOUVM SINICE",首页提到为白日昇的名字,而他所译的书卷以及尚未译的书卷也被标出来。最后几行所提到的捐献者,应是法蒂奈利(Giovanni Giacomo Fattinelli, 1652—1736),曾担任罗马圣母大教堂(Basilica di S. Maria Maggiore)的咏礼司铎(Canonico),也是多罗在罗马的账房及代理人。在多罗出使中国期间,法蒂奈利曾经撰写文章,为禁止中国祭孔祭祖礼仪的立场辩护。法蒂奈利及其家族分别于1733年和1741年向卡萨纳特图书馆捐赠有关中国礼仪之争的书籍,其中

---

① 此抄本为Jean-Baptiste Itçaïna(1926—)神父于2006年发现。见周永:《从"白、徐译本"到"二马译本"——简论白、徐〈新约〉译本的缘起、流传及影响》,载《天主教研究学报》2011年第2期,香港:香港中文大学天主教研究中心,第268页。

包括白日昇译经的中文抄本。① 然而关于该抄本何时、如何从中国辗转至罗马，成为法蒂奈利的藏书，笔者目前尚未能找到足够的相关的资料和证据。

卡萨纳特抄本将四福音书依序分别译出，其后有《使徒行》和使徒保禄的十四封书信，最后到"福保禄使徒与赫伯辈书"（即希伯来书）第一章。虽然各卷书有各自的中文标题，但整个抄本没有用中文标识《圣经》书名，也没有译者的名字。近期，学者经多方查考，已经确证这部未完成的《新约圣经》是白日昇与其助手徐若翰合力翻译的成果。② 白日昇在广州去世后，译经工作被迫停止，故而出现了"福保禄使徒与赫伯辈书"仅只第一章被译出的特殊情形。

此抄本的经文以风格一贯的工楷字体抄写在欧制的纸张上面，书写格式非常标准，每页9行，每行24字。从文字的笔法及熟练程度上看，应是出自一位精通书艺者之手。虽然白日昇在中国传教长达18年，但他的书法能否达到如此练达的程度令人怀疑。在白氏所留下的法文日记、信件中，字里行间时而出现最可能是他本人写的中文字，在字体的写法、风格上与此抄本的文字相差甚远。反而，如果将此抄本与前引徐若翰手书的谈话记录比照，两者手书文字的相似度极高。如图4所示，徐若翰在手书记录中的签名，与《若翰攸编耶稣基督福音》中两处"若翰"名字的写法如出一辙。

如比较卡萨纳特抄本与无名信中的若干相同词句，可见"保禄""与戈林多辈""第二书""争端""不求""汝曹"等的笔迹相似度极高（见图5），尤其是"第""书""辈"等字的写法特殊，显然是同一个人的习惯性书写方式。

文献三：剑桥大学手抄本《新约圣经》

该抄本是白日昇、徐若翰合译《新约圣经》的另一个抄本。③ 原属大英及外

---

① 有关法蒂奈利的生平和著作，见 *Memorie e documenti per servire all' istoria del Ducato di Lucca*, p.326; *De Societate Jesu in appendice di stampe satiriche antigesuitiche e di ritratti di padri della Compagnia* (Libreria antiquaria soave, Italy), pp.15, 20. 有关法蒂奈利的藏书捐赠，见 Eugenio Menegon, "The Bibliotheca Casanatense (Rome) and its China materials: A finding list," *Sino-Western Cultural Relations Journal* 22 (2000), pp.35, 43. 关于此抄本与马礼逊所据之大英博物馆藏抄本《四史攸编耶稣基利斯督福音之会编》的比较，参见内田慶市：《モリソンが元にした漢訳聖書——新しく發見されたジャン・バセ訳新約聖書稿本》，載《アジア文化交流研究》，第5号，2010年2月，第224—230頁；周永：《从"白、徐译本"到"二马译本"——简论白、徐〈新约〉译本的缘起、流传及影响》，第264—270页。

② François Barriquand, "First Comprehensive Translation of the New Testament in Chinese: Fr Jean Basset (1662 - 1707) and the Scholar John Xu," *Societas Verbi Divini: Verbum SVD* 49 (2008), pp.91-119. 关于白、徐本翻译特色，见宋刚：《小人物的大历史：清初四川天主教徒徐若翰个案研究的启示》，载《国际汉学》2017年3月第10期，第42—49页。

③ 关于此抄本的发现及介绍，见蔡锦图：《白日昇的中文〈圣经〉抄本及其对早期新教中文译经的影响》，第6—11页；内田慶市：《モリソンが元にした漢訳聖書——新しく發見されたジャン・バセ訳新約聖書稿本》，第222—224页。

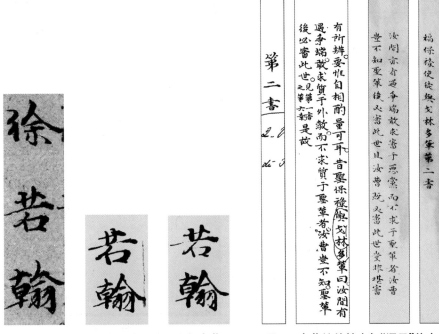

图4 多罗谈话记录中的徐若翰名字与卡萨纳特抄本中两处"若翰"名字笔迹对照

图5 卡萨纳特抄本与"语云"信中部分相同文字的笔迹对照

国圣经公会图书馆(British and Foreign Bible Society Library),现藏于剑桥大学图书馆,编号为 BFBS Mss. 127,英文标题为"Gospel Harmony, Acts, St. Paul's Epistles, Hebrews, Chapter 1",时间注明在 1700 年左右。此抄本的一大特色为前半部分是将四福音书以合参的方式编排,题名为"四史攸编耶稣基利斯督福音之会编"(以下称"《会编》本"),共 28 章,各章无标题,而正文中以小字标注某段出自某福音书之某章。

前述的罗马卡萨纳特抄本与剑桥大学抄本有十分密切的关系。就福音书部分而言,卡萨纳特抄本的全译四福音书共约 362 张,每张 9 行,每行 22 字;剑桥大学抄本的"会编本"四福音书共 153 张,每张 12 行,每行 24 字。粗略计算字数,后者不足前者的三分之二。经比照,剑桥大学抄本的各章节都可以在卡萨纳特抄本中找到相同文字,而其所缺的约三分之一篇幅,是卡萨纳特抄本四福音书中内容近似或重合的部分。如耶稣受魔鬼试探一节,并见于卡萨纳特抄本《玛窦福音》四章(1—11 节)、《玛耳谷(麻耳谷)福音》一章(12—13 节)及《路加福音》四章(1—14 节),而在剑桥"会编本"第五章中只保留了《路加福音》的经文,不录另

"人情反复,初终易辙" | 059

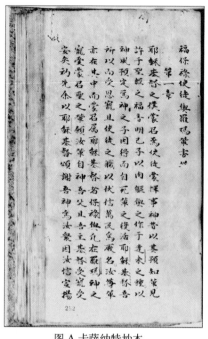
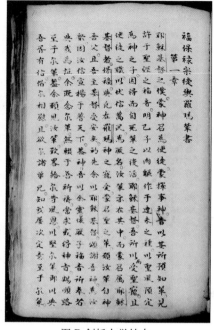

图 A 卡萨纳特抄本　　　　　　图 B 剑桥大学抄本

图 6　卡萨纳特抄本《福保禄使徒与罗玛辈书》第一章与剑桥大学《新约圣经》抄本的《福保禄宗徒与罗玛辈书》第一章笔迹对照

外两处经文。由此看来,剑桥大学抄本应该是以卡萨纳特抄本为底本摘抄编辑而成,根据耶稣生平的时间先后顺序串联编排。至于四福音书之后各部分的书卷而言,除了少量字词译法有出入之外,这两个抄本内容基本相同,而且都止于《希伯来书》第一章。

更值得注意的是,即便做简单的比照,也看得出两个抄本主要在格式上存在差异,而笔迹则完全一致,乃是一人所写。如图 6 的图 A、图 B 所示,比照卡萨纳特抄本《福保禄使徒与罗玛辈书》第一章与剑桥大学抄本《福保禄宗徒与罗玛辈书》第一章,出于一人之手应无疑议,文字上仅有若干称呼和术语有改动,如标题中的"使徒"改为"宗徒",正文中的"神风"改为"圣风","恩宠"改为"圣宠"。下文对传教士文献的分析,更可以证明徐若翰不但帮助白日昇翻译并抄录了《圣经》经文,而且还进行"再创造",将四福音书合参为一,另行制作了一个版本。其改编的动机尚不明确,不过有一点可以肯定,徐若翰因为译经和抄录工作而对《新约圣经》的内容相当熟悉。

在无名信"语云"中,作者引用了《若翰福音》耶稣所讲的一段话(见图7的图A),刚好可以在卡萨纳特抄本和剑桥大学抄本中找到相应的文字(图7的图B、图C),进行直接比较。三者的文字间或有所改动,然而笔迹高度一致,如"识""汝犹弗纳""弗图"等。有意思的是,两个抄本都使用"主"或"神"称呼耶稣基督,反映出白日昇在翻译"*Deus*"称谓上的独特立场。① 但无名信在转引译文时,却改用当时更为常见的"天主",其动机不得而知。或许作者为突出批驳的核心议题,而在引经据典的同时,使用包括耶稣会在内的大多数传教士都认同的称谓,以免在次要问题上节外生枝,纠缠于细节方面的争执。

图A "语云"信稿　　图B 卡萨纳特抄本　　图C 剑桥大学抄本

图7　三种文献的笔迹对照

另外,在剑桥大学抄本中重复出现的"若翰"名字,其写法仍然与多罗谈话记录中徐若翰本人的签名一致。(图8的图A、B)

剑桥抄本极有可能是收藏在大英博物馆的另一个手抄本所依据的底本(图

---

① 关于白日昇为何用中文的"神"翻译拉丁文的"*Deus*",包智光曾提出若干可能的原因。参见 Barriquand, "First Comprehensive Translation of the New Testament in Chinese", p.107。

6 的图 A、B）。1737 年，东印度公司的何治逊（John Hodgson）在广州发现了一部《新约圣经》译稿，于是请人誊抄全文，并仔细校勘原抄本和誊写本，以免错漏。何治逊回国后，于 1739 年将誊写本赠给史路连爵士（Sir Hans Sloane，1669—1753）。而史路连 1753 年去世时，又将包括誊抄本在内的遗产捐献，作为大英博物馆的收藏，编号为 3599。19 世纪初，基督新教伦敦会传教士马礼逊（Robert Morrison，1782—1834）在赴华传教前发现这部不知作者姓名的译作，再次誊抄，借此学习书写中文，并为日后从事汉译《圣经》工作奠定基础。近期研究表明，通过大英博物馆抄本的中介，白日昇、徐若翰译本对马礼逊及马殊曼（Joshua Marshman，1768—1837）的早期译经工作产生了直接的影响。①

图 A　　图 B

图 8　多罗谈话记录的徐若翰名字与剑桥大学抄本中的"若翰"名字笔迹对照

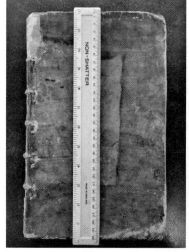

图 A　　　　　　　　　图 B

图 9　大英博物馆藏《新约圣经》誊抄本的封皮

剑桥大学手抄本与大英博物馆誊抄本的内容一致，不过从格式、字体写法和风格上看，应该是两个不同的人所写。虽然大英博物馆抄本也是工楷，风格与罗

---

① 周永：《从"白、徐译本"到"二马译本"——简论白、徐〈新约〉译本的缘起、流传及影响》，第 270—271 页。

马及剑桥抄本相近,但前者趋于方正,后者趋于圆润,在笔画细节的习惯性写法上仍能辨别出很多不同,因而笔者判断大英博物馆抄本与罗马、剑桥抄本的写者并非一人。① 如图10所示:

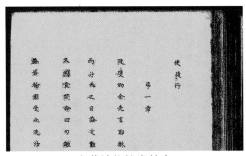

图A 大英博物馆誊抄本　　　　图B 剑桥大学抄本

图10　大英博物馆誊抄本与剑桥大学抄本《使徒行》第1页笔迹对照

文献四:无名信"语云"

这封标题为"语云"的无名信,现藏于罗马梵蒂冈图书馆,编号为Borg. Cin. 316.7。在查阅这份文献时,笔者看到它与其他几种文献放在一个活页夹内,其中包括严谟的《存璞篇》(编号为Borg. Cin. 316.6a)。

如图11所示,无名信抬头没有写明致信对象的名字,而结尾也没有作者本人的署名。信中重复出现的"诸公",应是作者的致信对象,但从头至尾并未明示为何人,所以学者对此看法莫衷一是。伯希和(Paul Pelliot,1878—1945)在编目附注中,认为是中国信徒写给教宗特使多罗的信,请求他改变对有争议性中国礼仪的态度。② 其附注又被匿名人改为中国信徒写给当时驻北京传教士的信,劝他们改变对多罗的态度和处理方式。达仁利(Fracesco D'Arelli)则认为这封无名信是反对多罗的,因为他在1707年于南京对中国礼仪公开发表了与中国人持相反意见的决定。③ 实际上,作者在信中提到了耶稣会,而且是唯一的一次。从上下文看,所谓的"诸公"就是指耶稣会会士,即"教以利、颜二姓而分,是将连天主教、耶稣会之名俱灭矣。是皆彰彰于人耳目者。诸公处此,或自以为得计,今而后可无人复入我园林而食果矣"。

在对前三种文献进行分析时,已经有若干与"语云"文字比较的例证。为进

---

① 笔者感谢日本关西大学内田庆市教授提供大英博物馆抄本中《使徒行》第一章的文字影像。
② Paul Pelliot and Takata Tokio, *Inventaire sommaire des manuscrits et imprimées chinois de la Bibliothèque Vaticane*, Kyoto: Italian School of East Asian Studies, 1995, p.19, note 2.
③ Fracesco D'Arelli, "Libri cinesi di Nicolai" (1997), p.520.

語云士無先容卒難遇合人情反復初終易轍又曰當局者迷傍觀者清此等語似只可為世俗人道而不當為行道君子誦然竊見諸公今者之待大主教多大老爺其情盡似于此幾罹身靈俱殺之害而恬然自以為得計小子忝居教末目擊而心為諸公傷故竭愚衷而為諸公道哉大主教之來敝國道德之高品望之尊敝國之人不知也當如何

加矣是所謂身靈俱殺之將臨也諸公平日只念有利或未計及其害故主命聖訓擲滅殆盡而罔覺吁中國人或可欺謾矣豈無所不知之天主而亦可欺謾耶懇請諸公急早改圖復修原好痛洗向來迷謬之補削近今矯抗之慾上不致見討于天主亦不致徒嫁醜于我皇上且不致受裂教背教之慘禍小子為諸公幸甚幸甚謹瀆

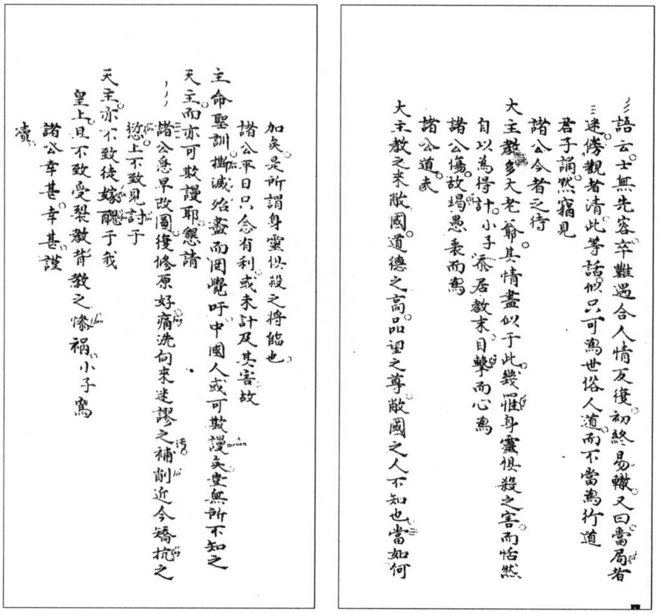

图 11 “语云”信稿的前两页

一步确证此信为徐若翰亲笔所写，笔者再撷取多罗谈话记录以及无名信中某些相同的语词。如图 12 所示，其字体、风格，包括特殊写法，都能看出明显的一致性。通过多方比照，可以肯定写这封无名信的人，就是四川信徒徐若翰。虽然他的中文本名难以考证，但经他手书的《圣经》译本及其他相关文献，却有幸保存至今。而他生平的闪亮之处，也时而出现在传教士的记录之中。

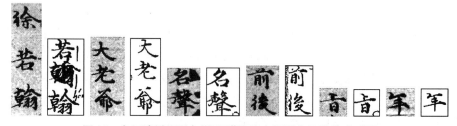

图 12 多罗谈话记录与“语云”信稿中相同字词的笔迹对照

二、徐若翰：“忝居教末”的无名作者

经过上述详细文本比照所得出的结论，也可以与当时白日昇等传教士留下

的相关记录互为印证。让我们走近徐若翰这位几乎无人关注的小人物,了解他的生平大略。

追溯徐若翰的生平,首先要提到白日昇在四川的传教活动。白日昇于1662年在法国里昂(Lyon)出生,父亲是该城的行政长官,声望颇高。白日昇少年时进入巴黎圣苏必爵神学院(Seminary of Saint Sulpice)学习哲学和神学课程。1684年,他加入巴黎外方传教会。在被授予执事(deacon)头衔后,于1685年从法国启程前往亚洲传教,次年在暹罗(即泰国)晋为司铎。1689年,白日昇被派到中国,先后在广东、福建、浙江、江西等省传教。1692年至1693年,他担任江西省署理宗座代牧(pro-vicar apostolic)。1694年,赴湖北荆州拓展教务。① 次年回到广州,代替即将返国的本会司库何类思(Louis Champion de Cicé,1648—1727)处理财务、通信等事务,并负责照顾教民的工作。1701年3月,白日昇致信长上,请求去四川传教。同年12月,四川宗座代牧梁弘任(Artus de Lionne,1655—1713)因要返回欧洲,申辩外方传教会在"礼仪之争"问题上的立场,故任命白日昇为署理四川宗座代牧,派他与同会的梁弘仁(Jean-Francois de la Baluere,1668—1775),还有遣使会的毕天祥(Louis Antonio Appiani,1663—1732)和穆天尺(Johann Mullener,1673—1742),四人一同赴四川开展教务。然而,在他们抵达重庆之后,毕、穆二人自有打算,不肯继续前往目的地成都。于是四人议定了教务方面的分工,毕、穆二人负责以重庆为中心的川东地区,而白、梁二人负责以成都为中心的川西地区。②

川西教务一开始就遭遇挫折,受到成都地方官员的刁难和阻挠。1702年,白日昇被迫前往西安,希望能面见川陕总督,请求给予居留四川的许可。在西安传教的方济各会士叶宗贤(Basile Brollo,1648—1704)和贾安多(Antoine de Castro,?—1727)的帮助下,白日昇见到了时任川陕总督的觉罗华显(?—1703)。因为此前有在清廷供职的耶稣会士张诚(Jean-François Gerbillon,1654—1707)的推荐,华显对白日昇相当友善,承诺帮忙说项,请四川布政使等官员关照传教士。收到了华显的说情信,成都官员对传教士态度明显转变,批准了白日昇建堂传教的请求。川西教务得以开展。③

1703年到1707年间,白日昇、梁弘仁在成都及附近地区建立了多个传教的

---

① Barriquand, "First Comprehensive Translation of the New Testament in Chinese," pp.91-95.
② 李华川:《白日昇与十八世纪初的天主教四川传教史》,《宗教学研究》2014年3月,第225—227页;郭丽娜:《清代中叶巴黎外方传教会在川活动研究》,北京:学苑出版社,2012年,第31—32页。
③ 李华川:《白日昇与十八世纪初的天主教四川传教史》,《宗教学研究》2014年3月,第227—229页。

据点,以底层民众作为传教的主要目标。虽然受洗的信徒人数不多,但川西教会已初具规模。① 白、梁二人也用心培养了包括李安德(André Ly,1695—1774)、党怀仁(Antoine Tang,约 1691—1745)和苏宏孝(Paulus Sou)在内的一批青年神职人员,为后来禁教期间教务的维持和发展奠定了基础。②

在四川传教期间,白日昇特别留意吸纳文人信徒,以辅助自己翻译《圣经》和教理问答的工作。1704 年 4 月 24 日,白日昇在发给已离开中国的梁弘仁的信中,首次提到来自嘉定的一位文人慕道者。虽然他未取得科举功名,但很有学识才能。丧妻之后,看淡俗世浮华,将独生子交予父母抚养,孤身一人离开嘉定,打算与和尚、道士为伍,过隐居的生活。后转而接触入川不久的天主教,很快就受洗入教,并担任白日昇的助手(原文称 siang-kong,即相公)。白日昇此后的记录,仅使用徐若翰(Johan Su)称呼他,一直没有提及他的中文全名。③ 梁弘仁在一封写于 1705 年 9 月 3 日的信中,也提到徐若翰,说他是一个很有能力的学者,只是在入教之后,徐若翰似乎仍然同情儒家而排斥佛教。他对白日昇很有帮助,不但帮助他翻译《圣经》,而且还帮忙解释中文书籍中一些艰深的段落。因为他才能出众,当地信徒对他尊敬有加。④

有了徐若翰这样一位颇有才学的助手,白日昇就着手翻译《新约圣经》。1705 年 7 月 13 日,白日昇致信梁弘仁,提到徐若翰返回老家处理家事,因没有其他助手帮忙,他不得不暂停翻译工作。此时他们已完成了四福音书的翻译。⑤

---

① 郭丽娜:《清代中叶巴黎外方传教会在川活动研究》,第 79—80 页。
② 三人中苏宏孝的生平较为模糊不清:方豪引四川圣职人员名录,称其为广东顺德人(《中国天主教史人物传》,下册,第 130 页)。方立中(J. Van den Brandt)给出存疑的名字苏鸿孝,也称其为广东顺德人(《1697—1935 年在华遣使会士传》,载耿升译:《16—20 世纪入华天主教传教士列传》,桂林:广西师范大学出版社,2010 年,第 550 页)。但沙百里(Jean Charbonnier)似乎暗示三人都是陕西人,被白日昇在途经陕西时招募(见 Charbonnier, *Histoire des chrétiens de Chine*, Paris: Desclée, 1992, pp.191-192)。郭丽娜提到,穆天尺 1711 年秘密重返四川传教时带了一位学生苏洪学(Paul Sou),亦名苏洪孝、苏保禄、苏怀德。据此这两个不同的名字 Etienne Su 和 Paulus Sou,应该是两个不同的人。但郭丽娜又写到二人的传教据点都在成都府金堂县下四乡,似乎有混淆的嫌疑(郭丽娜:《清代中叶巴黎外方传教会在川活动研究》,第 35、210 页)。根据由包智光提供的一份巴黎外方传教会档案馆的文献("惟一堂西轩存稿",A. M.E. 434:113-131),当时在成都地区传教的华籍神父为苏弘孝。笔者怀疑苏宏孝、苏鸿孝、苏洪学、苏弘孝是 Paulus Sou 同一个人的异名。因缺乏更多文献证据,此处仅存疑。
③ 此信藏于巴黎外方传道会档案馆,编号 A.M.E. 429:967-970。笔者参照此信的现代排印版,见 François Barriquand et Joseph Ruellen, *Jean Basset (1662 - 1707): Pionnier de l'Eglise au Sichuan Précurseur d'une Eglise d'expression chinoise, Correspondance (oct. 1701 - oct. 1707), Avis sur la Mission de Chine (1702)*, Paris: Éditions You Feng Libraire & Éditeur, 2012, pp.513-514。
④ 梁弘仁的信藏于巴黎外方传道会档案馆,编号 A.M.E. 407:581-583。见 François Barriquand, "Johan Xu(徐若翰):Translator of the Gospel with Heart and Savoir-faire," 未刊文章。
⑤ 此信藏于巴黎外方传道会档案馆,编号 A.M.E. 407:557-560。见 François Barriquand et Joseph Ruellen, *op.cit.*, p.64。

这里暗示出二人的翻译方式,应该是由白日昇口译经文内容,而徐若翰即时用文言文进行记录、修改和润色。假如白日昇自行草拟初稿,再由徐若翰修改、润色,则没必要因后者不在而停止译经。可见译经工作中徐若翰的角色不可或缺,而他的文字功底也得到了充分的显露。1706年8月23日,白日昇再次致信梁弘仁,报告他们译完了《与戈林多辈第一书》及若干赞美诗。① 在译经的同时,他们还翻译了两本教理问答著作《天主圣教要理问答》和《经典记略问答》。②

1707年,教宗特使多罗与康熙皇帝在中国礼仪问题上公开对峙,包括四川教区在内的各地教务都受到影响。白日昇与梁弘仁离开成都,原本打算到北京领取允许传教的"票",但听说多罗禁止领票之后,转而奔赴广州。与他们同行的不但有李安德等青年修生,还有徐若翰和他的儿子徐应天(Etienne Su)。③ 可能白日昇希望在南下途中,仍然可以跟徐若翰继续翻译剩余的《新约圣经》经卷。同年12月,白日昇不幸在广州染病去世,这对译经工作是一个沉重的打击。故而他们所译文稿只到《福保禄使徒与赫伯辈书》第一章为止。可惜的是,当时没有其他传教士像他那样主张尽快将《圣经》译为中文,并一心投入译经实践。至于徐若翰,他只服膺白日昇的教导,也几乎没可能让他与其他传教士继续合作完成这部中文《新约圣经》译本。

白日昇去世后,徐若翰与徐应天等人跟随梁弘仁到澳门。④ 经梁引荐,徐若翰成为多罗的中文秘书,直至后者1710年去世时为止。上述多罗的谈话记录足以证明徐若翰此时的身份及支持多罗的立场。其后,徐应天、李安德等被派往巴黎外方传教会在暹罗设立的神学院进修,而徐若翰本人可能继续留在澳门。1726年徐应天学成返回澳门,徐若翰说服他转入了遣使会。根据巴黎外方传教会在澳门的账房弗舍(Jean-Pierre Faucher,1688—1736)的一份记录,1726年6月30日,时任四川宗座代牧的穆天尺在广州为徐应天祝圣,授予圣职。徐若翰

---

① 此信藏于巴黎外方传道会档案馆,编号 A.M.E. 407:693-696。见 François Barriquand et Joseph Ruellen, *op.cit.*, p.571。

② 关于这两部教理问答著作,见 Adrian Dudink, "Jean Basset MEP and His Catechetical Writings in Chinese: A Bibliographical Introduction," *History of Catechesis in China* (Leuven Chinese Studies XVIII). Ed. Staf Vloeberghs et al. Leuven: Ferdinand Verbiest Institute, 2008, pp.87-111。不过,杜鼎克在文中没有论及徐若翰以及他在帮助白日昇翻译西书中的角色。

③ 关于徐应天的生平,见《1697—1935年在华遣使会士列传》,载耿升译:《16—20世纪入华天主教传教士列传》,第550页。徐的中文名字被译为"徐德望"。

④ Barriquand, "Johan Xu(徐若翰): Translator of the Gospel with Heart and Savoir-faire,"毕天祥有《新译引蒙问答》一书,而徐应天在篇首被列为合著者之一。参见周永:《从"白、徐译本"到"二马译本"》,第265页,注8。

在澳门通过友人澳门总督,要求澳门主教对授职仪式予以认可,并请徐应天前往澳门主持了他的第一次弥撒礼。① 徐应天晋铎后不久,可能就携同父亲回到四川,辅佐穆天尺开展教务。

18世纪30年代,遣使会与巴黎外方传教会在四川教权问题上发生争执。1715年梁弘仁回到四川时,穆天尺已实际管控了整个四川教区,被封为四川宗座代牧。梁弘仁于当年逝世于成都,此后巴黎外方传教会未再派遣传教士入川。到1732年和1734年,马青山(Joachim de Martiliat,1706—1755)与李安德两度入川,与穆天尺交涉,试图恢复巴黎外方传教会在四川传教的权力。② 最终于1737年得到教廷认可,马、李得以留在四川传教。③ 在双方的明争暗斗中,徐氏父子的地位颇为尴尬:一方面他们隶属遣使会,不能违背长上穆天尺主教的决定;另一方面又与巴黎外方传教会有深厚的渊源,也不能公开排斥马、李二人的教权要求。

徐若翰生平中的亮点,反映在马青山1734年10月的日记中。其中提及他收到了徐应天寄来的一封信,说他的父亲徐若翰在8月14日去世。为了纪念这位最早的川籍文人信徒,马青山简述了徐若翰的生平,包括其入教经历、同白日昇合作译经,以及后来被引荐为多罗的秘书,还转入了遣使会。④ 在日记中,马青山提供了两条重要线索。首先,徐若翰对《新约圣经》熟悉到可以背诵的程度,甚至花心思用汉译经文完成了一部四福音书的"会编本"(Gospel Harmony)。尽管未提白日昇的名字,马青山显然是指徐若翰依照白日昇与他合译的经文,独立完成了福音书的汇编工作。前已述及,罗马卡萨纳特抄本包括分卷的四福音书,剑桥大学抄本开头是四福音书的"会编本",两者剩余书卷的内容则基本一致。不论从白、徐合作译经的角度看还是从徐若翰自行制作福音书汇编的角度看,笔者认为有理由改称此译本为"白、徐译本",此前大多数学者所习用的"白日昇译本"的说法,并不完全准确。

其次,马青山提到徐若翰早年曾写过两三封关于中国礼仪的信件,因为措辞

---

① 该记录藏于巴黎外方传道会档案馆,编号 A.M.E. 432:323。见 Barriquand, "Johan Xu(徐若翰):Translator of the Gospel with Heart and Savoir-faire",当时澳门总督应该是 António Carneiro de Alcáçova,1724—1727年间在职,而当时的澳门主教应是嘉素(Joāode Casal)。
② 关于马青山的生平,见热拉尔·穆赛、布里吉特·阿帕乌主编:《1659—2004年入华巴黎外方传教会会士列传》,载耿昇译:《16—20世纪入华天主教传教士列传》,第870页。
③ 韦羽:《清前期德国传教士穆天尺四川活动述略》,《阴山学刊》2009年第22卷第4期,第67—68页。
④ 该日记藏于巴黎外方传道会档案馆,编号 A.M.E. 434:508-509。见 Barriquand, "Johan Xu(徐若翰):Translator of the Gospel with Heart and Savoir-faire"。

过于激烈，被白日昇禁止寄出。1732年马青山到四川时，徐若翰曾把信稿拿给他看。虽然马青山未指明信是写给谁的，但却别有深意地提到，一旦发现传教士行为有失，徐若翰都能从《新约圣经》引用原文加以指责。这条信息直接印证了前引无名信稿"语云"确实出自徐若翰本人之手。该信稿的封面有"第二书"的字样，其内容也如马青山所言，关乎中国礼仪之争。至于徐若翰被禁止寄出信件，表明他的信在1707年12月白日昇去世前已完成。而在同年6月底，多罗被迫从广州退居澳门。① 由此推断，这份封面标有"第二书"的信件，很可能是在1707年7月至12月的半年中写就。此信没有抬头和落款，表明未曾寄送出去，也符合马青山关于白日昇禁止徐若翰寄信的记载。

三、徐若翰对教会状况的认识

在《语云》信中，徐若翰自称是"忝居教末"的"小子"。然而在字里行间，都表露出他对天主教及当时入华各修会状况的清楚认识。

首先，关于天主教圣职品级。晚明入华的耶稣会传教士，曾向中国信徒介绍天主教的圣职品级。如艾儒略在其《西方答问》中，曾介绍说："道科之中，复有品级。弊乡从下一品起算，至于八品。而诸先生乃第七品，称为铎德者。有此职任，方可承受大祭之权，而为教化宗主所命，四方敷教者也。"②如按照这种说法，身为铎德的入华传教士可谓高阶神职人员。在教宗委任多罗为赴华特使以前，与中国人直接交往的最高阶神职人员只到主教或宗座代牧。而教宗特使多罗来华现身说法，表明在主教之上还有"大主教"（相当于宗主教或枢机主教）一级。③徐若翰在信中提到多罗的特殊身份，说"大主教多大老爷"是奉"教化皇之圣命"而东来，其"道德之高，品望之尊，敝国之人不知也。当如何其延纳、如何其礼敬，敝国之人亦未谙也"。他作为"天主圣教会之首"，得到皇帝的特殊礼遇，地位高过中国教区的主教及宗座代牧，如四川的梁弘仁、穆天尺以及福建的颜珰（Charles Maigrot，1652—1730）等人，当然更高于主教之下的司铎神父。

---

① 1707年初康熙帝南巡，于4月8日到达南京。多罗已在3月19日离开南京，5月24日到达广州。其间康熙帝派官员告知多罗退居澳门，并在那等候被派往罗马呈递诏书给教宗的龙安国和薄贤士。多罗被迫于6月26日离开广州，30日到澳门。参阅 Antonio Sisto Rosso, *Apostolic Legations to China in the Eighteenth Century*. South Pasadena, CA: Perkins, 1948，pp.173-178。
② 《西方答问》，见叶农整理：《艾儒略汉译著述全集》，桂林：广西师范大学出版社，2011年，下册，第151页。
③ 艾儒略：《西方答问》，见叶农整理：《艾儒略汉译著述全集》，下册，第151页。

徐若翰如此强调多罗的尊贵身份,目的正是要明确天主教的等级秩序,进而判定耶稣会士"诸公"乃是以下犯上,"欺罔于我皇上,困厄于尔大主教,背叛于教化皇,且仇视夫天主者,不外是矣"。这个被他概括为"矫抗"的罪名,有意无意地将天主教的圣品制度与中国的皇权制度糅合在一起。换句话说,耶稣会士的所作所为是对"神政"和"人政"的双重背叛。

徐若翰对当时在华教会情况的另一种认识,是传教人员严重缺乏,难以应付各地日益增加的信徒的需要。晚明至清初的一百年间,这个问题早就被传教士和信徒们经常关注,却一直未能得到有效解决。据统计,从1630年至1680年,在华天主教传教士人数徘徊在30到40人之间。到17世纪末18世纪初,总人数才增至140人左右,达到此期传教事业的顶峰。然而几年之后,因为礼仪之争的影响,总人数不足80人,急剧减少了近一半。① 清初传教事业也由盛入衰,传教士被成批驱逐出境,这一历史性转折点恰好为徐若翰所亲历和感同身受。他很自然地将问题归咎于耶稣会士:

> 诸公久不欲传教者之多,而且不欲别会之相杂与此国也。噫!是何心哉?九州岛士女,谁非上主之赤子?溺于迷流而待援者遍天下矣。诸公如果爱人如己,吾恐虽千百铎德来兹,有未能遍起斯人而满是愿者。矧以寥寥数位,而欲尽任扶挽多方之责乎?恐或连奏技艺,以充供俸之不足矣。况天主圣教,自先明时来此,几二百年矣,诸省尚多不闻名声。即幸得入教,而居不一地。有六七年,或十数年,不得一遇铎德者。安在传教者之可少哉?

徐若翰认为,传教士的缺乏并非都因选拔严格、路途遥远的实际困难所致,反而起源于耶稣会士的一己之私,不希望其他修会插手中国教务,取得与其相等同的地位。既然所有中国人都是天主的儿女,即便有"千百铎德"来华传教也不见得满足需要,而当时只有"寥寥数位"的耶稣会士供奉朝廷,如何能胜任"扶挽多方"的责任?徐若翰的指责多少有些夸大,不过他从这个角度切入分析当时教会面临的困境,应该是经过了一番思考之后的判断。

上段引文表明,徐若翰对入华各修会之间相互排斥和分离的情况也有一定

---

① Nicolas Standaert, ed., *Handbook of Christianity in China*, *Volume One: 635 - 1800*, Leiden: Brill, 2001, pp.300-304.

的了解。明清之际,除了较早入华的耶稣会、多明我会、方济各会之外,巴黎外方传教会和遣使会也先后进入中国南方沿海及内陆地区传教。从整体传教路线上讲,耶稣会的上层精英路线及补儒易佛的调适策略与其他修会的主流立场截然不同,成为导致中国礼仪之争的一个主因。实际上,不但耶稣会内部由于各种问题产生过摩擦和争议,而且反对耶稣会的修会也并非和谐一致,比如前述巴黎外方传教会与遣使会就曾因四川教权归属问题一度陷入纠纷。不过,徐若翰信中主要针对耶稣会士的传教路线和门户之见,批评其"会分彼此"的做法会对传教事业造成严重破坏,即他所谓"教以利、颜二姓而分,是将连天主教、耶稣会之名俱灭矣"。所以在信稿末尾,徐若翰恳切劝诫耶稣会士"急早改图,复修原好",期望能够得以避免"裂教"的"惨祸"。

此外,入华各修会之间的纷争常常与葡萄牙的保教权(Padroado)错综交织在一起。徐若翰对这个问题似乎也有所察觉,因而在提到多罗来华的目的时,特意将教会教权与世俗王权放在对立的位置:

> 若大主教之来中国,岂欲与诸公相分地以传教哉?承教宗简搜代巡东方之命,特为校正教规而来耳。即他会来此者,只为爱人如己耳。果谁是欲窃据人国者耶?又岂中国疆土,诸公传教于斯,即为波尔都瓦国之属邑耶?

16 世纪初,教宗列奥十世(Leo X,1475—1521)将南美洲、非洲和远东地区的保教权授予葡萄牙。为阻遏竞争对手西班牙在亚洲的势力扩张,葡萄牙于 1576 年得到教宗格利高里十三世(Gregory XIII,1502—1585)的准许,在澳门成立一个新教区,主要处理中国、日本的传教事务。依据保教条款,传教士需获得葡国政府的批准,并搭乘葡国商船前往亚洲,传教津贴由葡国提供。葡萄牙国王可以向教宗推荐中国主教人选,而葡国驻澳门的总督有权监督中国的传教事务。1585 年,格利高里十三世赋予耶稣会在中国和日本传教的特权,不过需以服从葡萄牙的保教权为条件。此后的一百年间,入华耶稣会士基本处于葡萄牙势力影响之下,代表葡萄牙的国家利益。徐若翰明确提到"波尔都瓦",并将耶稣会士传教与中国变成其属邑并提,矛头所指正是葡萄牙的保教权。

明清之际,中国教务的很多矛盾和冲突都与葡萄牙保教权问题相关。一方面,罗马教廷逐渐加强了对中国教务的介入和控制。教宗克莱蒙特八世(Clement VIII,1536—1605)于 1600 年发布谕令,准许方济各会、多明我会、奥斯定会等修会入华传教,打破了耶稣会的垄断,不过各修会仍需服从葡萄牙的保教权。1633年,教宗乌尔班八世(Urban VIII,1568—1644)颁令准许不同国家和修会的传教士入华传教,进一步脱离了葡萄牙保教权的限制。1680年,教廷传信部不顾葡萄牙国王的反对,直接派传教士到中国建立教区,并委任宗座代牧,令教廷的影响力大为增强。另一方面,西班牙和法国不断在远东扩张势力,也与葡萄牙的保教权产生摩擦。17世纪30年代,西班牙依据教宗乌尔班八世的谕令,支持多明我会士进入中国福建传教,很快就因中国信徒祭孔、祭祖的问题与耶稣会士正面对峙。80年代,法国得到教廷传信部的支持,派遣法国耶稣会士和巴黎外方传教会士入华传教。他们试图建立代表法国势力的独立教区,却遭到依附于葡萄牙保教权及清朝皇权的耶稣会士压制,双方的不满和成见逐渐加深。

在日益紧张的情形下,代表教廷立场的多罗出使中国,实际上加剧了葡萄牙王权与天主教教权的矛盾。葡萄牙国王担心教宗特使侵犯其保教权,企图对多罗的权能有所限制。教宗则有意排除王权政治的干预,建立教廷的权威,因而破格授予多罗全权处理中国教务的职任。双方角力的结果,致使多罗乘坐法国商船来华,选用遣使会的毕天祥做中文翻译,征召巴黎外方传教会的颜珰到北京与耶稣会士辩论,之后还公开了教廷禁止中国礼仪的通告,可以说处处针对着采取文化调适策略的耶稣会士,及持有保教权的葡萄牙势力。即便徐若翰不一定全面了解各方矛盾的历史渊源,但他指出多罗此行是"特为校正教规而来",可见他已经意识到问题的关键所在。他对当时复杂形势的判断显然受到了白日昇及教廷一方的影响,因而在信中体现了非常鲜明的反耶稣会立场。

四、徐若翰对耶稣会士的批判

徐若翰铺写"语云"长信,目的是以多罗在使华期间受到阻挠和不公正待遇为线索,从多个层面揭露和批判在华耶稣会士的不当行为。

在信文开篇,徐若翰引用了俗语"人情反复,初终易辙"指责耶稣会士,并声言"此等话,似可为世俗人道,而不当为行道君子诵。然窃见诸公今者之待大主教多大老爷,其情尽似于此。几罹身灵俱杀之害,而恬然自以为得计。小子忝居教末,目击而心为诸公伤。故竭愚衷而为诸公道"。他敢于使用如此严厉的措辞,自然要给出充分的证据。多罗抵达京城之后,先是受到了康熙帝的优渥礼遇,但还未来得及"开陈教要",就不得不离开京城南下,转往南京、广州,最后以"配澳之迁"惨淡收场。整个事件大起大落,令人几乎难以置信。多罗自己受到天壤之别的待遇,"昔日炫耀辉煌而趋堂陛,今则凄其冷落而递殊域;昔日官寮成役,恭迎虔送而恐或慢,今则彝目兵丁,严禁监守而图加害"。

更有甚者,他身边的助手和支持他的传教士也都纷纷遭遇厄运。徐若翰特别提及其中四位人物,作为事件有违常情的例证:1."堂前调开记室之陈生",陈生可能指担任多罗中文秘书的陈若翰(John Chin Hsiu),在多罗离京后被捕。① 2."锁去译言之毕公",毕公就是担任多罗随行翻译的遣使会士毕天祥,他也在与多罗离京南下途中被捕,先押解到北京,再遣送四川,后再押回北京,而后1710年被遣送到广州羁押,直到1726年才恢复自由。② 3."沙公承使报礼,何因忽焉而见罢?"沙公是指沙国安(Sabino Mariani,1665—1721),多罗向康熙帝推荐他随行返回罗马,呈送康熙赠予教宗的礼物。本来沙国安已获准与法国耶稣会士白晋(Joachim Bouvet,1656—1730)一同前往,但多罗留京多日,却一直未能明示教宗的禁令,引起了康熙帝疑虑。在多罗离京之后,康熙帝就以不确定多罗真实身份为由召回了沙国安和白晋。③ 4."赫公出入多府,何罪突而被囚?"赫公可能是指巴黎外方传教会的赫宣(Pierre Hervé,?—1710)。1706年底康熙帝下令各地传教士必须领票方可留在中国,多罗于次年初发表"南京教令",宣布教廷已于1704年禁止信徒祭祖、祭孔。此时赫宣正在南京,是多罗支持者之一。多罗一行从南京赴广州,赫宣则因坚持反对耶稣会士的立场而被驱逐到澳门,与多罗一起遭到禁锢和苦待。④ 这四位人物所遭遇的变故,令徐若翰怀疑事件背后有耶稣会士在从中作梗。

其次,徐若翰认为耶稣会士借着出入皇宫、亲近皇帝的便利,积累了相当可观的政治资本,堪称"权倾中外、威慑同类者"。如果善用这种权势,推动公教(即天主教)在中国的传播,必然功德无量。然而恰恰因为耶稣会只考虑"一己一党之私",不但破坏其他修会在福建、四川、云南等地的传教活动,而且暗中作梗,阻挠特使多罗与康熙皇帝的会面和沟通,结果导致"一教俱摇"的恶果。此前传教士被逐澳门,主要是由于教外人发动反教活动。如今传教士被逐澳门,罪魁祸首却来自教会内部的耶稣会士。今昔对比,徐若翰非常愤慨和不满,说:"已耳,嗟嗟!夫恃宠行谋,自残同类,此流俗贪利慕禄者之所为也。诸公素谓正谊明道

---

① Rosso, *op.cit.*, p.170.
② 见《1697—1935年在华遣使会士列传》,载耿升译:《16—20世纪入华天主教传教士列传》,第549页。
③ Rosso, *op.cit.*, pp.160-162,170.
④ "Pierre HERVÉ", Archives des Missions étrangères de Paris, accessed September 29, 2018, http://archives.mepasie.org/fr/notices/notices-biographiques/herva-c.

者,而今所行,乃尤甚于流俗。且流俗所不忍为者,而实倡率为之!"如此措辞严厉的批判,连其他反对耶稣会的传教士也鲜有为之。难怪白日昇看了信稿后,即便认同徐若翰的立场,也不得不禁止他寄给当时在清廷御前供职的耶稣会士。可以想见,一旦这份指斥耶稣会奸诈弄权的信件公之于众,很可能引起轩然大波,而耶稣会与包括巴黎外方传教会及其他修会间的嫌隙和冲突将会愈演愈烈,更加损害已然遭遇困境的传教事业。

再次,徐若翰在信中多次强调"教化皇"(即教宗)和多罗大主教的权威及正统地位,以反衬在华耶稣会士对此教会历史传统的破坏。在教、俗相左的中国礼仪上,徐若翰认为:"今经教皇所准,即如天主所准,已判然如黑白之分。故惟凡属教下,于所被革诸邪端,不可不知之而绝之。若乃疏远天主者,纵聪明深察,而神政自不同于人政,各有统属,不得与议,而亦毋容再议已矣。"这句话非常直白地表达了教会传统中"教宗无误"的观念。既然教宗的言论等同于天主的言论,任何信徒都不得怀疑和议论。从这个角度看,耶稣会士"背叛"教宗,所以徐若翰指斥他们"阴行手脚于内,阳诿恶名于人"。

此外,徐若翰还熟练地使用译经过程中掌握的《圣经》经句,批判耶稣会士忘记甚至背离了基本教义。例如,在提到"神政"与"人政"各有统属之后,徐若翰援引《圣保禄与戈林多人辈书》的一句告诫:"汝间有遇争端,敢求质于外教,而不求质于圣辈者? 汝曹岂不知,圣辈后必审此世?"他还在引文下面注明此句见于"《第一书》之第六章",可见他对参与翻译的《新约圣经》译本的熟悉程度。有意思的是,徐若翰的引文与卡萨纳特抄本及剑桥大学抄本的文字略有差异。后两者都将拉丁原文的"iniquos"译为"恶党",但此处徐若翰改译为"外教",似乎偏离了本意。他之所以如此改动,可能是考虑到耶稣会士在礼仪之争中企图利用"人政"干预"神政",即请康熙帝判决信徒是否可以参与祭祖、祭孔活动。如用"恶党"影射"人政",这个贬义词可能会让徐若翰背上冒犯皇帝的罪名。而如改用"外教",词意不准确但相对中性化,则至少不会让批判对象找到反击的借口。

在另一处,徐若翰又引用了《圣保禄与戈林多辈书》中的两段经文,斥责耶稣会士"会分彼此"的做法,认为其完全背离了基本教义和使徒传统:

至若会分彼此,是后人人我之私也。列会诸圣,昔蒙主恩而立会,原以起衰救弊耳。顾其或同时,或异时,皆非各任己意,欲分别人我而为也。圣保禄不云与戈林多辈乎? 其书曰:"吾闻汝中有言,我属则法,我属亚玻罗,我属保禄者。岂基利斯督已分裂乎? 保禄岂为汝等被钉十字架乎? 且汝众因保禄之名受洗乎？"夫诸圣宗徒，不甘分彼此者。圣而公教会，诸圣相通功，总以为主也。是以圣保禄又明云："亚玻罗系何物？保禄乃何物？皆汝所信徒者之仆也。各得主所给。我已栽，亚玻罗已浇，主乃与长。栽者、浇者皆无物，而与长者主也。栽者、浇者乃一也，各依厥劳，而将得报矣。"经书之言如是。诸公嫉忌相参杂，想念诵《性博录》与《万日略》及诸圣经书时，独无自讼之苦耶？

这两段分别见于《第一书》的第一章和第三章，被徐若翰用得恰到好处。圣保禄批评戈林多人按各自认可的领袖划分派别，却忘记了基利斯督（即基督）实际是合一而不可分的。清初耶稣会士与其他修会之间"各任己意""分别人我"的纷争，可谓早期教会分裂情形的翻版。徐若翰引述宗徒的原话，其意图不言而喻，就是要告诫耶稣会士不可固执私意和门户之见，偏离以基利斯督为中心的正统教义。《性博录》即通常所说的《信经》（Credo），其中有"圣而公教会，诸圣相通功"这句关于教会合一的信条。徐若翰认为，耶稣会士就像戈林多人一样，充满嫉妒和纷争，失去了"相通功"而达致教会合一的正见。他反问耶稣会士是否有"自讼之苦"，实际是在讽刺他们的言行不一。

除了直接引用经文，徐若翰还时而化用《圣经》中的某些关键词和意象增强论辩的说服力。例如，在描述多罗被禁锢的情景时，他会将其与宗徒下狱的故事相连类，"坐守一室，有如圣保禄之缧绁；前后防禁，不异伯多罗之受锁"。又如他将耶稣会士自行划定的属地比作"园林"，说"可惜满园野果，不受修治，今而后恐徒为物主所厌，不得结嘉实，而必伐必焚矣"。这段就是化用了《若翰福音》十五章耶稣向门徒宣讲的关于葡萄树和树枝的譬喻。

从这些引用和化用的例证可见，"语云"长信的行文风格完全符合前述马青山关于徐若翰引用《新约圣经》原文指责行为有失的传教士的记载。同时代的李安德等中国神职人员，或许比徐若翰更熟悉《圣经》本文，但他们大都碍于自己的身份，有意无意地避免使用过激的批评言论。反观徐若翰，既没有神职身份的约束，又因为译经工作而对相关经文耳熟能详，这种机缘巧合的条件使他能够充分展露文才、直抒胸臆。

五、徐若翰对多罗和耶稣会士的形象塑造

在"语云"中，徐若翰对多罗这个在中国礼仪之争中的焦点人物给予了格外

的关注。他从普通教徒的视角出发所作出的描述值得特别留意。尤其是在1707年到1710年间,徐若翰一度伴随在多罗的身边,因而这封早已写就但最终未寄出的信稿为他对多罗的观感定下了基调。

在徐若翰的笔下,多罗的形象是与耶稣会士的形象截然相对的。他高尚的道德、尊贵的品望,最初不为中国人所知。然而,多罗展示出对教化皇的忠心,或者说对天主的忠心,从而赢得信徒的认可和支持。另一方面,多罗得到康熙帝的高规格礼遇,颇有位极人臣之象:

> 初至天津,走使慰劳。戴病京都,肩舆入内。赐坐赐宴,亲垂顾问。命医疗病,命官宿候,汤泉浴疾,伻频问慰。畅春灯火,新阁欸宾。锡奶酪而示分甘之爱,奏御乐以表同庆之欢。日常大官给俸,时或内厨颁馐。种种殊恩,旷古且未有以待亲臣、勋臣者,而今特行于宾臣。噫,使诸公即为近日也者,须知我皇上虽素着宽仁柔怀之德风,而若是隆重之锡,亦必不可得矣。顾其时,驿路舟车之赫奕,朝堂礼数之崇隆,而耳而目之者,咸识天主圣教会之首,而得此厚待于皇上。

这里所谓的"宾臣",是指宾服之臣。在中国朝贡制度下,处于边远地区的夷狄之国,向中国表示臣服、顺从,被称为宾臣。多罗来自的西洋属宾臣之列,地理位置远离处于天下中心的天子,而政治、文化方面则被认为低于华夏文明。这种低于"亲臣、勋臣"的地位,竟受到康熙帝的隆重礼遇,难怪徐若翰惊叹"旷古且未有"了。再进一步分析,会发现徐若翰采取"宾臣"的说法另有深意。他似乎故意强调这个"臣子"的角色,将多罗塑造成教宗与康熙帝之间的连锁,从而达到宗教与政治两个领域的和谐并存。

然而,这样高规格的开始却因耶稣会士的暗中阻挠和破坏,而走向了一个悲惨的结局:

> 昔日炫耀辉煌而趋堂陛,今则凄其冷落而递殊域。昔日官寮戍役,恭迎虔送而恐或慢;今则睽目兵丁,严禁监守而图加害。坐守一室,有如圣保禄之缧绁;前后防禁,不异伯多罗之受锁。人情反复,初终易辙,宁不可为诸公朗吟而长诵也耶?呜呼,一大主教也,前恭而后倨,诸公果何心哉?

徐若翰在此为多罗愤愤不平,以堂堂大主教之尊,竟然遭到"前恭而后倨"的待遇,着实令人怀疑耶稣会"诸公"的用心。在他眼中,多罗被监视、禁锢的情形堪比使徒伯多罗和保禄受迫害的遭遇。借助自己熟知的经文,徐若翰有意无意地将多罗描绘成一位正直但遭受迫害的"忠臣"形象,而与其相对的则是耶稣会士暗中害人的"奸臣"形象,以及言行不一的"伪君子"形象。

六、结　　论

本文从四份稀见的中文天主教文献入手,结合文本比照和史料考证,重建了关于徐若翰这位四川普通信徒的历史叙述。再现他的生平经历,具有重要的史学研究价值。近年来中国教会史研究呈现开放、多元和综合的发展趋势。随着视野的拓宽和史料的开掘,以区域史、微观史视角展开的个案研究不断涌现,揭示以往宏大历史叙述的盲点,从而使补充甚至重新书写教会史成为可能。徐若翰个案牵涉的核心史料为数不多,但却足以增进我们对清初天主教发生重大转折的那段历史的认识。还原这位"忝居教末"的"小子"的经历,有助于深入了解和评价清初的四川教务、耶稣会的历史定位、中国信徒在礼仪之争中的角色,以及早期天主教的《圣经》汉译活动等相关议题。

在18世纪初日益激化的中国礼仪之争中,中国信徒的直接参与并不多见,只有少数人接触到争议双方的最高层。如福建的黄嘉略、山西的樊守义,曾被传教士带到欧洲面见教宗,作为对立方的见证人。不过,很少有学者留意考察教宗特使多罗被康熙皇帝下令驱逐至澳门软禁期间,身边除了分为对立两派的传教士外,一度有几位中国信徒朝夕相伴,而其中之一就是徐若翰。他是多罗的坚定支持者,身处中国礼仪之争漩涡的中心,对当时教务状况和各修会之间的矛盾有清楚的认识。这种亲身经历在中国信徒中间也极为少见,因而值得进一步关注。

徐若翰未曾寄出的无名信也可以作为一个跨文化研究的典型文本。以普通中国信徒身份指斥以"西儒"自居的耶稣会士,并将天主教品级制、保教权问题、中国皇权政治和《圣经》原文交织在一起,采取贯通中西的视角展开论述,徐若翰可能是唯一的一位。他对耶稣会士的批判,造成了一种很特别的负面西方人形象:耶稣会士自诩"正谊明道"之人,暗中却"恃宠行谋,自残同类",他们对多罗前恭后倨的态度,堪比世俗的人情反复。这样的形象,虽出自一个中国信徒的描述,却不同于其他大部分信徒心目中的"铎德""先生""大老爷"等正面形象。另一方面,虽然是一个负面的西方形象,但却不同于在传统华夷观影响下一般民众所习见的"夷狄""番鬼"之类的集体想象。本文的个案超出了通常所知的"西儒""夷狄"的正反对称类型,让我们看到了徐若翰笔下的另类耶稣会士形象,亦即"奸臣"的形象和"伪君子"的形象。由此可见,在明清时期特定的地方语境中,中国信徒对传教士的态度也发生变化,进而折射出中国人对西方人及天主教观感的多样性及复杂性。

附录:

徐若翰手书"语云"信稿原文①

語云:"士無先容,卒難遇合。人情反復,初終易轍。"又曰:"當局者迷,旁觀者清。"此等話,似只可爲世俗人道,而不當爲行道君子誦。然竊見諸公今者之待大主教多大老爺,其情盡似于此。幾寘身靈俱殺之害,而恬然自以爲得計。小子忝居教末,目擊而心爲諸公傷。故竭愚衷而爲諸公道。

夫大主教之來敝國,道德之高,品望之尊,敝國之人不知也。當如何其延納,如何其禮敬,敝國之人亦未諳也。大主教初至廣城,韜光晦跡,固書通諸公,得奏請之力。乃膺綸音而受召者。若使昔日之諸公,即爲近日也者,吾憶雖臨以教化皇之聖命,大主教之貴尊,欲致其壅于上聞,只尋常事耳。彼夫凡所經歷督撫重臣,咸遵諭而迎饗護送。時其安處,厚其廩饌。初至天津,走使慰勞。戴病京都,肩舆入內。賜坐賜宴,親垂顧問。命醫療病,命官宿候,湯泉浴疾,伻頻問慰。暢春燈火,新閣欸賓。錫乳酪而示分甘之愛,奏御樂以表同慶之歡。日常大官給俸,時或內廚頒饍。種種殊恩,曠古且未有以待親臣勳臣者,而今特行于賓臣。噫!使諸公即爲近日也者,須知我皇上雖素著寬仁柔懷之德風,而若是隆重之錫,亦必不可得矣。顧其時,驛路舟車之赫奕,朝堂禮數之崇隆,而耳而目之者,咸識大主教爲天主聖教會之首,而得此厚待于皇上。又咸知爲非有先容之力不至此。

嗟嗟!士無先容,卒難遇合,入世之道,誠有然者。然諸公昔日求榮于我皇上以待大主教,是雖只以敬大主教哉?可知其心之所以忠事教化皇,而崇奉天主矣。倘始終不易是念,則我皇上之隆禮,必將有加,而大主教奉教皇聖命而來之正意,必有所昭著于教眾。不只爲區區世俗人情,以至于如此。則諸公豈不自利利人,而愛天主愛人之克全乎?夫何變幻不常,未匝期而榮瘁殊觀,大主教竟未

---

① "语云"信稿目前尚无影印或重排的现代版本,故在此附录其原文,以便读者了解这份文献的全部内容。徐若翰手书以繁体正字为主,时而掺杂一些俗字和异体字,故笔者尽量以接近原文的字体录入,如此读者能较为直观地感受其书写的原貌。

得一對我皇上，開陳教要而南還。且皇上已有各省巡堂之許而不得踐，是豈我皇上之爽約于大主教哉？想屬諸公之中沮矣。何也？諸公會堂，多有不合教規之端。言論之際自以爲是，倨傲已形。諸貴堂不納大主教之履，彼各省之堂多有效尤，京都者又如何可經正人之目？緣是包羞行計，成此貝錦，談言微中，盛情忽替。甫離京都，堂前調開記室之陳生；剛到山陰，舟中鑽去譯言之畢公。金陵之席未煖，突來往廣之旨；沱城之居未定，旋遭配囂之遷。昔日炫耀輝煌而趨堂陛，今則凄其冷落而遞殊域。昔日官寮戍役，恭迎虔送而恐或慢；今則舞目兵丁，嚴禁監守而圖加害。坐守一室，有如聖保祿之縲絏；前後防禁，不異伯多羅之受鑕。人情反復，初終易轍，寧不可爲諸公朗吟而長誦也耶？嗚呼，一大主教也，前恭而後倨，諸公果何心哉？事事悉出諸公之謀畫，豈曰大主教有不得于我皇上而然乎？

試察大主教，數月皇都，進退以禮，敷奏以恭。但見恩賜日益，而眷顧維殷矣。雖教俗有不侔之處，而近來因革之条，大主教原未嘗向教外而計從違。良以數十年之積疑，今經教皇所准，即如天主所准，已判然如黑白之分。故惟凡屬教下，于所被革諸邪端，不可不知之而絕之。若乃疎遠天主者，縱聰明深察，而神政自不同于人政，各有統屬，不得與議，而亦毋容再議已矣。如或欲有所辨，要惟自相酌量可耳。昔聖保祿與戈林多輩曰：“汝間有遇爭端，敢求質于外教，而不求質于聖輩者，汝曹豈不知，聖輩後必審此世。”（見《第一書》之第六章）是故皇上以世情待大主教，而大主教亦惟依世道以事我皇上。天主聖教道理，皇上固有暇日靜談之命，而大主教則徒受沮止而莫得。試看温語婉酉，賜觀殿苑，是豈小有不相得者所可得哉？又豈曰大主教不合薦顏主教，因顏主教不能承旨，故致此哉？夫顏主教之不可見愛于我皇上，想亦久矣。何也？顏主教秉道而不囘者也。閩省執法而祴鐸德，幾斃于同教異端者之手。在諸公豈有不聞？以素所愁聞而嫉忌者，今乃薦舉于皇上。即不因扁題未諳而見棄，想亦必別出事端以排斥矣。若承命寫呈經書句語，此亦辨道之一機也。倘諸公果相愛而爲之保容，其必別有所表白，而或可以感悟我皇上，未可知也。矧其本意毫未著露，即諸公勘駁者，疏中亦多云，未知其用意。豈仁明如我皇上，冐不達人意，而遽行斥逐他人也哉？又豈冐因顏主教之故，而辱及大主教哉？

乃由此陰謀愈彰，顯威大播。沙公承使報禮，何因忽焉而見罷；赫公出入多府，何罪突爾而被囚。且更俾教權統攝于國令之下，傳教者湏遵印票之拑束，從違者當守驅留之定令。噫！是雖只屈抑夫衆鐸德歟？而諸公之所以欺罔于我皇上，困陀于爾大主教，背叛于教化皇，且讐視夫天主者，不外是矣！且也。一教俱摇而遭毁辱者，莫甚于闽、蜀与云南。诸公陰行手脚于内，陽諉惡名于人。諸公想可以告無過于天主及當世，而孰知内倚朝寵，諸公自知 外濟朋黨，諸公自知 。明無公令，暗有威權。識者早已言。昔年配嶴，禍由教外；今日配嶴，害出教中矣。謂造謀不自諸公，誰其信之？

嗚呼！諸公可謂權傾中外，威懾同類者矣。使乘此權勢而奏行公教之真，其功德必爲無量。乃徒以成一己一黨之私，承前謬誤，侵染邪風，日趨卑污，日露矯虐。自知行與教反，恐來教皇之召。預設穩身之謀，巧媚我皇上。致有舊犬堪惜，斬頭還西等諭。此雖明示我皇上保愛之仁，而實暗行諸公挾抗之計也。已耳，嗟嗟！夫恃寵行謀，自殘同類，此流俗貪利慕祿者之所爲也。諸公素謂正誼明道者，而今所行，乃尤甚于流俗。且流俗所不忍爲者，而實倡率爲之！以嶴門男女老幼共稱之巴德肋阿噶，而三巴等衆視如讐仇。當道諸公，誣爲假冒。《聖若翰萬日畧》中，主云："我非自人受荣，然識汝爲心中無愛天主之情者。予以我父名而來，汝猶弗納。後他若以己名而來，汝竟納之。汝曹相取荣，而弗圖自惟一天主來之荣。"其斯之謂矣。

又豈天主十誡，只以訓人遵守，而自己不必拘耶？而說者乃曰："此日之百計沮撓，自相殘虐者，蓋諸公久不欲傳教者之多，而且不欲別會之相雜于此國也。"噫！是何心哉？九州士女，誰非上主之赤子？溺于迷流而待援者遍天下矣。諸公如果愛人如己，吾恐雖千百鐸德來兹，有未能遍起斯人而滿是願者。矧以寥寥數位，而欲盡任扶挽多方之責乎？恐或連奏技荑，以充供俸之不足矣。況天主聖教，自先明之時來此，幾二百年矣，諸省尚多不聞名聲。即幸得入教，而居不一地。有六七年，或十數年，不得一遇鐸德者。安在傳教者之可少哉？

至若會分彼此，是後人人我之私也。列會諸聖，昔蒙主恩而立會，原以起衰救弊耳。顧其或同時，或異時，皆非各任己意，欲分別人我而爲也。聖保祿不云與戈林多輩乎？其書曰："吾聞汝中有言，我屬則法，我屬亞玻羅，我屬保祿者。豈基利斯督已分裂乎？保祿豈爲汝等被釘十字架乎？且汝衆因保祿之名受洗乎？"夫諸聖宗徒，不甘彼此者。聖而公教會，諸聖相通功，總以爲主也。是以聖保祿又明云："亞玻羅係何物？保祿乃何物？皆汝所信從者之僕也。各得主所給。我已栽，亞玻羅已澆，主乃與長。栽者、澆者皆無物，而與長者主也。栽者、澆者乃一也，各依厥勞，而將得報矣。"經書之言如是。諸公嫉忌相參雜，想念誦《性博錄》與《萬日畧》及諸聖經書時，獨無自訟之苦耶？若大主教之來中國，豈欲與諸公相分地以傳教哉？承教皇簡搜代巡東方之命，特爲較正教規而來耳。即他會來此者，亦只爲愛人如己耳。果誰是欲竊據人國者耶？又豈中國疆土，諸公傳教于斯，即爲波爾都瓦國之屬邑耶？乃復假公令以行私意。教以利、顏二姓而分，是將連天主教、耶穌會之名俱滅矣。是皆彰彰于人耳目者。

諸公處此，或自以爲得計，今而後可無人復入我薗林而食菜矣。噫！可惜滿薗野菓，不受修治。今而後恐徒爲物主所厭，不得結嘉實，而必伐必焚矣。謂爲當局者迷，然乎？否乎？即今尚未全損，猶可復舊。若竟久假不歸，是自絕于聖神也，是欺瞞君上也。絕聖神者歸永獄，欺君上者有顯戮。或朝堂之上，有顧名義者，起而言時政，謂："多某來自極西，非求寧入質之使，朝廷何故初待之以盛禮，今久羈之不放，始終渝禮。倘傳聞外邦，大傷國體，非細事也。"只此一題，皇上一旦悔悟而究事端，諸公弊竇種種，事跡昭然。雖金寶足恃，第恐不止斥逐之相加矣。是所謂身靈俱殺之將臨也。

諸公平日只念有利，或未計及其害，故主命聖訓，撕滅殆盡而罔覺。吁！中國人或可欺譸矣，豈無所不知之天主，而亦可欺譸耶？懇請諸公急早改圖，復修原好。痛洗向來迷謬之污，補削近今矯抗之愆。上不致見討于天主，亦不致徒嫁醜于我皇上，且不致受裂教、背教之慘禍。小子爲諸公幸甚、幸甚！謹瀆。

The Jesuits in the Eyes of a Qing Chinese Convert
Gang Song

[Abstract]

　　The Jesuits were a leading force of the Catholic missionary enterprise in China during the Ming-Qing transition period. They made continuous efforts to adapt the Christian faith to Chinese culture, while their introduction of Western Learning to China helped create an ideal image of *Xiru*, or "scholars from the West," as the counterpart of Confucian literati.

　　This article makes case an anonymous handwritten Chinese letter found in the Vatican Library at Rome. The letter targeted at the Jesuits in China, accusing that they secretly sabotaged the diplomatic negotiations of Emperor Kangxi and Carlo T. Maillard De Tournon (1668 – 1710), the Papal Legate to China. The conflict not only led to the tragic exile and death of Tournon in Macau, but it also caused irreversible damage to the China mission. By comparing a group of rare manuscripts from several archival sites in Europe and the U.S., I can prove that the anonymous letter was written by Johan Su, a Chinese convert from Sichuan Province. The real name of Johan Su is not found in Chinese sources of the time, but he had a special life story and his letter has significant historical values. It revealed a higher level of complexity at the early stage of the Chinese Rites Controversy. Moreover, it represented an unprecedented negative image of the Jesuits as insidious hypocrites in the eyes of an ordinary Chinese convert.

[**Key Words**]

Johan Su, the Jesuits, Jean Basset, Tournon, Chinese Rites Controversy

近代白话文的崛起与耶稣会传统
——试窥贺清泰及其所译《古新圣经》的语言问题*

李奭学

[摘要]

  法国耶稣会士贺清泰以北京"俗语"中译《古新圣经》,对圣经汉译史研究意义重大。它不仅被认为是中国第一部白话《圣经》,更代表了清末以前中文世界以北京话书写的重要成果之一。本文梳理贺清泰来华传教及其译经始末,并从字、词等语言单位深入探讨该译本的语言特色及在语词上的贡献。俗语译经是《古新圣经》的主要特色,其通俗的语言风格和对外来语法语汇的借鉴,带有明显的跨文化态势。《古新圣经》对全面了解《圣经》中译史及解经学贡献良多,而本文的发现也为今后的跨文化研究乃至比较文学提供了新的观点。

[关键词]

  贺清泰;《古新圣经》;圣经翻译;白话文;明末耶稣会研究

翻译与神意

  推行白话文,是胡适(1891—1962)一生念兹在兹的问题。为了强调古来文白分家的负面教育效果,为了说明中国传统显然不重白话书写,1922年,胡适在《五十年来中国之文学》里评论道:最近"这五十年的白话小说史仍旧与一千年来的白话文学有同样的一个大缺点:白话的采用,仍旧是无意的,随意的,并不是有意的"①。从中国

---

 * 本文承中兴大学陈硕文、香港大学宋刚与浸会大学麦金华三教授指正,谨此致谢。
 ① 胡适:《五十年来中国之文学》,见所著《胡适文存》,台北:远东图书公司,1968年,第2集,第183页。

文学的大传统来看，胡适持论不无道理，因为清末以前的白话文学——尤其是通俗小说——大多是书场的产物，并非"编次者"如胡适考得的《西游记》作者吴承恩（1510—1582）等人的"有意"之举。即使创作性的小说如《金瓶梅》与《红楼梦》，一般说来仍为"无意"或"随意"之作，绝非"编次者"自觉性高而乐以白话创作。

不过《五十年来中国之文学》里，胡适也有其疏漏处，因为只要走出中国古代小说的大传统，把触角伸到明清两代传统士子尚难承认的基督教的中文小传统去，那么《五十年来中国之文学》里上引的论述，胡适恐怕就言过其实了。为传教与弘扬教义，清末来华的基督新教的传教士早已在华写了不少白话小说，如《张远两友相论》等。不过严格说来，这些韩南（Patrick Hanan）所称的"传教士小说"（missionary novels）仍非中文世界最早"有意"为之的白话文学。就小说言之，我们可以上溯至清初马若瑟（Joseph de Prémare，1666—1736）的《儒交信》（1710 年？）：那是一部深受章回小说影响的白话小说，是整个基督教在华可见的最早的白话文学。马若瑟虽未明白道出何以用白话撰写，但他却是"有意"仿效当时流行的小说撰作。①

上文所写若和本文文题有所出入，则问题当在"小说"或"文学"二词难以用在护教或教义问答一类的文本上。话说回来，如果我们谈的是《圣经》的中译，那么事情可能便得改观。从今人的看法衡之，《圣经》中"小说"有之，"诗歌"有之，就连"戏剧"都可一见，当然可用"文学"一词加以界定，不必尽以教条视之。② 就本文而言，明清间在华耶稣会诸作中最可挑战胡适的白话文学史观者，则非乾嘉年间法国耶稣会士贺清泰（Louis de Poirot，1735—1814）中译的《古新圣经》残稿莫属。我之所以称《古新圣经》为"残稿"，原因在于贺清泰并未如数译毕武加大本《圣经》（The Vulgate Bible）七十三卷。他伏案多年，弃世之前也仅得三十六卷。③

---

① Patrick Hanan, "The Missionary Novels of Nineteenth-Century China," *Harvard Journal of Asiatic Studies* 60/ 2 (2000), pp.413-443；also see Patrick Hanan, *Chinese Fiction of the Nineteenth and Early Twentieth Centuries*, New York：Columbia University Press, 2004, pp.58-84. 有关《儒交信》，见宋莉华：《传教士汉文小说研究》，上海：上海古籍出版社，2011 年，第 23—42 页。（清）马若瑟：《儒交信》，见郑安德编：《明末清初耶稣会思想文献汇编》，北京：北京大学宗教研究所，2003 年，第 4 卷，第 213—257 页。

② Cf. Shu-ying Tsau, "The Rise of 'New Fiction'," in Milena Doleželová-velingerová, ed., *The Chinese Novel at the Turn of the Century*, Toronto：University of Toronto Press, 1980, p.25.

③ 这里的三十六卷是根据方豪：《中国天主教史人物传》，香港：公教真理学会；台中：光启出版社，1967 年，第 3 册，第 99 页；Louis Aloys Pfister, *Notices biographiques et bibliographiques sur les Jésuites de L'ancienne mission de China, 1552-1773*, 2 vols. Shanghai：Imprimerie de la Mission Catholique, 1932-1934, 2：968-969 所述则为三十四卷；徐宗泽：《明清间耶稣会士译著提要》，台北：中华书局，1958 年，第 18—20 页，则称有三十八卷。我所见的徐家汇藏书楼本仅三十七卷（册）。*Notices biographiques et bibliographiques sur les Jésuites de L'ancienne mission de China, 1552-1773* 一书，以下以作者名简称"Pfister"。

后面这个"卷"字有玄机,实已包含了武加大本《圣经》总数中的五十六、七卷(books),几近全译了。

虽然如此,贺清泰仍用"白话"为《古新圣经》写了两篇序言,中国书序史上,未曾之见。在第二篇序言里,贺清泰尝引述圣热落尼莫或圣杰鲁姆(St. Hieronymus or St. Jerome,约347—420)的译史名典,说明何以用白话译经。原来热氏素好西赛罗(Marcus Tullius Cicero,前106—前43)华美的文体(style),然而以拉丁文翻译《圣经》时,他曾在梦中为天主座下的天神鞭笞,讥讽他是西赛罗的门生,经文才会以西氏的"高文法"翻译,完全不顾《圣经》语言乃平常话,系俗人语的事实(1:再序)。① 此一故事史称"圣热落尼莫之梦"("The Dream of St. Jerome"),而该梦热氏确实也曾做过,清楚地写在致好友欧多钦(Julia Eustochium,约368—约420)的信上。虽然如此,此梦热氏应该做于公元376年,距他开始翻译《圣经》还有数年之遥。易言之,"圣热落尼莫之梦"和武加大本《圣经》的关系系典型的穿凿附会,而贺清泰所述还有异文,益发可见他乃曲为之解,否则就是史识有误。其中若有学者仍可接受者,乃"圣热落尼莫之梦"确为热氏由疏离《旧约》转而燃起对此一希伯来圣典的热忱。②

对贺清泰来讲,圣热落尼莫之梦有其象征意义:翻译《圣经》,他不会效仿艾儒略(Giulio Aleni,1582—1649)以文言出《天主降生言行记略》(1635年),也不会像阳玛诺(Emanuel Diaz, Jr.,1559—1639)用高古的《尚书》体译《圣经直解》(1636年)③;他得用"白话",而且不完全是白话里的"官话"——那是士大夫的阶级性语言——他"不图悦人听",反而取法乎乾嘉时代北京的引车卖浆者流,用广大俗众所

---

① 下引《古新圣经》内文,概据上海徐家汇藏书楼庋藏的《古新圣经》。第一个号码指卷(册)数,其后之名称或号码指序言或篇数。

② Jerome, "To Eustochium," in Philip Schaff and Henry Wace, eds., *Nicene and Post-Nicene Fathers: Jerome: Letters and Selected Works* (Peabody: Hendrickson, 1995), p.35. 圣热落尼莫与欧多钦的友谊,见 J. N. D. Kelly, *Jerome: His Life, Writings and Controversies* (London: Duchworth, 1975), pp.99-103. 有关"圣热落尼莫之梦"发生的时间,见 Neil Adkin, "The Date of the Dream of Saint Jerome," *Studi Classici e Orientali* 43 (1993): 263-273. 在此梦前后,热氏对《旧约》态度丕变,见 Neil Adkin, "Jerome's Use of Scripture Before and After His Dream," *Illinois Classical Studies* 20 (1995): 183-190.

③ 〔明〕艾儒略:《天主降生言行纪略》,见钟鸣旦(Nicholas Standaert)与杜鼎克(Adrian Dudink)编:《耶稣会罗马档案馆明清天主教文献》,12册,台北:利氏学社,2002年,第4册,第1—336页。此书艾氏乃夹译夹述自《基督的生平》(*Vita christi*)的简本,相关研究见钟鸣旦、孙尚扬:《一八四〇年前的中国基督教》,北京:学苑出版社,2004年,第384—386页;以及潘凤娟:《述而不译?——艾儒略〈天主降生言行纪略〉的跨语言叙事初探》,载《中国文哲研究集刊》第34期(2009年3月),第111—167页。〔明〕阳玛诺:《圣经直解》,见吴相湘编:《天主教东传文献三编》,6册,台北:台湾学生书局,1984年,第4—6册。《圣经直解》用《尚书》体译的简论,见李奭学:《译述:明末耶稣会翻译文学论》,香港:香港中文大学出版社,2012年,第381页。李著以下简称《译述》。

说的"土语"或"俗语"翻译,希望使那"高明的或愚蒙的都能容易懂得"《圣经》的旨要。理论上,贺清泰自觉如此为之,方能显示天主清人写下尤其是《旧约》的本意(1:再序);《旧约》的语言通俗而崇高。即使是《新约》,《历史书》(《四福音书》)中的耶稣十二岁就在犹太圣殿当众询问经师,与之辩诘,讲究天主之道,所用语言也不致过于博洽渊雅。其后宗徒中如西默盎(Simon)与安德肋(Andrew)纵然受过教育,也讲不出"周诰殷盘"。某些经卷如《圣若望圣经》或《圣若望默照经》中的《若望启示录》,根本粗俗而难登"大雅"之堂。① 因此,贺清泰选择北京"俗语"中译《古新圣经》,可谓"师出有名",文体(style)上的正当性不容怀疑。

如此译经的行为,贺清泰的序言表明他乃有意为之,根本就是故意之举。胡适的"书面"之见,因此确需修正。再因《圣经》不仅是宗教经典,是文学伟构,而且同属胡适《白话文学史》也不曾排斥的"翻译文学"②,是以《古新圣经》的译事,益可令人重探前及胡适之见,视为清末以前中文世界以北京话书写——包含翻译性的书写——最重要的成果之一,而且绝对是"有意"为之的成果,而这意义就大了。《古新圣经》逼近一百五十万言;经文之外,另有大量的注解。这些说明文字多半并非叙事,而是地道的"论说"或"议论"文字,故而亦为中国明清两代的小说力所未逮。《古新圣经》之为中国第一部白话《圣经》的意义,首见于此。至于其余,待我表过贺清泰其人,再做道理。

末代耶稣会士

设使我们依入华顺序,把16、17世纪的罗明坚(Michele Ruggieri,1543—1607)和利玛窦(Matteo Ricci,1552—1610)等人划为在华的"初代耶稣会士",则贺清泰迟至乾隆年间才来华,无疑可称为"末代耶稣会士"。贺氏在世之际,北京的耶稣会士因禁教令雷厉风行,早已呈寥若晨星之状。1773年后,欧洲耶稣会本身也如纽曼(John Henry Newman,1801—1890)所述,"在教会史上"留下一个"最离奇的谜团",因葡萄牙、法国与西班牙等国政府与其他修会抵制而为教宗克莱孟十四世(Clement XIV,1705—1774)勒令解散了③,致

---

① 《圣经》的文体问题,容后再论。
② 参见胡适:《白话文学史》,台北:文光图书公司,1974年,第113—152页。
③ 见 C. S. Dessain, ed., *The Letters and Diaries of John Henry Newman* vol. 12, London: T. Nelson, 1961, p.117。这一页的耶稣会史见 Jonathan Wright, "The Suppression and Restoration", in Thomas Worcester, ed., *The Cambridge Companion to the Jesuits*, Cambridge: Cambridge University Press, 2008, pp.263-272。

使耶稣会士在华几无归属（Pfister, 2: 967）。贺清泰译经，便在这种政教内外交迫下经营。他一口气中译了武加大本《圣经》多卷，虽非足本，却也难能可贵。何况《古新圣经》还是天主教史上率先拟以中文全译《圣经》者，有首"译"之功。

贺清泰原籍法国楼雷恩（Lorraine），生于1735年10月23日，但髫年即举家迁居意大利。贺清泰在罗马成长，随后入耶稣会佛罗伦萨（Florence）神学院接受神学与人文教育。十年后，仍在罗马省晋铎。其后据贺氏自述，他的意大利文远胜法文（Pfister, 2: 966n3）。1770年3月20日，贺清泰奉派来华，随齐类思（Louis Cipolla, ？—1805?）附舟抵达澳门，滞留广东一年。翌年9月29日，他北上入京。时值乾隆盛世中期，清廷禁教已久，凡来华欧人，大多供职内府，不可任意他适。贺清泰颇富语言天分，乃象寄之才。供职内府期间，他尝蒙乾隆特许，可对京中下层汉人传教，但不得干预旗人与贵族之家。① 贺清泰另常献身清廷外交事务，以其高超的拉丁文与满文造诣，翻译北京与俄京圣彼得堡之间的外交文书（Pfister, 2: 966）。除此之外，贺清泰画艺亦精，而且系无师自通。现存清宫档案谓贺氏擅绘山水人物，胡敬（1769—1845）撰《国朝院画录》，则称之"工翎毛"。除了一幅《贲鹿图》外，《国朝院画录》从《石渠宝笈续编》选录五种贺氏画作确多鹰类。② 最迟到了乾隆三十八年，贺清泰已奉命在如意馆行走。③ 如意馆的原始概念首创于雍正时期，建馆则为乾隆元年，初设于紫禁城启祥宫南馆。乾隆十五年（1750年）后，高宗因春日常驻跸圆明园，为方便北堂的西洋画师与器匠，乃将如意馆迁至圆明园"洞天深处"，亦即福园门内东侧，变成清宫的首席画院。④ 乾隆二年，圆明园扩大改建，高宗为容妃（香妃？）修建了远瀛观。四十七年四月九日，有司传来圣旨，令贺清泰并潘廷璋（Joseph Panzi, 1734—1812）于远瀛观内明间棚顶画西洋故事人物。⑤ 这个工程似乎不小，贺、潘二人又"起稿

---

① 这一点和其后历史的发展有近似，也有抵牾者，参见陈垣：《雍乾间奉天主教之宗室》，见陈垣等：《民元以来天主教史论集》，新庄：辅仁大学出版社，1985年，第33—74页；另见方豪：《中国天主教史人物传》，第3册，香港：香港公教真理学会，1973年，第215—222页。
② 〔清〕胡敬：《国朝院画录》，见卢辅圣主编：《中国书画全书》，第15册，上海：上海书画出版社，1992—1999年，第11册，第755页。
③ 中国第一历史档案馆编：《清中前期西洋天主教在华活动档案史料》，第4册，北京：中华书局，2003年，第4册，第480页。此书以下简称《史料》。
④ "如意馆"相关问题，见嵇若昕：《乾隆时期的如意馆》，载《故宫学术季刊》第23卷第3期（2006年春），第127—159页；另见莫小也：《十七—十八世纪传教士与西画东渐》，杭州：中国美术学院出版社，2002年，第185页。莫著以下简称《西画》。
⑤ 《史料》，第4册，第446页。

过绢",迄九月交差时限内仍未完成。① 10月8日,圣旨三降,要求贺清泰画山画树。②

贺清泰参与如意馆务甚深,讽刺的是,对考究惊人的圆明园的工事,他却认为不过尔尔。浪费不谈,连罗马诸王私人苑囿里的别墅都难比肩。③ 18世纪欧洲盛行中国庭园之风,耶稣会士的介绍当居首功,独贺清泰对中国园林艺术又敬意缺缺,一再批评所谓"曲径通幽",所谓"小桥流水",所谓"假山凉亭"等,认为难称雅致。圆明园中的造景,看来尤劣,几乎比为荒丘废园,毫无灵性。④ 贺清泰对中国园林艺术的批评力道之强,耶稣会会友中罕见其匹。

乾隆宫中的西洋画师群里,贺清泰并非第一把交椅。他抵京前五年,郎世宁(Giuseppe Castiglione, 1688—1766)早已物故,而在此之前,郎氏可是声名赫赫,把莫小也所谓"海西画法"发挥到了极致。"海西"之名,即因郎氏等西洋画师每每以此自署出身而得。贺清泰时常奉敕临摹郎世宁画作,故而亦归"海西派"一员。乾隆五十二年十一月,贺氏再因前此绘锦良云骏卓有心得⑤,内臣传旨令他与潘廷璋(Joseph Panzi, 1734—1812)"仿郎世宁《百骏图》",要求"各画一卷"。《百骏图》工程浩大,两人迄来年十月三日才告完工。⑥ 乾隆四十二至四十六年间,大金川及小金川分告平定,西南之患解除,贺清泰及艾启蒙(Ignatius Sickltart, 1708—1780)又奉诏绘《平定两金川得战胜图》一函十六幅,由内府造办处镌刻铜板印刷,广传于海内。⑦ 康熙癸亥年(1683年),施琅(1621—1696)攻台,战况激烈。约莫百年后,宫中某中国画师绘有《台湾战图册》十二幅⑧,御令则送法国制成铜版画。到了乾隆五十二年(1787年),贺清泰偕潘廷璋仍奉命又仿之,复制留存宫中。⑨ 不过贺清泰也有特享圣眷的时候:乾隆五十五年十月,内廷传旨,令贺氏随乾隆仿赵孟頫(1254—1322)画作。乾隆仿赵氏"沙渚双鸳"一轴,而贺氏"画赟鹿一轴"以和之。⑩ 总之,郎世宁开创的海西派画风,贺清泰

---

① 《史料》,第4册,第452—454页。
② 《史料》,第4册,第462页。
③ Lettera di Luigi de Poirot. Pekino 4 ottobre 1772, BNC, Mss. Fondo gesuitico, 1386, 18, f. 90 r.
④ Lettera di Luigi de Poirot. Pekino 4 ottobre 1772, BNC, Mss. Fondo gesuitico, 1386, 18, ff. 90 r.-v.
⑤ 《史料》,第4册,第463—464页。
⑥ 《史料》,第4册,第475页。
⑦ 张晓光编:《清代铜版战功图全编》,北京:学苑出版社,2003年,第22—37页。
⑧ 《西画》,第211—212页。
⑨ 《史料》,第4册,第474页。
⑩ 《史料》,第4册,第477页。

克绍箕裘——虽然到了他所处之世,其势已颓,再难缔造绘技新猷。①

乾隆末年,贺清泰犹在作画。五十年,教廷传信部(Sacra congregatio de propaganda fide)令到,耶稣会解散,北堂改由向来交善的法国遣使会(Congregation of Priests of the Mission)管理。贺清泰与汪达洪(Jean-Mathieu de Ventvon, 1733—1787)结盟,在教产问题上和晁俊秀(Francois Bourgeois, 1723—1792)等人意见不合,不过争执的结果是屈居下风,致使家居大不如前,乃有意申请加入其时犹存的俄国耶稣会。1802年,俄方许可函到,贺清泰愿得以偿,不过他似未履新。② 嘉庆九年(1804年),贺清泰另具表上奏,建议由广州调人北上总管北堂事务,可见其时堂中对外窗口已经不畅(2:825)。更加致命的是:嘉庆十年四月,御史蔡维钰(嘉庆元年进士)居然奏请传教士不得刻书散发。③ 前此教案已炽,至是则雍正年间的严峻情况再见,而且变本加厉。耶稣会雪上加霜,道光时民间传唱的《方主教楼山避难歌》大约可比当时惨况一二,略谓中国天主教徒——

> 父子相去一大半,妻室儿女少团圆,三两家冒烟。
> 嘉庆皇帝坐燕山,毁谤圣教御史官,号令加追赶。④

如此严峻的时势,嘉庆十六年继之再起。不过早在六年之前,贺清泰已受奥斯定会士德天赐(Adeodato di Sant' Agostino, 1760-1821)案牵连而奉命中译意大利文书信,继之又为清廷盘查,连个人寄回欧洲给友人的信扎与家书也都判属违例,于濠镜横遭官方拦截。⑤ 如今政治上迫害踵继,所谓西人传教"治罪专条"层出不穷⑥,而他在教中又是"寄人篱下",困境可知。其时北京尚存贺氏以外的天主教士十名,俱属遣使会士,多为葡萄牙籍。嘉庆决定:除翻译与历算特佳而可

---

① 《西画》,第188页。

② Erling von Mende, "Problems in Translating the Bible into Manchu: Observations on Louis Poirot's Old Testament," in Stephen Batalder, Kathleen Camn, and John Dean, eds., *Sowing the Word: The Cultural Impact of the Bible and Foreign Bible Society, 1804—2004* (Sheffield: Sheffield Phoenix Press, 2004), p.152n6. *Sowing the Word* 以下简称 SW。

③ 《史料》,第2册,第829—833页。

④ 王雪:《基督教与陕西》,北京:中国社会科学出版社,2007年,第104页。

⑤ 德天赐案全貌,见吴伯娅:《德天赐案初探》,载《清史论丛》(2008年),第229—244页。德氏约在乾隆四十九年入京,见《史料》,第2册,第596页。

⑥ 《史料》,第2册,第913页,第922—923页。

供职钦天监者四名外,余者俱饬令回国。① 但据嘉庆《东华续录》以及各种清廷涉外档案载,贺清泰及遣使会士基德明(Jean Joseph Ghisain,1751—1812)以"年老多病""不能远行"归国,特准留京,"听其终老"②。嘉庆十六年贺清泰年已七十八,确实也垂垂老矣,清廷的敕令算是"恩准",不过"不准擅出西洋堂,外人亦不准擅入"之命,倒形同"圈禁"或"软禁"。对传教士而言,不得"听其传教"更有如令其放弃天职,尤其难忍时光荏苒,贺清泰在北堂这一待,便待到1814年7月18日去世为止。

  近人一本有关中国天主教艺术史的专著言之切中肯綮:贺清泰虽以绘画受知于清室,他在中国的主要成就却是翻译,尤其是中译《古新圣经》。③ 翻译与绘画同属模仿(mimetic)艺术,柏拉图的《伊昂篇》(*Ion*)抨击甚力。如果"译家"也可算"诗人"这个希腊观念中"作家"的代称,那么贺清泰集画艺与译道于一身的本领,我们倒无需讶异。盖译道之于"诗艺",倘就柏拉图式的思想而言,当可称"模仿中的模仿",颇需缪斯(Muses)眷顾,以故贺清泰钟情于翻译,似可谓天生本然。④《圣经》之外,贺清泰的译事行为主要有二:一是上述公务上的外交翻译;二为个人的中国典籍西译,译入语(target language)以拉丁文居多。贺清泰口译、笔译皆通,满、汉双语俱行,西方古今语言更是拿手本领。为处理中俄间的外交译事,他曾身赴古北口,还想居中为中法签订某种条约,但其事未成(Pfister,2:967),所成者反倒是乾隆致马戛尔尼(George Macartney,1737—1806)的国书外译。

  乾隆五十八年,马戛尔尼衔乔治三世(King George III,1738—1820)之命访华,提出开放口岸通商与准许圣公会来华传教等要求。使节团在八月五日抵达天津白河口,随之易舟赴大沽,三天后转抵北京。当时在京的天主教士闻之,无不欢欣鼓舞,多来拜谒,贺清泰身列其中,并获馈赠。⑤ 马戛尔尼稍后再离北

---

  ① 〔清〕福庆:《管理西洋堂事务大臣福庆等奏查明应遣归国之西洋人折》,见《清代外交史料(嘉庆朝)》,台北:成文出版社,1968年,第331—332页。另参阅前此之《颁定西洋之传教治罪专条并遣令不谙天文之西洋人归国上谕》,见同书,第330—331页,以及〔清〕王先谦编:《嘉庆东华续录》,台北:文海出版社,2006年,第2册,第347页。
  ② 《史料》,第2册,第924—925页。
  ③ 顾卫民:《基督宗教艺术在华发展史》,香港:道风山基督教丛林,2003年,第203页。
  ④ Plato, *Ion*, 532e-535a, in Edith Hamilton and Huntington Cairns, eds., *Plato: The Collected Dialogues*, Princeton: Princeton University Press, 1961, pp.219-221.
  ⑤ 斯当东(Sir George Stanton,1737—1801)著,叶笃义译:《英使谒见乾隆纪实》,香港:三联书店,1994年,第275—276、286页。另参见矢泽利彦:《西洋人の見た中国皇帝》,东京:东方书店,1992年,第170—171页。

京,赴承德避暑山庄晋见乾隆,向权臣和珅(1750—1799)呈递国书。不过他们在外交礼仪上的看法迥异,闹得十分不快,要求惨遭驳回。① 9月21日,使节团回到北京,10月7日,和珅代表乾隆回复乔治三世诏书两封,而贺清泰在马戛尔尼事件中的角色便在乾隆回复英王的国书上。这两封"敕谕"当然以中文写下,乾隆坐井观天,完全从天朝心态出发,口气如怀柔远人。马戛尔尼一行虽从那不勒斯请了一位华人译员随行,可惜此人中文太差,而翻译第二道敕谕成拉丁文的重大责任,便落在贺清泰和遣使会士罗广祥(M. Nicolas Joseph Raux, 1754—1801)的身上。贺清泰想尽办法,在拉丁本中软化乾隆天朝上国的优越口吻,并在乾隆五十九年(1794年)九月六日以个人身份致书马戛尔尼,略谓他和罗广祥奉命译敕谕为拉丁文,已尽力舒缓了其中高傲的口吻,"在敕谕中塞进了一些对英王陛下致敬的语句",使之合乎国际礼仪。贺清泰还解释道:"皇帝对待我们欧洲的国王",有如"对待他们属国的小王一样,而这些小王只不过是皇帝的奴才而已"。

贺清泰和罗广祥的拉丁文译本,马戛尔尼初则欣然接受,但稍后重译为英文时,又做了一些修改,似乎仍有意见。尽管如此,贺清泰为维护英国的国家尊严,为符合国际外交礼仪的拉丁文译法,显示"译者即逆者"(Traducttore, traditore)的字面意思确实无误,二则道出了他对乾隆阳奉阴违,故以平等地位对待皇帝眼中的"英夷"。② 讽刺的是,贺清泰却因担任这个不忠不实的翻译有功,甚得乾隆前述之宠信,事后官封六品,顶戴砗磲。③

从中文译成拉丁文与意大利文的书籍中,贺清泰最为人知的是康熙的《圣祖仁皇帝庭训格言》——此书译于何时,我们不得而知。案《圣祖仁皇帝庭训格言》

---

① 参见黄一农:《印象与真相——清朝中英两国的觐礼之争》,载"中央研究院"历史语言研究所集刊,78/1,2007年3月,第35—106页。
② 金东昭:《最初中国语、满洲语〈圣书〉译成者贺清泰神父》,载韩国《阿尔泰学报》(Altai Hakpo),第13期,2003年,第25页注25;戴廷杰:《兼听则明——马戛尔尼使华再探》,载中国第一历史档案馆编:《英使马戛尔尼访华档案史料汇编》,北京:国际文化出版公司,1996年,第137页。戴廷杰之文,我得悉自王宏志:《"叛逆"的译者:中国翻译史上所见统治者对翻译的焦虑》,见王著《翻译与文学之间》,南京:南京大学出版社,2001年,第14—15页。此外,冯承钧:《嘉庆丙寅上谕中之贺清泰》,载《辅仁学志》1939年第2期,第126页,谓:贺清泰致马戛尔尼的书札有两件,一写于1793年5月7日,一写于同年8月6日。关于贺清泰的信见George Macartney, *An Embassy to China: Being the Journal Kept by Lord Macartney During his Embassy to the Emperor Chien-lung* (1793—1794), London: Longmans, 1962, p.372, note 50。
③ Bianca Maria Rinaldi, *"The Chinese Garden in Good Taste": Jesuits and Europe's Knowledge of Chinese Flora and Art of the Garden in the 17th and 18th Centuries*, München: Martin Meidenbauer Verlagsbuchhandlung, 2006, p.263.

乃世宗雍正亲自编纂，凡二百四十六则，"皆《圣训》《实录》所未及载者"①。雍正为表孝思，将先皇祖训辑录成编，垂为家法，制序刊布，期能永世流芳，万古常新。费赖之（Louis Pfister，1833—1891）谓贺清泰的刊本收入《中国文丛》（*Mémoires concernant Les Chinois*）卷九，有法国某伯爵夫人（Madame la Comtesse de M＊＊＊［*sic*］——引者注：原文如此）的法译对照，实由意大利文重译而得（Pfister，2：969）。迄1783年，贺译《圣祖仁皇帝庭训格言》才在巴黎刊行，有"前言"（Avertissement）道："此书原为满文，乃由人在北京的传教士贺清泰译为意大利文。"（Cet ouvrage ecrit en langue tartare，a eté traduit en italien par M. Poirot，Missionnaire à Pé-king）但书题似乎仅存法文，我们可逐字译为"圣祖仁皇帝崇高而亲切的训导"（*Instructions sublimes et familières de l'empereur Cheng-tzu-quogen-hoang-ti*）。法文书题中的"quogen"系满语，意为"仁"，而"前言"上引后面所述，则大致为前述提要中的大要。②

去世之前，贺清泰在公务之余，看来也只能退处北堂，致力于译事，《圣经》当为他的千秋大业。贺译的满文本通称《满文付注新旧约圣书》，但也未曾镌版，史旺（William Swan，1791—1866）的《新约》抄本中多数的经卷，目前收藏在英国及海外圣经公会（The British and Foreign Bible Society），康彼得（Peter Kamenskii，？—1845）的《旧约》抄本，典藏于圣彼得堡俄国科学院东方研究所，至于贺清泰本人的手稿，则由日本东洋文库皮藏（有谓仍为抄本）。③ 满文本既成，研究者颇有其人，大多认为《若伯传》译得最好，盖其文词高雅，无可比拟。④ 满文本既成，中译本《古新圣经》继而为贺清泰的当务之急，而一卷卷译出，想当然耳。

《古新圣经》开译于何时，学界迄无定论，但以经中充满北京俗语衡之，时间

---

① 〔清〕纪昀等：《提要》，见《圣祖仁皇帝庭训格言》，载《景印摘藻堂四库全书荟要》，台北：世界书局，1986—1988年，第185册，第3页。

② C. Batteux and L. G. O.-F. de Bréquigny, eds., *Mémoires concernant l'histoire, les sciences, les arts, les mœurs, les usages, & c. des Chinois: Par les Missionnaires de Pékin*, Tome neuvieme, Paris: Nyon, 1783, pp.65-282, esp.vi.

③ Ann M. Ridler, "Obedience and Disobedience: George Borrow's Idiosyncratic Relationship with the Bible Society," in *SW*, p.295; Mende, "Problems in Translating the Bible into Manchu: Observations on Louis Poirot's Old Testament," in *SW*, p.154. 另见金东昭：《最初中国语、满洲语〈圣书〉译成者贺清泰神父》，第31页。康彼得后改名为康保罗，为第十届俄国传教团的领袖，其活动可见肖玉秋：《俄国传教团与清代中俄文化交流》，天津：天津人民出版社，2009年，第61—63页。

④ T. H. Darlow, *Letters of George Borrow to the British and Foreign Bible Society*, London: Hodder and Stoughton, 1911, p.89. Also see Mende, "Problems in Translating the Bible into Manchu: Observations on Louis Poirot's Old Testament," in *SW*, pp.162-168.

上不可能早于贺氏抵达北京之时。贺清泰初来乍到,理论上应该从耶稣会往例,先由官话与文言文学起。不过乡土之言是圣依纳爵(St. Ignatius of Loyola,1491—1556)首重的《会宪》(The Constitutions)规章①,贺清泰同样忽视不得,而这一点,当然要待贺氏和北京的市井小民打成一片,他才有可能驾轻就熟,也才有可能请之入经,甚至效圣热落尼莫传说中的先例,使俗语变成译经的文体主力。以贺清泰的语言天赋衡之,如此程度,最快可能也要迟至他莅京的二三年中。但是我们不要忘记清代的"国语"是满文,贺清泰要在清宫行走,要获得乾隆赏识,他还得学满文,而且应在《满文付注新旧约圣书》译成之后才动笔将《圣经》改用中文翻译。满文译经这一耽搁,可能20年岁月匆匆已过,潘廷璋的一封信中写道,1790年,贺清泰译成满文《圣经》(Pfister,2:969)。此所以学界多以为《古新圣经》大约开译于此刻(SW, p.151; Pfister,2:969)。

至于《古新圣经》三十六卷译成的时间则较易估算,因为1803年贺清泰曾写信上呈教廷传信部,请求准许刊刻《古新圣经》。与此同时,他身体犹称健朗,可为清廷翻译中俄文书(Pfister,2:967),而且连《古新圣经》的序文可能也都写好,版式亦应拟就。只待传信部批覆的回信到,马上取板雕之,将成稿的三十六卷先行刊刻。贺清泰的期待当然落空,传信部的覆函虽嘉许其人之热忱,却也诘问译经之权从何而来。② 我们若不论这一点,十三年其实不难完成《新经》与大部分的《古经》,因为贺清泰不会"一名之立,旬月踟蹰",也不像马若瑟讲究文字,译经几乎不顾明代以来章回小说早已立下的白话书写成规,反似如实在实践黄遵宪所谓的"我手写我口"③。从书序看来,贺清泰应该从《古经》译起,而且意到手追,信笔龙蛇,一名多译的情况更是常见,赘字冗词也不少,证明他确实不在乎文字章法。贺清泰"贵重的是[天主的]道理,至于说的体面,文法奇妙"(1:《圣经》之序),他一概不管,自然不可能倩人润稿。是故以个人之力,在相对不算长的时间内成就三十六卷,毋需惊讶,何况《古新圣经》有四分之一是注解,而不论是译或写,这一部分的文字都可不受"原文"——如果有的话——掣肘。再说传信部回信由梵蒂冈送抵

---

① Antonio M. de Aldama, S.J., *The Constitutions of the Society of Jesus: An Introductory Commentary on the Constitutions*, Rome: Centrum Igantianum Spiritualitatis and St. Louis: The Institute of Jesuit Sources, 1989, p.175.

② N. Kowalsky, "Die Sacra Congregatio 'de Propaganda Fida' und die Übersetzung der Hl. Schrift," in J. Beckmann, ed, *Die Heilige schrift in den katholischen Missionen*, Schöneck-Beckenried: Neue Zeitschrift für Missiionswissenschaft, 1966, p.30.

③ 〔清〕黄遵宪:《杂感》之二,见黄遵宪著,钱仲联笺注:《人境庐诗草笺注》,上海:上海古籍出版社,1981年,第1册,第42页。

北京,少说已届 1805 年,而这中间又有时差二三年,贺清泰犹可搦管续译!《圣徒玛窦万日略》的注解中有"一千八百年[前]到今"的字样(28:27 注 18),说明这一年《新经》九卷才开笔中译。① 果真如此,那么《古新圣经》"全书"完稿的时间还要往下延。三年工夫不易完成《新经》,至少五年才算合理。由是推之,1805 年前后,我以为才是现存《古新圣经》残稿完成的时间下限。

语 言 特 色

谈到《古新圣经》,学界的第一印象概如前述,乃中国首部的白话《圣经》。既称"白话",则《古新圣经》的第一特色必然攸关文体,况且文前我再三提到此经译体的灵感乃得自"圣热落尼莫之梦"。对贺清泰来说,此梦的意义也在热氏选择通俗拉丁文译经,而且是因天主神启有以致之。我们且不管圣热落尼莫做梦与译经时差有年,两者并无直接关联,《圣经》译史却经常就是如此比附,视为译坛佳话。② 贺清泰亦然,而且强调更甚,简直视之为《古新圣经》以北京俗语翻译的象征资本,系贺清泰自圆其翻译之道最重要的理论基础。就此观之,"圣热落尼莫之梦"不可小觑,是管见所知中国翻译史上首布的"梦中天启说";而且事涉译体,益发重要。在贺清泰之前,阳玛诺的《圣经直解》中译了五十三四篇《新约》经文的片段,作为主日学与其他节日诵念之用。其后冯秉正参照圣依纳爵的《神操》(*Spiritual Exercises*),整理之为《圣年广益》(1738 年),作用依然。阳玛诺之前,艾儒略又有《天主降生言行纪略》,是有其底本的某种"福音合辑"(*harmonia evangelica*),不完全是一般意义下的《圣经》中译。在贺清泰的时代,白日昇(Jean Basset,约 1662—1707)复有简称为《四史攸编》的福音书中译,对贺清泰及往后新教译经尤有贡献③,但白氏志亦不在《圣经》或《新约》的全璧中译,至于其他零零星星的翻译行为,固无论矣。所以贺清泰所发宏愿,所译之广,所用之体,在在都是《古新圣经》前无古人的重大贡献。俗语译经,尤为主要特色。

---

① 郑海娟:《贺清泰〈古新圣经〉研究》,北京大学比较文学研究所博士论文,2012 年,第 13 页。《贺清泰〈古新圣经〉研究》以下简称"郑著"。

② Douglas Robinson, *Western Translation Theory from Herodotus to Nietzsche*, Manchester: St. Jerome, 1997, p.23.

③ 郑著,第 135—139 页。有关白日昇、"巴设译本"与《神天圣书》和马殊曼、拉撒译本的关系见 Jost Oliver Zetzsche, *The Bible in China: The History of the Union Version or the Culmination of Protestant Missionary Bible Translation in China*, Sankt Augustin: Monumenta Serica Institute, 1999, pp.25-58。另见赵晓阳:《二马圣经译本与白日昇译本关系考辨》,载《近代史研究》2009 年第 4 期,第 41—59 页;以及马敏:《马希曼、拉沙与早期的〈圣经〉中译》,载《历史研究》1998 年第 4 期,第 45—55 页。

那么,这所谓"俗语",又"俗"到什么程度?这种"俗语"还可称为"神圣"的《圣经》语言吗?"圣热落尼莫之梦"反映出《圣经》和希伯来或欧洲古典修辞学(rhetorica)的龃龉复杂,而这龃龉中最基本的一大问题实为圣奥斯定(St. Augustine of Hippo,354—430)《论天主教义》(On Christian Doctrine)从西塞罗(Marcus Tullius Cicero,前106—前43)之见发展而出的修辞三体说,亦即所谓雄伟或高级文体(high style)、中庸或中间文体(middle style)与平直或低级文体(low style)。对圣奥斯定或对西塞罗而言,这三种文体没有好坏之别,只有功能之异。雄伟文体志在"移人",中庸文体志在"娱人",而平直文体的功能则为"教人"。①《古新圣经》第二篇序言的重点无他:贺清泰决定要用平直的第三种文体翻译《圣经》,不效前人之以古奥的《尚书》谟诰体或一般文言中译。贺清泰再三强调译经只重经中"道理"即可,词藻或语句,天主与写经人俱不在意,不必浓墨粉饰。圣奥斯定尝为平直文体下一定义:语句平和沉着,不尚藻饰而贴近大众(OCD,IV. xxvii.12)。放在中国乾嘉之际的语境中看,这不啻指《古新圣经》不可能译以传统文言,连北京官话都难使,而此刻业已高度发展的白话小说的语言成规,他也得小心,甚至弃而不用。贺清泰此一态度,中译《古经》时恪守尤严。只有到了《达味圣咏》和部分《新经》,为配合原文的体调,他才予以调整,但大体仍不出白话或俗语的范畴。中译《古新圣经》,贺清泰志在"教人",教的是天主的"大道"(1:《圣经》之序;cf. OCD,IV. xxviii.61)。

文本最小的单位是"字",下面且由此再谈。《古新圣经》的一大特色不仅在于用字"俚俗",也在于常见我们现代人不多见的异体字,而且多到倍甚于普通的古版书。我们翻看一般字典犹不足,还必须往专门的异体字典里搜查。异体字是个观念问题,会因时、地与刻工的习惯而形成。随手翻阅一页光绪刻本的方以智(1611—1671)著《寓膝笔谈》,我们就看到"草"字刻成"艹",而这还是常见的异体字,至于"旁"字刻为"㫄",现代人就少见了。乾隆时代重要的小说,首推《红楼梦》。《儿女英雄传》可能迟至道光年间写就,但文康(生卒年不详)此书乃胡适称许的"绝佳的京语教科书",用语更"土",系18世纪中叶迄19世纪中期北京语言的代表②,其节奏、口气都仿书场而得。曹雪芹(1715—1763)与文康的抄者笔

---

① St. Augustine, On Christian Doctrine, trans. D. W. Robertson, Jr., New York: McMillan, 1958, IV.xii.27. 此书以下简称 OCD。
② 胡适:《儿女英雄传·序》,见所著《胡适文存》,第3册,第508—510页。另见李贞:《〈儿女英雄传〉的文学语言研究》,杭州:浙江大学出版社,2011年,第39页;林焘:《普通话和北京话》,北京:语文出版社,2000年,第29页。

下或刻工刀下，必有北京时人较为惯用的异体字。现代读者若非钻研古本书，当然不会读抄本或刻本，异体字随时地调适，也会"现代化"。今天尚称易见的《古新圣经》，乃上海徐家汇藏书楼藏的清抄本，而此一抄本异体字之多不是无页无之，而几乎是隔行即可见，中国古籍——抄本或刻本皆然——中，罕见如此"盛况"。我稍微算了一下，出现频率最高者当为"牜宰"字，今日通做"崽"，又如"骨乞"指"肮"，"祸"为"禍"，"葬"为"塟"，"歛"为"欲"之异体字，通"喝"等，简直不胜枚举。我们今日可见的《古新圣经》唯有抄本，很难说异体字是贺清泰原稿所用。但若汇整抄本所用者为一表，其长度足可以显示乾嘉迄同光年间，不论中外的耶稣会或遣使会士好用的异体字为何。当然，我们如今以"异体"称之，他们当时可能以为系俗常用法。异体字会因时、因地、因人、因权力之转移而有认定之异，文前业已说过。

在书场与编次者再三使用下，白话小说的声与字，从明代以来，其实已几近定型。然而文字程度较低的市井百姓，不乏好写异体或借同音字以权充"正确"的字的情况。贺清泰是出身拼音国度的中文写手，同音字互借的语言意识形态，他更难拔除。明清小说的刻本中，以"狠"代"很"是常态，打开《西游记》或《红楼梦》的刻本或抄本，"狠难过"或"狠劳苦"的用法触目皆是，几乎可让今人"触目惊心"。反而是时人安之若素，即使迟至胡适写《尝试集》初版的《自序》，他都还用"'狠'像"这种"同音字"①。耶稣会的白话著作不少，其中不乏"权用"同音字的做法，我常疑为远人的拼音心态作祟——虽然这样写，乾嘉之际也常见得很。白话文会受到"音"的影响，明显可见，同音异字系常态，用字不稳得有如莎士比亚（William Shakespeare，1564—1616）连自己的名字都有四种拼法。《古新圣经》是类此书写系统的典型，例子多到那些抄者有如今天惯用拼音或注音输入的计算机"写"手所为。"摩"字有"摩挲"之意，北京话也有"抚摩"一词②，用来指"摸"犹说得通，但"脏"字不然，明代小说多用"臜"，无如贺清泰或《古新圣经》的抄者一会儿用"脏"，一会儿用"脏"（如 4：7）。③ 对他或他们而言，白字连篇根本构不成问题。症结所在，除了引车卖浆者流经常如此，另一则系贺氏把中文也纳入印欧语系了，形成中文书写史上非常奇特的现象。

---

① 胡适：《自序》，见《尝试集》，北京：人民文学出版社，1984年，第144页。其他现代版的《尝试集》的《自序》都把"狠"字现代化为"很"了。
② 徐世荣：《北京土语探索》，见所著《北京土语辞典》，北京：北京出版社，1990年，第9页。
③ 话虽如此，明代人偶尔也会用"臟"代"髒"字，参见〔明〕吴承恩：《西游记》，台北：华正书局，1982年，第943页。

除此之外，贺清泰同样会自创文法或沿用老旧的语言习惯，使用单字每有妙着。举例言之，《众王经》译为"战"（pugnaverunt/ pugnam）的字，他可以使得像不及物动词（intransitive verb），写出了"斐里斯定的人真来战"这类的句子（9：4），也可使之及物动词（transitive verb）化了，写出"约埃布尔同他的兵来战塞巴"（10：20）等文句。非特如此，"战"同样可以单字作名词用，《众王经》中"他不可同我们往战的地方去"（9：29），堪称典型。这种种的"战"法，《古新圣经》中不计其数，而北京俗语，此时倒像极了汉乐府《战城南》："战城南，死郭北，野死不葬乌可食。"①如此近似汉代的语法，常见者我另可举"圣"（sanctificaverunt/dedicavit）字为例，以窥一斑。《众王经》有过这样的话："圣了亚必那大伯的儿子"（9：7），而《如达斯国众王经尾增的总纲卷二》也说道："圣了天主堂。"（14：15）这些句子都把"圣"字当动词，而且《古新圣经》通书，类此用法多到罄竹难"数"的地步。《康熙字典》里，"圣"可作名词，可当形容词，就是不作动词用，唯《说文解字》举了《诗经》中《小雅·小旻》一句"或圣或不"②，差可比拟贺清泰或时人独特的用法。乐府诗也好，《诗经》也罢，无一不是汉代或先秦的俗语。诗人有"特权"（poetic license），让字词出格，我们见怪并不怪，《古新圣经》中这类的一字词，贺清泰却译在散体（prose）中，我们读来犹以为他在复兴中国古典。

"单字"之外，语言基本的单位是"词"，从两个字到数个字不等的词汇。《古新圣经》所用者至少可以区分成数类。首先是北京地道的俗语，例如指"总共"的"共总"（28：5），指"蛇"的"蛇虫"（1：3），指"帮忙"的"相帮"（15：1），或是指"黎明"的"昧爽"（8：19）等（另参郑著，第58—59页）。③我们翻查文康的《儿女英雄传》或曹雪芹的《红楼梦》，这些词大多可以见到，可想原系乾嘉时代的京白。贺清泰既然不被允许向权贵传教，公务之余能对谈者除会中或同住北堂的遣使会弟兄外，看来也只有望教者或一般北京的市井小民了。不过这类词，大户人家其实也使用，《红楼梦》第六十四回道："凤姐身体未愈，虽不能时常在此，或遇着开坛诵经，亲友上祭之日，亦扎挣过来'相帮'尤氏料理。"至于"昧爽"，还是古语保留下来的北京话。《尚书·牧誓》云："时甲子'昧爽'，王朝至于商郊牧野。"不过此词既为古语，外地人当然也会用，茅盾（1896—1981）不是北京人，到了民国时代，《雨天杂写》中仍写道："九时就寝，'昧爽'即兴。"同样的情况，亦见之于"民

---

① 〔明〕郭茂倩：《乐府诗集》，台北：里仁书局，1984年，第1册，第228页。参较同书第1册第237页李白的《战城南》头两句："去年战，桑乾源；今年战，葱河道。"
② 〔汉〕许慎著，〔清〕段玉裁注：《说文解字》，上海：中华书局，1936年，第11册，第12页甲。
③ 另参郑著，第58—59页。

人"一词,贺清泰多半用"民人们"(如5:11)表多数。文言文中当然罕见口语中的"们",《诗经·瞻卬》云:"人有土田,女反有之。人有民人,女覆夺之。"嘉庆年间各地送到京中的奏议里,"民人"系定语,或相对于"民妇"而言①,而道光时代林则徐(1785—1850)与邓廷桢(1775?—1846)合写《拟颁发檄谕英国国王稿》之际,犹循之炮制,可想受到当时北京话的影响:"凡内地民人,贩鸦片食鸦片者,皆应处死。"②我们常用的"人民"虽非今语,因为《孟子》已有之,而乾嘉时人也照用不误③,但看来清代中叶并非时尚④,两字对调而使的情况多得多了。

《古新圣经》里,一字词中的"还"字常为"还有"(et)的省语,另有"也""同样"(quoque/idem)等意涵。至于贺清泰的二字词,偶尔亦如"战"字,用法特殊。最常见的是"暂且"(如28:4)。这个词我之所以说"特殊",是因为贺氏虽会正常用之,指"暂时"或"权且",不过更常引为"不久"之意,《化成之经》谓:"暂且,小孩儿渐渐长大,离了奶。"(1:21)"不久"和"暂时"意义近似,只是语气不一样罢了。如此用法还说得通,然而若再引申为时间副词"当时"(cum)用,读感就令人诧异了;《化成之经》有例子可以证之:"暂且三人起来,望琐多玛转眼。"下面一句话中的"暂且",着实又令人愕然于其用法,甚至不解:"暂且,亚巴拉杭早晨起来……"(1:19)从武加大本《圣经》的上下文思量,这里的"暂且"(1:18)乃翻译增字,指过去的时间;自由一点解释,或可作"一天"观,而这"一天"和"暂且"本意的"暂时"在意思上相差实在远,不知贺清泰何以如此使用?至于下面一句亦为增添之语,有"那时"的意味:"暂且,那奴才静静瞧那女孩。"(1:24)武加大本《圣经》这里的时间副词亦厥,贺清泰显然从时态揣摩增译,可惜译得仍然让人读来莫名所以。《红楼梦》《儿女英雄传》,甚至是《何典》中的"暂且",意义几同今义,仅有"姑且"或"暂时"之意,贺清泰何以自出机杼,难道《古新圣经》也属王肯堂论《交友

---

① 如《史料》,第3册,第944页。
② 以上参见〔清〕曹雪芹:《红楼梦》,台北:三民书局,1972年,第554页;〔清〕文康著,饶彬标点,缪天华校订:《儿女英雄传》,台北:三民书局,1976年,第512页;吴琪注译:《新译尚书》,台北:三民书局,2001年,第101页;茅盾:《雨天杂写》,见所著《茅盾文集》,香港:今代图书公司,1966年,第10册,第18页;《诗经·瞻卬》,见〔清〕阮元(校刻):《十三经注疏》,北京:中华书局,1980年,第1册,第577页。
③ 如《史料》,第3册,第934页。
④ "人民"一词,早可见于《孟子·尽心下》:"诸侯之宝三:土地、人民、政事。"见〔宋〕朱熹集注:《四书集注》,台北:世界书局,1956年,第416页。但此词之流行迄今,可能始自清末传教士的用法,参见Federico Masini, "The Formation of Modern Chinese Lexicon and Its Evolution toward a National Language: The Period from 1840—1898," in *Journal of Chinese Linguistics*, Monograph Series Number 6, Rome: Department of Oriental Languages, University of Rome, 1993, p.193 (on "ren zhi quanli 人之权利")。

论》时所议"西域文法,词多费解"?① 不论如何,贺清泰的"暂且"用法特殊,而此词《古新圣经》几乎卷卷有之,读来确实费思量,好似在暗示我们"译家"也有其"特权"(license),遣词用字同样可以破格。

上文所举,有部分是格义连类的结果,有部分使的则全属归化策略,归化到《圣经》中犹太人特有的"饼"(panis)都可纳入。艾儒略的《天主降生言行纪略》,是管见所及最早以此字中译者(例如《耶档馆》,4:144),有趣的是,贺清泰却将"饼"多数译为"馒头",或译为更具北京或北方乡土味的"饽饽"(如3:2)。新旧两《约》中,不时也有现代人解为"薄饼"(lagana)而《古新圣经》译为"烧饼"者(如4:8),也有原意乃"糕饼"(crustula)而贺清泰以"扁饽饽"译之的面食(如4:7)。最后的晚餐中,耶稣曾以"饼"隐喻自己的身体,故"把饼擘开"(frangendum panem)分食众徒(如玛14:19)。思高本《圣经》中这类现代的译法,沿用的是白日昇《四史攸编》里的表达方式。② 《古新圣经》这时却刻画道:耶稣降福给"馒头",然后"分成块,散与门徒"(如28:26)。耶稣自喻为生命之粮的话,《古新圣经》同样译为"我是生命的馒头"(31:6)。"馒头"当然可以供上祭坛,但在北方人的观念里,神圣感说来应该不会太强,而贺清泰如此中译虽说归化了,另一方面反却难以强调耶稣的神圣性。贺清泰强烈若此的归化策略,偶尔还会引出几个读来令人发噱的句子,例如《列王记上》的"炭火烤熟的饼"(19:6),贺清泰就不得不令《众王经》说是"灰里烙熟了的一个馒头"(11:19)。为化解归化译法产生的矛盾,贺清泰更是不得不采黏稠译法(thick translation)以补充之,也就是添加注解,说明一番:"古时馒头埋于火灰内蒸熟。"(22:下卷注7)贺清泰不解释还好,一解释,"烤"转成了"蒸","古时"二字也晦然,反倒让人感到他是此地无银三百两,中译所得变成了西方修辞学上所谓的"矛盾语"(oxymoron),读来确实令人忍俊不禁。③

1772年10月4日,贺清泰在给欧洲朋友的信上说:他到清宫任职后,"天天

---

① 见〔清〕王肯堂:《郁冈斋笔尘》,见《古今图书集成》第33册《明伦汇编·交谊典》第十二卷"朋友部",北京:中华书局,成都:巴蜀书社联合刊行,1986年,第39864页。

② 白日昇:《四史攸编》,见《四史攸编马礼逊抄本》,第316页,在"珍本圣经典藏数字查询系统",网址:http://bible.fhl.net/new/ob.html,检索日期:2014年9月24日。

③ 中国古代的"馒头",可以有肉馅,如施耐庵、罗贯中:《水浒传》,台北:故乡出版社,1977年,第369页所述者:"大树十字坡,客人谁敢那里过? 肥的切做馒头馅,瘦的却把去填河。"《水浒传》这里所述,一般叫"人肉馒头";〔明〕冯梦龙:《古今小说》,上海:上海古籍出版社,1987年,第2卷1412页也如是称之。不过馒头当然也可以无馅,即我们今天常见者。不管哪一种,古来"馒头"都不是"烤"出来的,和犹太人焙烤而出的"饼"差别颇大。《水浒传》所述的"人肉馒头"以"笼"计,更不可能用"烤",而是在"灶上"用"蒸"的。贺清泰急于连类,昧于格义,这里显然。

到"距北京城两哩路外的圆明园内的如意馆"作画"。① 易言之,清宫语言,他一点也不陌生。《古新圣经》写犹太或埃及人王朝上下,因此常内化他们。宫中用语为官白,而"主子"与"奴才"(3:21)、"吉祥"(14:18)与"请安"(9:25)等语词遂成常见的译词。"主子"与"奴才"这对伦序之语,几乎是旗人专属或清宫专利,但乾嘉时代的官宦巨室,当然也会僭予使用,无足为奇,只是放在《古经》中犹太或埃及人的官府或宫廷里使,确实也由不得人有置身清代宫中之感,可见贺清泰的翻译归化之深,而这点适可佐证埃文佐哈(Itamar Even-Zohar)多元系统理论(polysystem theory)的看法之一:边陲向中心靠拢系举世译史的常态,所重者系文体在强势文化中的"接受性"(acceptability),不是文体在原文或源文(source language)结构上的"充分性"(adequacy)。② 话说回来,对《古新圣经》的二字词,贺清泰仍然坚持教中的"圣号"(Tetragrammation)非得异化处理不可。

  1627年,龙华民(Nicholas Longobardi,1565—1654)会高一志(Alfonso Vagnone,1566—1640)、金尼阁(Nicholas Trigault,1577—1628)、阳玛诺、卫匡国(Martino Martini,1614—1661)等十一名耶稣会士于上海嘉定,商讨天主教至高的"陡斯"(Deus)的译法,徐光启与李之藻等中国高官信徒据传也列席。但龙华民坚持"陡斯"独一无二,只能音译,不应合以"神""上帝"或"天主",一反罗明坚、利玛窦以来的会中传统。③ 1628年,中日两区巡阅司铎帕尔梅罗(André Palmeiro,1569—1635)亲自为争辩定调,禁用"上帝",而高一志等人主张的"天主"遂胜出。④ 话说回来,尽管教宗在1707年与1716年三令五申,不避"上帝"者仍有其人,马若瑟即独树一帜,《梦美土记》(1707年)与《儒交信》等早期天主教说部里,早已言者谆谆,听者藐藐。再早一些时日,礼仪之争的参与者就不用再提。贺清泰把自己的宗教定名为"天主教",但终《古经》通书,最高"神"他几乎都译为"陡斯",《新经》才"天主"并用。唯一的例外是"主"(Dominus)这个尊称:

---

  ① Lettera di Luigi de Poirot. Pekino 4 ottobre 1772, BNC, Mss. Fondo gesuitico, 1386, 18, ff. 90 r.
  ② 以上有关多元系统理论,见 Itamar Even-Zohar, "Polysystem Studies," *Poetics Today: International Journal for Theory and Analysis of Literature and Communication* 11/1 (1990), pp.50-51。
  ③ 见 Seán Golden, "'God's Real Name is God': The Matteo Ricci-Niccolo Longobardi Debate on Theological Terminology as a Case Study in Intersemiotic Sophistication," *The Translator* 15/2 (2009), pp.375-400;以及 Sakeun Kim, *Strange Names of God: The Missionary Translation of the Divine Name and the Chinese Response to Matteo Ricci's Shangti in Late Ming China, 1583 - 1644*, New York: Peter Lang, 2004, pp.177-180。
  ④ 有关嘉定会议,详见 Liam Matthew Brockey, *Journey to the East: The Jesuit Mission to China, 1579 - 1724*, pp.85-89;高龙鞶著,周士良译:《江南传教史》第1册,第37—40页;另见 Sakeun Kim, *Strange Names of God*, pp.171-183。

他时而如此译之,时而译为"上主"。甚至连"耶落哈"(Elohim)、"亚多那意"(Adonai)、"耶里晕"(Elyon)、"撒达意"(Shaddai)和"亚多那意撒玻得"(Adonai Sabaoth)这些此前耶稣会士提都不提的圣号,他也在《救出之经》第六篇的第二个注解里详予说明了。连中世纪后期才合并完成的新词"耶火瓦"或"耶和华"(Jehovah),贺清泰也告诉乾嘉读者"陡斯总没有默启"过(3:6 注 2;另参郑著,第 150—153 页);当然,他意在攻击新教恣意"造假"。如果贺氏早一个半世纪来华,嘉定会议中龙华民想来不至于孤军奋战。

唐代玄奘(602—664)有"五不翻"的音译理论,其中"此无故"或"秘密故"两种状况①,贺清泰也得其三昧,晓得音译处理的力量大。玄奘把印度有之而中土所无的"菩提树"音译了,某些咒语若以译字行之,力量消解,他同样以译音代之。贺清泰音译的树名与特殊对象太多了,例如今译"橄榄树"者,至迟明代已有之,但贺氏可能不知所以,《审事官经》(8:9)中著名的寓言《众树议王》中,他就效庞迪我(Diego de Pantoja,1571—1618)《七克》的译法,称之为"阿里瓦树"(*oliva*)。② 《如达斯国众王经尾增的总纲一卷》所译的"撒罢多"(*sabbatta*),意思是"歇息"(7:18),他译得也颇有"秘密故"的况味。这类"此无故"或"秘密故"的音译词,若外加有其意涵却不如音译有力的名词如"若耳当河"(Jordanem fluvium)等词③,终《古新圣经》三十六卷,贺清泰用得不知凡几。再制一表,长度可知。所幸贺清泰若非在各卷"注解"中加以说明,就是在正文用"解说"说之。他上承阳玛诺译《圣经直解》的习惯,下开新教和合本《圣经》修订版出现前在正文中以括号或以小字夹插解释的做法,可算中国早期解经形式的特色之一。

《古新圣经》在语词上的贡献仍有许多,《圣徒玛窦万日略》中著名的"以眼还眼,以牙还牙"(Oculum pro oculo, dentem pro dente)一译,学者早已指出系贺清泰首开其风。④ 我们若不论这类长句型的译词,贺清泰仍有不少名词的译法,

---

① 参见〔日〕高楠顺次郎、渡边海旭编:《大正新修大藏经》,东京:大正一切经藏刊行会,1934 年,第 54 册,第 1055 页。

② 〔明〕庞迪我:《七克》卷一《伏傲》音译之为"阿理袜",见〔明〕李之藻辑:《天学初函》,1629 年;台北:台湾学生书局,1965 年,第 2 册,第 765 页。

③ "若耳当河"这个译名,当然是承《天主降生言行纪略》中的"若而当河"而来(如《耶档馆》,4:230),清末迄 1949 年的天主教《圣经》都延用,差别仅在此刻"耳"字易成了现代人较为常用的"尔"字,见蔡锦图:《天主教中文〈圣经〉翻译的历史和版本》,载《天主教研究学报》2011 年第 2 期,第 23、26、28、31 页。

④ Toshikazu S. Foley, "Four-character Set Phrases: A Study of Their Use in the Catholic and Eastern-Orthodox Version of the Chinese New Testament," *Hong Kong Journal of Catholic Studies* 2 (2001), p.80. 不过"Oculum pro oculo, dentem pro dente"这句话,除玛 5:38 可见外,《旧约》出 21:24、肋 24:20 以及申 19:21 也有之,当为犹太人千年来惯用的成语。

今日基督教界仍循之在用，而且用得朗朗上口。《圣徒玛窦万日略》里的"圣徒"是一例。按天主教的传统，拉丁文的"圣克多"（sancto）多译为"圣人"，早有定论，迄今犹沿用中。若以高一志的《天主圣教圣人行实》（1629年）衡之，"圣人"还可指保禄这类"宗徒"（apostolus）。明末以来的天主教传统里，"圣徒"仅偶尔一用，而且大多以耶稣为"圣"而指其"信徒"而言。① 但《圣徒玛窦万日略》里的"圣徒"却是一个相当特殊的用法，《古新圣经》的《新经》部分，凡指《历史书》或《万日略经》（Evangeli）者，多以"圣史"开头，如《圣史玛尔谷万日略》或《圣史路加万日略》。由于"万日略"本身就是"福音"或"耶稣圣传"之意，这里的"圣史"应仿传统语汇"良史"而来，指"神圣的历史的撰述者"，乃"玛尔谷"等名字的"修饰词"（epithet），也是"同位语"（apposite）。加以贺清泰把《若望福音》又译为《圣若望圣经》，明白把"圣徒"也等同于"圣克托"或"宗徒"了。当然，显而易见的是《圣徒玛窦万日略》尾随的"作者栏"，其中指出这部《万日略》乃"圣徒玛窦记的"，继之又在序言中再度称呼"玛窦"为"圣玛窦"（28：序），以故《古新圣经》所用的"圣徒"，可谓首开了以此词指"圣人"的基督教的风气。天主教如今弃之不用，基督教倒是捡过来译，而且因新教在19世纪盛行，一般人的观念中，此词俨然变成英文"圣特"（saint）的标准中译。

《古新圣经》流传后世的同类译词，还有"圣咏"（Psalms）等词。"撒旦"（Satan）一译，《古经》中贺清泰多缘教中前辈迻为"撒殚"或"沙殚"，但到了《新经》里，他却改译如上（参28：13），已近基督教《圣经》中的"撒但"（如启22：7），而非教徒使用的频率甚且更高，高过和合本上引的译词。② 最后，我觉得有一词不能不谈，乃我们今天常挂嘴边的"乐园"（paradisus）。这个名词，佛典以外③，中国传统应未得见。明末罗明坚的《天主实录》（1584年）尝提到伊甸园，但罗氏以释家与儒家之语加以连类，称之为"极乐之国"，而阳玛诺、费奇规（Gaspar Ferreira，1571—1649）、孟儒望（João Monteiro，1602—1648）重订后的罗氏著《天主圣教实录》（1637—1641，又称《新编天竺国天主实录》），则明示天主在第三

---

① 〔明〕高一志：《天主圣教圣人行实》（崇祯二年武林超性堂版）中圣妇玛利亚玛大勒纳的传文内（7：41乙-42甲），确曾出现"圣徒"一词：玛大勒纳"屡具耶稣及圣徒所需资用，供给之"。从上下文看来，这里的"圣徒"不是今天新教的用法，而是以耶稣为"圣"，再转为形容词以尊称耶稣当时的"门徒"（disciples）或《宗徒大事录》中所谓的"宗徒"（apostles）。《圣母行实》亦见类似用法，见吴相湘编：《天主教东传文献三编》，3：1309。另见《译述》，第210—221页。

② 例子可见清代王国维《论性》，见王著《王观堂先生全集》，台北：文华出版公司，1968年，第5册，第1569页。

③ 见〔日〕高楠顺次郎、渡边海旭编：《大正新修大藏经》，第12册，第919页。

日"又作一处甚妙光景",到了第六日,"成一男,名曰亚当;后成一女,名曰厄袜。使之配偶。此二人者,乃普世之祖。使居'乐土',是谓'地堂',无寒无暑,果俱备"。所谓"伊甸园",罗明坚若非效《诗经·硕鼠》称之为"乐土",就是用"地堂"(earthly paradise)名之,以别于罗氏及利玛窦借佛道之语所称的"绝顶之高天""天庭"或"天堂"(heavenly paradise)。艾儒略在1604年编撰《天主降生引义》,"地堂"则译为"福地"①,显然连类自尤属道教的"洞天福地"一词。明末耶稣会士或教徒语涉"乐园",心中所贮大多为拉丁文或其时政治上的霸权语言葡萄牙文。其中杨廷筠(1562—1627)就像龙华民一样,认为中国传统并无类似"乐园"的观念,译字必使"真义……失却"②,是以力主译音。所著《代疑续篇》言及"天主赏善罚恶之所"或其所居之"天堂",即以葡文音译为"罢辣依琐"(paraiso)③,而这反而让我们联想到16世纪80年代,罗明坚与利玛窦编《葡汉字典》,语汇有限,也只能向佛道借鉴,译葡萄牙文里的"天堂"为"天霆"(天庭),连"地堂"(paraiso terreal)都用"佛国"权译。④ 综上可知,"乐园"一词,《古新圣经》之前天主教界确无。为整个基督教首开风气者,其实又推贺清泰。《化成之经》乃《创世记》前篇,多次提及亚当、夏娃所居的伊甸园,每每即以"乐园"名之:"主陡斯起初预备一个乐园,把他造的人放在那里头。"(1∶1)

"乐园"一词,思高本《圣经》接受得一无挂碍,新教的和合本虽仍使用"伊甸园",但从《古新圣经》流传下来的"乐园"却也已变成"地堂"的普遍对等词,时而连"罢辣依琐"都可含括进来。马礼逊(Robert Morrison,1782—1834)编的《华英字典》(A Dictionary of the Chinese Language)中,"罢辣依琐"的英文对等词,他即中译为"乐园"⑤。米尔顿的名作《失乐园》所吟不仅是亚当、夏娃所失之"地堂",也包括撒旦所失的"天堂",而这一切所指,或我们的中译本所传唱者,"乐园"一词都已概括了。总之,此词的连类,贺清泰居功厥伟!

---

① 见叶农编:《艾儒略汉文著述全集》,桂林:广西师范大学出版社,2011年,上册,第462页。
② 〔明〕杨廷筠:《天释明辨》,见吴相湘编:《天主教东传文献续编》,台北:台湾学生书局,1966年,第1册,第245页。
③ 杨廷筠:《代疑续篇》,见李天纲编:《明末天主教三柱石文笺注》,香港:道风书社,2007年,第313页,尤请见同页注99。
④ Michele Ruggieri and Matteo Ricci, *Dicionário Português-Chinês*, ed. John W. Witek, S.J., San Francisco: Ricci Institute for Chinese-Western Cultural History; Lisbon: Biblioteca Nacional Portugal and Institutto Português do Oriente, 2001, p.127 (Facsimilie part).
⑤ Robert Morrison, *A Dictionary of the Chinese Language*, 6 vols (Macau: East India Company's Press, 1822), 6: 309. 不过"乐园"仅为"paradise"中译的选择之一,而且马礼逊称译自伊斯兰教用法。马氏字典中的说词,我颇怀疑,因为他还用"天上乐园"与"极乐园"二词释"paradise in heaven",而这两个名词并非回族所用。

除了人名、地名的音译词之外,《古新圣经》中如《众王经》里的"定不得"(如9：6)这类三字词则用得较少。至于四字词,贺清泰多因袭旧套,系我们惯见的四字成语,前人论之已详①,兹不赘。但其中杰出而富有新意者,也只有前举出自《圣徒玛窦万日略》的希伯来律法"以眼还眼,以牙还牙"。贺清泰译来颇见热血沸腾,我们读来自是慷慨激昂。《古新圣经》的译词,如今反倒经内化而变成中文成语了,系明清间耶稣会对中国语言的又一贡献。② 不过不论源文或译文,"以眼还眼,以牙还牙"实为文句,所谓"成语",我乃权宜称之。

既为文句,下面我们不妨旧话重提,再弹"圣热落尼莫之梦"的老调:就《古新圣经》而言,这个"梦"的隐喻作用在以俗语或土语译经,贺清泰"俚俗"的程度,可如某学者观察《新经·圣保禄谕罗玛教友书札》时引出的"不死不烂的天主"(*incorruptibilis Dei*)证得(33：1),也可由《历史书》中耶稣骂人的"从肛门出去"(in secessum emittitur)看出(29：7及28：15)。可惜这位学者完全不解风情,不明白贺清泰苦心孤诣,以俚俗之风(vulgarism)译经的本意。《如达斯国众王经尾增的总纲二卷》中还有约撒法得(Jehoshaphat)因天主"亲战"他们的世仇,回到耶路撒冷就"弹琴",奏"琵琶",又"吹号"而进入"天主堂"(2：20)等内化译法,想来也难入这位学者的法眼,又会觉得问题重重(problematic)了③,"定不得"要卫道之士把《古新圣经》给禁了——且不谈依斯拉耶耳的"民人"还会在天主台前"祭祀"或"烧香",而厄则济亚斯(Hezekiah)在位时,"天主"也曾特别简选肋未的子孙"站列在他前,事奉恭敬,与他烧香"！(3：22,4：12及2：29)佛道概念在此挪用了。

《圣经·旧约》大多出以希伯来文,只有《厄斯德拉》第四至六章、第七章部分内容,以及《达内尔》书第二章四节至第七章二十八节是用阿拉美文(the Aramaic)写成。至于《新约》中耶稣讲道,仍然用阿拉美文,并非其时盛行的"通用希腊文"(Koine Greek)。不过《新约》写经人就得用希腊文了,但因他们背景各异,是以所写经卷的希腊文风格不一。再以《历史书》为例,其中固有优雅如玛窦与路加所传之福音,也有口语得如马尔谷及若望所传者。保禄的书信文体多变,主因他受过良好的罗马修辞学训练,然而《若望默示录》的语言就近似粗俗,

---

① Foley, "Four-character Set Phrases," pp.77—81. 另见郑著,第59—60页。

② 有关明清间耶稣会对中国语言的贡献,见 Federico Massini, "Aleni's Contribution to the Chinese Language," in Tiziana Lippiello and Roman Malek, eds., *Scholar from the West*: *Giulio Aleni S. J. (1582-1649) and the Dialogue between Christianity and China*, 2 vols, Brescia and Sankt Augustin: The Fondazione Civita Bresciana and Monumenta Serica Institute, 1997, 2：539-554;以及《译述》,第396—443页。

③ Foley, "Four-character Set Phrases," p.80.

尽管经中丰富的想象力已弥补这方面的缺陷,使之堂皇登上了"文学"的宝座。总之,《新约》使用的"通用"希腊文,多数确实也"通俗"。武加大本《圣经》有各种不同的古拉丁文(Old Latin)泉源,西塞罗等人每称之"普通话"(lingua vulgata)。① 既如此,"圣热落尼莫之梦"在中文语境中的另一层启发是:贺清泰借北京俗语出经,表明他仍以"平直文体"为尚。

平直文体当然衍生出另一个问题:如此以教学为尚的文体,是否能够制造出某种"神圣"之感,是否能借"通俗"或"俚俗"而生发某种奥尔巴哈(Erich Auerbach,1892—1957)所谓"卑降文体"(sermo humilis)里的"雄伟"(the sublime)之感?对西方人来讲,"雄伟"乃"美"的极致,而"卑降文体"若可与"雄伟"挂勾,岂非凿枘不合?如此现象,圣奥斯定及奥尔巴哈都有分教:贺清泰所本的武加大本《圣经》固以平直文体出之,然而其主题所系的天人大爱或人对上主的忠诚却可化"通俗"为"雅正",变"卑降"为"崇高"!② 从奥尔巴哈的观点言之,《古新圣经》用"俗语"或"平常话"中译虽左违中国传统的"经"验,一反在华天主教《圣经》多以文言笔度的常态③,却可以各种不同的修辞技巧"传达神圣幽隐'天主之意'"④,使之臻至雄浑崇高(the sublime)的风格。

下面我且举《众王经》为例,稍谈《古新圣经》的"卑降文体"如何化腐朽为神奇。《众王经》第三卷写依斯拉耶耳(以色列)的后代违背他们和天主所缔结之约后,独先知厄里亚斯(Elias)不从众,不愿意背离天主。此时"天主的神"要厄里亚斯"站出来",站在山上,"立在天主台前"。而说时迟,那时快,天主立即显灵,随着一阵石破山崩的"猛风"令厄里亚斯不可蹉跎,应即前往他地寻人以继其大任。贺清泰接下乃以如诗却通俗的语言译道:

天主不在这风内;这风后地动,天主不在这动内;动后是火,天主还[是]

---

① W. E. Plater and H. J. White, *A Grammar of the Vulgate, Being an Introduction of the Latinity of the Vulgate Bible*, Oxford: At the Clarendon Press, 1926, pp.1-10。有关武加大本《圣经》的简史,见 Samuel Berger, *Histoire de la Vulgate: Pendant les premiers siècles du moyen age*, Paris: Librairie Hachettet, 1893, pp.vii-xxi; and Dennis Brown, "Jerome and the Vulgate," in Alan J. Hauser and Duane F. Watson, eds., *A History of Biblical Interpretation*, vol I: *The Ancient Period*, Grand Rapids: William B. Eerdmans, 2003, pp.356-362.

② Erich Auerbach, *Literary Language and Its Public in Late Latin Antiquity and the Middle Ages*, trans. Ralph Manheim, Princeton: Princeton University Press, 1965, pp.25-66. Also see *OCD*, IV. xviii.35.

③ 蔡锦图:《天主教中文〈圣经〉翻译的历史和版本》,载《天主教研究学报》第 2 期,第 43 页。

④ 郑著,第 31—32 页。

不在这火内；火后，听……[是一阵]温和[的]风的声[音]。(11：19)

　　... non in spiritu Dominus. Et post spiritum commotio；non in commotione Dominus. Et post commotionem ignis；non in igne Dominus. Et post ignem sibilus auræ tenuis. (Regum III, 19：11-12)

　　我们可以不论原文，单从贺清泰的译文观之，《古新圣经》这几句话令人先行感受到的乃"速度"与天主显现时的"隆重"，是天主诲人前"动身"的速度之快与让人感受到的"庄严"之感。所谓"速度感"之所以形成，重点首在语词。写经人似乎要把天主比成"风"(spiritu)，但又说"天主不在这风内"，那么天主是超风而行啰？写经人次则似乎要把天主现身比成"地动"(commotio)，但天主也不在这个"地震"的古语传下的北京——甚是闽南——俗语中，那么天主急急如律令，是比"动如脱兔"来得还要快啰？写经人最后又像是要把天主比成"火"(igne)，但天主也不在这"火速"之中：他来如电，去如风，风驰电掣却又超风追电越火破震而来，以迅雷不及掩耳的速度"温柔地"在我们，在厄里亚斯的耳边悄声说话，因为厄里亚斯也"听"到——这个动词是贺清泰的翻译补述——这一阵山崩海裂后的"温和"的"风声"(sibilus auræ tenuis)。

　　从修辞的角度看，写经人或译经人这几句"不在比喻中"的"比喻"，主要是由"层递"堆垛而成的"矛盾语"。唯其因为牛马互攻，所以力量由窘迫逼成；唯其因为由"层递"堆垛形成，所以力量是逐点扩大，以积沙成塔的方式铺天盖地卷来。提到"卷"字，我们在上引贺清泰所译的段落中又看到语言以回旋复沓之状如梦扑来，像幻影般难以捉摸，而如此变幻莫测也唯有天主的大能才可如此显现，"动则如此"。我们倘要在英国文学中寻找风格接近上引的例子，德昆西(Thomas De Quincey, 1785—1859)"梦呓一般的赋格"(dream fugue)差可比拟。① 写经人或译经人这几句话，已经把"天主的临在"(divine presence of God)转成排山倒海的梦中语：其疾如风，威严如来。而厄里亚斯也因上述而自我内化，转成那"未来的亚当"的"预像"(forma futuri)了。

　　"预像"是贺清泰的译词，新造而来(neologism)，为中国传统所无，《古新圣经》的正文或注解中却用得不少。② 我们再添加一个字，就变成了"预像论"

---

① George Saintsbury, *A History of English Prose Rhythm*, Rpt. Bloomington：Indiana University Press, 1967, pp.309-320.

② 如《新经》中《圣保禄谕罗玛教友书札》第五篇。这一篇中，保禄发展出"亚当预像论"(罗 5：14)，神学研究者皆知，参见辅仁神学著作编委会编：《神学辞典》，台北：光启出版社，1998年，第 626—627 页。

(typology)。不论"预像"或"预像论",中文天主教界迄今仍用。不过这里我不拟就此再赘,《众王经》中如上有关厄里亚斯的句子才是重点,贺清泰译得不少,下面一句出自第二卷,也有诗——而且是"史诗"——似的况味:

埃布尔撒隆骑骡,忽然遇见达味的兵。骡过稠密橡椀树底下,他的头发被树枝括住,骑的缧(骡)子往前跑,他的身体挂在天地之间。(10:18)

Accidit autem ut occurreret Absalom servis David, sedens mulo: cumque ingressus fuisset mulus subter condensam quercum et magnam, adhæsit caput ejus quercui: et illo suspenso inter cælum et terram, mulus cui insederat, pertransivit. (Regum II, 18:9)

上引讲达味(David)之子埃布尔撒隆(Absalom)造反不成,反被达味帐下的大将约埃布尔(Joab)所杀。埃布尔撒隆系达味长子,生来玉树临风,相貌堂堂,又建功无数,颇得人心。可惜他疑心父王不会传位给他,伺机造反。达味先败后胜,但对埃布尔撒隆依然心存父爱,要求约埃布尔活擒,不得杀之。然而埃布尔撒隆兴许是劫数难逃,约埃布尔居然抗命弑之,而上引便是埃布尔撒隆一身功夫,约埃布尔仍可轻易戮之的死前一景。贺清泰译来生动活泼:埃布尔撒隆所骑的骡子经过密林深处,一头长发让树枝缠住,整个人硬是"悬空腾起",遂给约埃布尔可乘之机。贺清泰不此之"译",反道埃布尔撒隆的"身体挂在天地之间"(illo suspenso inter cælum et terram)。这句话比思高本同句俚白而俗气,但无《撒慕尔记下》那"身悬在天间"(18:9)的译句平板,因为"挂在"这个动词一接上"天地之间",产生的动感漾然又庞然,远比"悬着"意象天成。如此看来,埃布尔撒隆反而不像是个"不孝子",而是像米尔顿笔下的撒旦一般了:他领兵反出天庭,打落地狱后犹一身傲骨。埃布尔撒隆更像荷马吟唱的阿基力士(Achilles),故事扣人心弦,活脱就是个悲剧英雄。翻译而得"体"如上引的两段,贺清泰的笔端显然有新诠,而其主题之严肃也已把圣热落尼莫的"卑降文体"转成即使词藻平直亦无妨其高贵之感的"雄伟文体"。

回头再看《古新圣经》中"预像"一类的词。这个词正如用作及物动词的"圣"与"战"等字,使多了反而会变成我们今日所称的"欧化语"。《古新圣经》里欧化语的形成,一部分乃不及物变成及物动词使然,我们读来不顺,抑且怪异拗口。文前我多从《古经》举例,贺清泰所依大体系北京俗语。但是到了《新经》,他或为显示其中语体雅胜于俗,从而一反"古"态,居然常用后来新教译经人所称的"中间文体"(middle style)翻译,而译得又不管混杂夹生或水乳交融,形成类似《神天圣书》那种文白夹离——但时而又有文白交融的好句子——的语句,妍媸互见。① 《古新圣经》中欧化语之尤者每每如此,而《厄斯大拉经上卷》我们遂见"王达略"(Dario regi,5:7)这种配合拉丁语法的怪称,《圣若望书札》也出现"我们'相通'圣子耶稣基利斯督的血,净我们于诸罪"(36:1),《圣保禄书札》同样有"我不'商量'亲戚"这类拗口之句(34:1),《数目经》第五篇中的"若是别的男子同你没睡卧……"(Si non dormivit vir alienus tecum ....)中那"没睡卧"(non dormivit)一词,则为拉丁化(Latinism)之尤。至于我们今天常说的"见证"(testis),《诸徒行实经》首篇则倒过来写,形成耶稣命宗徒之一在他复活后,要"到地两头'证见'我"的翻译奇谭(32:1)。终《历史书》,这类颠倒为用的句子特多,可见早期译经人缺乏现成又可达意的语词可以连类的窘状,但也可见贺氏不畏艰困,勇于创新发明中文语词的气魄。

拉丁文中颇有近似英文的关系代名词者,引导形容词子句时,形成的欧化体也拗口,但是方诸上述不及物变成及物动词的句子,却是温和了许多。《圣若望圣经》中,斐理伯(Philippus)进到耶稣门下,逢见那大那耳(Nathanaël)时,对他说道:"我们找得了每瑟法度内及诸先知经上纪的那匝肋得地方若瑟的子耶稣。"(Quem scripsit Moyses in lege, et prophetæ, invenimus Jesum filium Joseph a Nazareth;31:1)斐理伯的话,从译文看来,系由一长串的形容词子句构成,实则是关系代名词"那个"(quem)在作祟,贺清泰虽然隐而未译,其实我们也可以视之如同英文常见的插入句,而若以现代标点加以改动,就会变成另一种形式的欧化语:"我们找得了每瑟《法度》内——[以]及诸《先知经》上——纪的那匝肋得地方若瑟的子耶稣。"武加大本《圣经》的拉丁语法松散,其程度尤甚于古典拉丁文,名词固常转为动词用,不及物动词时而亦可化为及物动词使,而关系代名词又要得频繁,十足是典型的口语表达方式。②

口语和书写——即使以口语书写——当然有别,方块字如此,拼音文字亦然。奈何贺清泰并不理会这种差异,他"惟图保存《圣经》的本文本意",几乎不顾"各人本国文章的文法",而且认定"自古以来,圣贤既然都是这样行",他也没有道理不"效法而行"(1:《圣经》之序)。贺清泰的译论宣言,部分灵感得自《论天主教义》(IV. xxii. 27 and IV. xx. 39)。一旦他"行"了非中国人"本国文章的文

---

① 郑著,第35—43页。
② Plater and White, *A Grammar of the Vulgate, Being an Introduction of the Latinity of the Vulgate Bible*, Oxford:At the Clarendon Press, 1926, pp.52-60.

法"所成者,欧化体译文就在《古新圣经》中一句句出现了。这种欧化体不以音译词的多寡为特色,而是以"文法"——贺清泰所用的这个词恐怕不仅止于指乾嘉定义下的"文章作法",而是包括傅泛际(Francisco Furtado,1589—1653)和李之藻合译的结构语言之法的"谈艺"或"额勒玛第加"(gammatica)在内①——合不合乎译入语为准。《古新圣经》多数的句子,我们读来拗口夹生,欧化体——而且还是因拉丁文法形成的欧化体——遍布经中,当系主因。

如果掌握得前切后响,逻辑显然,《古新圣经》的"欧化语"其实也不尽然不讨好。下文是《圣史路加万日略》第二篇中最著名的章节,叙述法利赛人西默盆宴请耶稣。席间连贺清泰都解为是玛利亚玛大勒纳(Mary Magdalene)的罪妇前来忏悔,《新经》如此译道:

城中有一女,向染不洁,一知耶稣在法里塞阿家,[遂]带一白石瓶香液来。他跪在耶稣足傍,以泪洗其足,以己发擦之,口亲足,以香液傅之。

扬雄(前53—前18)《法言》谓"事辞称则经",意指凡可以"经"称者,其事并辞必然相称,如响斯应。扬雄这句话,马若瑟由衷赞赏,所著《汉语札记》(*Notitia Linguæ Sinicæ*)多所论及。② 玛利亚玛大勒纳的忏悔,佛拉津的亚可伯(Jacobi á Voragine)认为是天主教有史以来"最完美的忏悔"③,更是福柯(Michel Foucault,1926—1984)"真相的政治"(politics of truth)中所谓"以身忏悔"(*exomologesis*)的典型④,而《古新圣经》译来怎能不得"体"? 贺清泰抛开了圣热落尼莫,反借说书人的口吻,写出了万济国(Francisco Varo,1627—1687)《华语官话语法》(*Arte de la lengua mandarina*,1703)论中国口语所称的"第二体",亦即介于"高雅"与"粗俗"之间的"中间体"。⑤ 马大勒纳"带一白石瓶香液来"一句,贺清泰用白话写,接下他却要我们以想象力解放某种文言欧化体的"小脚":既然以"泪"洗足而不道是谁之"泪",文言中其意无妨,但以"发"擦之即可,文中

---

① 〔明〕傅泛际:《名理探》,台北:台湾商务印书馆,1965年,第1册,第6页。
② Joseph-Henri-Marie de Prémare, *Notitia linguæ sinicæ*, Malaccæ: Cura Collegii Anglo-Sinensis, 1831, p.190.
③ Katherine Ludwig Jansen, *The Making of the Magdalen*, Princeton: Princeton University Press, 2000, pp.15 and 58.
④ Michel Foucault, *The Politics of Truth*, eds. Ylvère Lotringer and Lysa Hochroth, New York: Semiotext, 1997, pp.199-235.
⑤ 弗朗西斯科·瓦罗(万济国):《华语官话语法》,北京:外语教学与研究出版社,2003年,第11页。

却又生出了个"已"字,似乎就不是文言最好的章法。凡此种种,说穿了是受拉丁文法的牵制有以致之。玛利亚玛大勒纳的忏悔,传统中国士子写不来,乾嘉时人也写不来,乃当世地道的欧化体白话文。某个意义上说,文中文白交融,却非夹杂。

藏书楼里尘封的现代性

玛利亚玛大勒纳"向染不洁"一语有互文,高一志 1629 年在《天主圣教圣人行实》里中译她的传记,称之"渐染不洁",而艾儒略六年后于《天主降生言行纪略》再述《路加福音》同章,又谓之"向染不洁",贺清泰一字不改。纵为玛大勒纳"口亲"耶稣之"足","以己发擦之",《古新圣经》恐怕也都变化自艾译中"以泪涤耶稣足,用己发拭之,香膏沃之,口亲之"数句。① 《古新圣经》中这种互文的现象,说明是经不可能为贺清泰"独力"译成:史上或贺氏同时的几种《新经·历史书》多少都是"共同译者",至少是他中译时的参考文本。如此译法,颇似武加大本的译事:《旧约》除《圣咏》先由七十贤士本《圣经》(The Septuagint)译出外,余者都译自希伯来文原本,即使是《圣咏》,最后仍然由希伯来文出之。至于《新约》,则修改自圣热落尼莫之前即已存在的古拉丁文《圣经》(Old Latin Bible),译法当然难免受原文的掣肘。译体随之,顺理成章。所以我们要论《古新圣经》的现代意义,主要系针对《古经》而言,况且经前那两篇序言,分明也是针对全经尤属此一部分而发。

贺清泰译毕满文《圣经》,继之才中译《古新圣经》。这个次序有意义,盖满文虽分老满文、新满文,不过这仅指字母的样式。满文既以字母为之,自是拼音文字,而凡属拼音形成的语文,一般而言就是"白话文",只有时代之分,并无严格如中文文白这种书面语和口语的差别。翻译满文《圣经》,故此是在中国推行某种"白话翻译",对贺清泰尾随的中文译经必有相关的启示,是他在"圣热落尼莫之梦"外,以白话译经的另一经验基础。不过这点我有能力之限,只能约略言之,详情得留待高明博雅者。纵然如此,这里我们仍可一谈明末开启的耶稣会中文传教方式,再论《古新圣经》以白话中译的缘由。

学者大致以为利玛窦领军的耶稣会士,布道的语言都以文言为主。此见固然属实,然而耶稣会除了"往上发展",以文言文在士大夫阶层传教之外,实则还

---

① 《耶档馆》,第 4 册,第 126 页。

有其"向下扎根"的一面,往市井小民布道,而这便需要类似《古新圣经》中《古经》的语体襄助,至不济也要文白交融的中国传统白话小说所用之体。耶稣会"向下扎根"的言谈主力系教义问答,用过的此一文类的形式不少。① 但就对象之为引车卖浆者流而言,耶稣会简问略答者居多。从罗儒望(João da Rocha,1565—1623)在1600年左右中译《天主圣教启蒙》开始,这类教义问答的语言体式,多数即介于市井小民与白话小说的语体之间。1605年利玛窦再译《天主教要》中的《将领圣水问答》②,是我所见白话把"将"字迳作未来式的早期史例。罗儒望其后再译《诵念珠规程》(1619年?),问答的篇幅都不算短,而且每以"师生问答"的方式出之(《耶档馆》,1:377—520)。中国教徒中,徐光启(1562—1633)在稍前四年汇集利玛窦《天主实义》某些论点,将文言文以语体"译"为《造物主垂像略说》,也可归入教义问答的类别中,而徐氏此书,恐怕又是中国有史以来在儒门"直解"或"广训"式的书籍外,最早以官白为工具刊行的长篇"议论文"之一,某种意义上说可推之于雅克慎(Roman Jacobson,1896—1982)所称的"语内翻译"(intralingual translation)。③

就小说言之,我们则可上溯至清初马若瑟的《儒交信》。到了雍正之后的禁教年间,连一些证道用的故事集或说理性的护教之作,耶稣会或天主教其他各会会士,也都用白话予以重述,传行于私下。乾隆年间,法国耶稣会士冯秉正(Joseph-François-Marie-Anne de Moyriac de Mailla,1669—1748)刊《盛世刍荛》,尤为盛举。冯氏的序言虽用文言写,全书正文皇皇数万言却用白话撰。天主教士这类白话之作,从万历到乾隆年间,至少已得三十余种。④《盛世刍荛》的冯序还提到徐光启、杨廷筠及李之藻等人,谓之固然著作等身,但"辞多华藻,谁家爨婢,尽属文人?既难应对亲朋,何以兼通雅俗?"所以"若欲'得心应口',必须俗常[之]言",而冯著自是《古新圣经》外又一"故意"而非"无意"或"随意"以白话议论的范例。上引序文中,好一句"得心应口"!冯序此语岂非清末黄遵宪"我手写我口"的清初版本?

上述三十种以上的天主教白话著译,多数仍为耶稣会士所为。就字数与企

---

① 有关"教义问答"的各种形式,参见 Bernard L. Marthaler, *The Catechism Yesterday and Today: The Evolution of a Genre*, Collegeville: The Liturgical Press, 1995, pp.9-162.
② 《耶档馆》,第1册,第359—365页。
③ 有关《造物主垂像略说》的重排版及考证,见李天纲:《跨文化的诠释:经学与神学的相遇》,北京:新星出版社,2007年,第195—208页。另见李氏及朱维铮编:《徐光启全集》,上海:上海古籍出版社,2012年,第9册,第380—385页。
④ 郑著,第178—180页。

图之多而且大者言,当然没有一部比得上百五十万余言的庞然巨帙《古新圣经》。贺清泰选北京俗语中译《圣经》,耶稣会对下层百姓布道的企图,我们不能轻忽。整部《古新圣经》洋洋三十六卷,因此也可谓天主教——尤其是耶稣会士——从万历年间开启的白话论述的大成之集。此外,明代淮安李长科(fl. 1633)为太祖所衍作的《圣谕六言解》,早也以白话"申论"成书,可见于1641年陈智锡(生卒年待考)所编的文丛《劝戒全书》①中,故以"善书"的名义广传于民间,而我们犹记得贺清泰也用意大利文翻译过康熙的《庭训格言》,流传于欧洲。《庭训格言》的原文虽为文言,但康熙另一"名作"《圣谕十六条》,从雍正即位次年(1724年)颁布《圣谕广训》后,桐城名臣方苞(1668—1749)的门生王又朴(1681—1769)即效李长科为太祖所作的《圣谕六言解》衍之为"北地方言",俗题《广训衍》,大约刊行于贺清泰抵华前数年。《广训衍》通俗浅显,文笔酣畅,是继徐光启《造物主垂像略说》后我所知第三部以白话议论的中文书籍。《广训衍》书成,随即盛行于大江南北间,贺清泰不可能不知道,也不可能漠然于其风行草偃的力量。王又朴本人相对反却低调处之,自传《介山自定义年谱》不提《广训衍》②,可见在士大夫阶层,白话文仍遭鄙视。尽管如此,《广训衍》盛行是实,而这当然和官方需要有关,不过王又朴的官白造诣也是主因。白话文在此结合政治力量,而《广训衍》"替'天'行道"造下的结果,是白话——尤其是北京官话——几乎取代了文言文,变成中国首屈一指的权力语言,在市井小民间尤可和科考时文分庭抗礼。嘉庆十年前后,江西布政使先福(fl. 1805)体知以"方言俗语"劝导"乡愚"可得"曲为引谕"之效后,即多方觅得《广训衍》,又以其"讲解辞意,令人易晓,于愚氓闻之,甚为裨益"故也。③ 贺清泰原本就有意以方言俗语译经,《广训衍》既可为鉴,加以天主教内对下层传教的语言传统与满文译经双双再予启发,用白话译《古新圣经》,水到渠成。

尽管写《广训》的雍正反天主教,下《圣谕》的康熙多数岁月却"敬天"。从乾隆朝开始,《圣谕广训》的白话版俨然可以辅教化、佐王风,是某种意义上的"启蒙"语言。米怜(William Milne,1785—1822)等新教传教士对《圣谕广训》的内

---

① 〔明〕陈长卿纂辑:《劝戒全书》,日本官方文书内阁文库藏明刊本,序于1641年,第3册,14甲—32甲。
② 〔清〕王又朴:《介山自定年谱》,见《丛书集成续编》第261册,台北:新文丰出版公司,1991年,第266—281页。
③ 〔清〕王又朴:《广训衍》,见鱼返善雄编:《汉文华语康熙皇帝遗训》,大阪:屋号书店,1943年,第1—102页。先福深知此书有以"北地方言"化导群氓的政治性格,见同书,第100页。"北地方言"一词,乃嘉庆十三年韩崶(1758—1834)所用,见同书,第101页。

容有批评,但也认为《广训衍》属于中国书写文字的"平直体",是《圣经》最好的对译之道。① 从《广训衍》发蒙风众的力量再看,清代高层至少迄乾隆,已经体认到白话——尤其是北京官话——才是统治广土众民最有力的工具。白话文的政治性格,至此表露无遗。就《广训衍》或其兄弟本《圣谕广训直解》衡之,其重要性迄清末不减。

中国历史上,清末系另一个白话所向披靡的时代,朝廷的《广训衍》《圣谕广训直解》等书和新派人士所办报纸,在在都证明白话文才是牖启民心的工具。清末传教士自以"耶稣教"或新教来者为多;他们中译《圣经》,打伊始拟用的就是《广训衍》中的平直语体,其后因虑及上层士人的反应,才折中而采用《三国演义》那种浅文言的文体。但是衡之《神天圣书》,新教早期所译并不成功,文不文,白不白,文白也非水乳交融。贺清泰来华四十年前,同为德籍耶稣会士的殷弘绪(Père Francois Xavier d'Entrecolles,1664—1741)译有《旧约·多俾亚传》,合其评注而为《训慰神编》一书。② 倘较诸其中经文的译体,则《神天圣书》益形见绌。换言之,《训慰神编》的中译,才近似《三国演义》这类"浅文理"的章回小说,况且殷弘绪沿王征《崇一堂日记随笔》中的评赞,译文中又添加评语,而评语中再含教义上的诠解,正符合马礼逊与米怜期待的结合经典注疏与《三国演义》的最佳经体,也几乎以基督旧教的实践在前导基督新教的译经观念。

话说回来,欧洲文艺复兴时代初期,但丁(Dante Alighieri,1265—1321)首揭以托斯卡尼亚方言写作的大纛。他着眼于以此写作者,当在斯世多数的平民百姓拉丁文的程度低,再难革新而使之变为便于沟通的通用语。从语言的变革观之,意大利文艺复兴时代之所以为我们称为"现代"的滥觞,原因乃欧洲通行广用的语言至但丁又是一变,由相对上"通俗"的中世纪拉丁文一跃而化为更通用的意大利文,各国"国语"(vernaculars)继而风起云涌。圣热落尼莫是4至5世纪时人,与黄金或白银时代那种以西塞罗、西泽(Gaius Julius Caesar,100—44 BCE)或塔西陀(Gaius Cornelius Tacitus,55—117)为代表的古典拉丁文比较起来,所译武加大本《圣经》已是通俗之语。然而方之中世纪拉丁文,后者自是俗而再俗。③ 即使如此,时人仍觉有隔,逼得政治与宗教上都隶属于保守派的但丁也

---

① 有关《圣谕广训》和新教教士之关系,参见廖振旺:《"万岁爷意思说"——试论十九世纪来华新教传教士对〈圣谕广训〉的出版认识》,载《汉学研究》第26卷第3期,2008年9月,第225—262页。
② 〔清〕殷弘绪:《训慰神编》的现代铅印版可见于中国宗教历史文献集成编纂委员会编纂:《中国宗教历史文献集成·东传福音》,合肥:黄山书社,2005年,第3册,第3—124页。
③ F. A. C. Mantello and A. G. Rigg, eds., *Medieval Latin: An Introduction and Bibliographical Guide*, Washington, D. C.: Catholic University of America Press, 1996, pp.3-5.

要揭竿而起,化身变成语言上的新派人物,用更通俗——或者就是"俗"而"土"——的方言取代中世纪拉丁文。语言史的吊诡也就在此:我们称之为"新",以"现代"目之的语言,居然是一代俗过一代的俗语,而"俗"这个字眼,因此变成了时代"新语"的标杆,是"语言现代性"的主要质地。在欧洲如此,在18、19世纪的中国又何尝不然?①

清末白话文的提倡者,名气最大的莫过于前述黄遵宪。他是维新派的成员之一,借鉴的当为日本的语言改革,光绪十三年(1887年)撰《日本国志》,效蒲松龄(1640—1715)化自身为"外史氏"而训曰:语言与文字分,通"文"者鲜,合则多。对欧洲"耶稣教"之盛,黄氏也认为系因各地人士弃武加大本《圣经》不用,改而以自己熟悉的方音对译使然。②裘廷梁(1857—1943)同主维新,兴趣则在废文言而兴白话,尝偕友人在1898年5月创办《无锡白话报》,刊载其上的《论白话为维新之本》一文,则公认为"晚清白话运动的语言纲领",反用隐喻明白指出文言文是"一人之身与手口异国",而非唯"朝廷不以实学教弟子",连"普天下"都无"实学"了。③ 20世纪20年代,五四新文化运动兴起已有年,裘廷梁提倡白话文,益发不遗余力。维新派人士中,梁启超考中西古往今来的文学史,1902年在《小说丛话》中甚至指出"俗语文学"系时代潮流,力不可遏,盖进化有以致之,而逝者如斯矣!《饮冰室诗话》论丘逢甲(1864—1912)与黄公度诗,则期待时人以"俚语"入小说,以日译西词及民间"俗"而"不经"之词入诗歌。《清代学术概论》中梁氏又夫子自道,强调所为文不避"外国语法",要以"新文体"丰富中文传统。④ 至于反清的革命党,则从秋瑾(1875—1907)到吴稚晖(1865—1953),都曾在本邑办过白话报。民国初年胡适重议白话文,除了要求行文浅显,词汇和语句通俗外,也要求不应再仰赖古人的语言遗产。他和王国维等人甚至响应梁启超,要求中国"新"语言得有外国——尤其是西欧——质素的加入,也就是不避欧化词和欧

---

① 参见曹而云:《白话文体与现代性——以胡适的白话文理论为个案》,上海:上海三联书店,2006年,第76页。但曹而云用的是"世俗化"(secular)一词,应似乎相对于"宗教性"或"神圣性"(divine)而言,我以为就语言而言,还不如一个"俗"(vernacular/vulgar)字精当。
② 〔清〕黄遵宪:《日本国志》,台北:文海出版社,1968年,第815页。
③ 〔清〕裘廷梁:《论白话为维新之本》,见郭绍虞编:《中国历代文论选》,上海:上海古籍出版社,1979年,第399页。
④ 梁启超:《小说丛话》,见阿英编:《晚清文学丛钞·小说戏曲研究卷》,北京:中华书局,1960年,第308、312页。另见梁著:《饮冰室诗话》,载所著《饮冰室文集》卷四文苑类,台北:新兴书局,1965年,第95—96页与同卷四杂著类《笑林》,第199页;以及梁著:《清代学术概论》,见朱维铮校注:《梁启超论清学史二种》,上海:复旦大学出版社,1985年,第70页。另参见藤井省三:《20世纪的中国文学》,东京:放送大学教育振兴会,2005年,第33—34页。

化句,因使举国之文像陈独秀所举文学革命之大纛,完全绝缘于旧式白话的绳墨。① 不论革命党或维新派,不论清末或民初,时人白话报的语体显然都是"我手写我口"的结果,不再是书场文化派生的语体。他们一任文字结合语音,因此也"异于当时白话小说中的语言"②。这种情形,说来正如《古经》中贺清泰的译笔。他所用的语言,绝对比明清通俗小说更"通俗",外来的语法语汇之多,也不比元曲少。

既然提到有唱有科白的元曲,我们不免想到《圣经》中众多的诗歌。《化成之经》中的《拉默克之歌》(1:4),应该说是现代意义下中国首见的"白话诗"。《古新圣经》还译出了《达味圣咏》,而且让"圣咏"一词永垂后世,万古流芳。《古经》中另一卷诗歌集《雅歌书》(Canticum Canticōrum),贺清泰缺译,原因不得而知。不过《救出之经》最重要的一首诗,长达二十行,他则全译了。梅瑟(Moses)领犹太人逃过埃及追兵,过了红海后,又领着族人咏颂天主。"他本身唱了一句,依斯拉耶耳后代也跟着唱这一句。"这首后人所称的《凯旋歌》,全心赞扬天主,词极美朴,乃胡适《白话文学史》上册从未虑及的白话诗。即使胡适写毕下册,恐怕法眼仍会闪失。贺清泰说:"天主以圣宠的光,照明每瑟的心,为谢天主的洪恩,歌这极美词。"他译得的确也不错,心诚志笃,感人至深:

> 我们天主台前齐讴歌,
> 因为发扬他的光荣威严,
> 将马兼骑马的,共摔在海里。
> 我的坚固,我应当赞美的就是天主。
> ……(3:15)③

贺清泰译完,还不忘在注解中告诉我们:"察(查)一察各国史书,没有比这诗旧古的!"换句话说,《古新圣经》这首《凯旋歌》,可谓中文世界译出的比荷马(Homer,

---

① 陈独秀:《文学革命论》,见所著《独秀文存》,上海:亚东图书馆,1922年,第1册,第135—145页。

② 所谓"晚清白话运动的语言纲领"与"异于当时白话小说中的语言"等语,都出自袁进:《中国文学的近代变革》,桂林:广西师范大学出版社,2006年,第124,127页。晚清迄民初白话思想的演变,袁著同书第122—132页有精辟的论述。

③ 这首长诗,思高本《圣经》并未分行,但现代版的武加大本则分行了,见 *Biblia vulgate iuxta Vulgatam Clementinam*, Nova edition, Madrid: Biblioteca de Autores Cristianos, 2005, Ex. 15: 2-21。下引武加大本《圣经》,概据此版。至于《古新圣经》以外的中文《圣经》,除非另有说明,概据思高圣经学会译释:千禧版《圣经》,台北:思高圣经学会出版社,2000年。

公元前8世纪)还要早的文学文本。古书中的诗歌罕见分行,何况抄本。我们效现代诗的概念将《拉默克之歌》和《凯旋歌》分行后,就诗体而言,胡适仿蒙田(Michel de Montaigne,1533—1592)《艾写》(*Essais*)自题的《尝试集》(1916—1920),在历史上就再也算不得是"尝试"之作了。

论及清末的小说时,王德威问得好:"没有晚清,何来五四?"他也答得妙:西方的冲击所展开的"跨文化"与"跨语系"的"对话"才是"我们所知"清末白话小说的"现代性"。我可以试为王德威此解补充一、二者,是语言变革亦然,证之《古新圣经》的中译犹然,盖贺清泰这开天辟地一译所带来的跨文化和跨语系的各种对话乃重要无比。所以王德威的问题,我可以扩大问的是:"没有晚明,何来晚清?"一如我在论及明清间耶稣会的文字活动时之所见。①

《古新圣经》的句法多数生硬,不是少了个所有格,就是缺了个时间标示;有时动词倒装得像日文,有时插入句连连如英语。不用想象力予以增补或删刈,能懂者十之七八而已。然而在这种种多数冷僻的翻译腔中,我们在中文里首度强烈感受到某种新句法如蛹之破茧而出,过程艰辛却充满了热诚。在《古新圣经》一百五十万言的跨语系对话里,贺清泰从《救出之经》犹太人犹在埃及做"奴才"的历史中,写出了法老王的"官员鞭打依斯拉耶耳的子孙们"这种中文常态句,但也写出了印欧语系的语言中常见的句型,将中文倒装为史上未曾之见的欧化句:"给他们刀,为杀我们。"(3:5)贺清泰轻挥译笔,天主就降灾给埃及人,拯犹太人于倒悬,将他们从埃及"主子"的"工程圈"或"监圈"解救而出(3:5—6)。"工程"是个元曲中早已可见的词,"监牢"或"监狱"的历史更早得不用我们多说,但贺清泰衡之《救出之经》的埃及实况,结合清代刑制"圈禁"中的"墙圈"或"屋圈",独创出了上举的"工程圈"与"监圈"等词,显然是"现买现卖"。这些语词后代失落不用,我们连读感都怪异,不过其中跨文化对话的态势至显,跨语际实践的痕迹鲜明,贺清泰中译前故而非得做点超山越海的文化比较不可。他这一比,已为《古新圣经》烙上"现代性"的印痕,使之变成不到百年后的白话文运动的先声。如果黄遵宪、裘廷梁和梁启超这些人发起的晚清白话文运动是让五四白话文运动排挤而成的"被压抑的现代性",那么由晚明迄清中期《古新圣经》的系列耶稣会白话文献就变成"尘封在藏书楼里的现代性",值得所有爱好语言文化的学者共享,共同发明。

---

① 王德威:《被压抑的现代性:晚清小说新论》,台北:麦田出版社,2003年,第18页。另见 David Der-wei Wang, *Fin-de-siècle Splendor: Repressed Modernities of Late Qing Fiction, 1849-1911* (New York: Columbia University Press, 1997), p.4. 另参阅《译述》,第392—443页。

版 本 与 其 他

最后，且让我们回到耶稣会士和裘廷梁都好谈的几个"实学"问题。首先是贺清泰所用的武加大本《圣经》究竟是哪一个版本？公元405年或来年，圣热落尼莫译完武加大本《圣经》，此后此书以手抄本行世甚久。1505年教宗保禄三世（1468—1549）召开天特会议（Council of Trent），确立"武加大"一名，赋予其在教中之权威。① 古腾堡印刷术，此刻早已发明。教宗克莱孟八世（Clement VIII，1536—1605）其后为统一前此武加大本不一致的现象，乃下令镌版刊行修订后的武加大本《圣经》，于1592年刊行，史称克莱孟版武加大本《圣经》（Vulgatam Clementinam）。这个版本，此后便变成罗马天主教会的标准《圣经》。要待1979年，罗马教会才重订克莱孟版，颁行"新武加大本"《圣经》（the Neo-Vulgate Bible），取代其权威性。②

耶稣会士一向服从天特会议的决定，贺清泰没有理由不接受距他最近的克莱孟版武加大本《圣经》。所以我暂可下一结论：《古新圣经》必然据克莱孟版武加大本《圣经》中译。不过同一《圣经》也会有不同刊本。贺清泰生前大多居北京北堂，是以《北堂书目》就变成我们寻找底本或源本的叩门砖。书目内所载之武加大本《圣经》甚多③，有插图者不少。无巧不成书，《上智编译馆馆刊》曾刊载北堂中文书目，指出贺清泰为《古新圣经》曾模绘了十五张插画。④ 这些图片想为刻经用而绘制，而贺清泰甚有可能也因所据的克莱孟版武加大本《圣经》有插画，故而依样画葫芦就绘将起图来。《北堂书目》上的藏书目前已悉移中国国家图书馆或北京的首都图书馆保存，但经过八年中国对日抗战，存世者迄今恐怕仅余三四百种。这些存书就我所知，目前对外开放不易。所以要循《北堂书目》寻访贺清泰中译所用的特定版，仍有困难。

从卷目，甚至是从内文的编排看，《古新圣经》与武加大本《圣经》有异，前人

---

① *The Canons and Decrees of the Council of Trent: Celebrated under Paul III, Julius III, and Pius IV, Bishops of Rome / Faithfully Translated into English*, London: Printed for T. Y., 1687, pp.13-14.

② 郑著，第11—17页。

③ Hubert German Verhaeren, ed., *Catalogue de la Biblioth?que du P?-T'ang*, Beijing: Imprimerie des Lazaristes à Pékin, 1949, pp.289-295.

④ 冯瓒璋：《北京北堂暂编中文书目》（四）：乙编，《公教善本书目》，见《上智编译馆馆刊》，第2卷第4/5期合刊本，1947年7—10月，第363页。

早有发现。① 徐家汇藏书楼庋藏的抄本,卷目的名称与顺序适可说明。就卷目名称而言,习称《创世记》者,《古新圣经》分之为《化成之经》与《造成之经》两卷,分指天主"化成"——此语典出《周易》——"天地"与万物,而"化成天地"同为天主教中文《信经》的第一条②;以及亚巴拉杭以后人类的繁衍或各种事物的"造成"。此外,习称《智慧篇》者,贺清泰也合以《训道篇》独立成卷。唯这些经卷,篇号(章数)大致相连,尚不脱武加大本的习惯。其次,贺清泰结合《撒慕尔记》与《列王纪》成《众王经》(*Regum*)四卷,虽然特殊,不过并不脱七十贤士本与克莱孟版武加大本《圣经》的编法。要凭此判断《古新圣经》所据底本,范围仍嫌太大。在较细的篇号上,《众王经》第四卷共二十六篇,比武加大本《圣经》多了一篇,而此乃因贺清泰将《圣依撒意亚先知经》(*Isaias*)第三十八篇厄则济亚的赞美诗移至《众王经》第四卷,特设为第二十一篇所致,并解明"这诗在《依撒意亚斯经》的第三十八篇内",看来似为"情节"需要而挪移(12:21),可知他深知内容原来为何,变动系个人所为,故仍不足以说明《古新圣经》所据之底本。这种变动,《新经》部分也可见得,贺清泰将《若望书信》(*Epistula Joannis*)三卷与《若望启示录》(*Apocalypsis Joannis*)集为《圣若望默照经》,独立成一卷,再度打乱了武加大本《圣经》原有的排序。阙译、增字等翻译策略,比比皆是。凡此均属贺氏个人所为,仍旧不能据以论断底本这一公案。③ 此外,《古新圣经》的抄写者也有其在工具与诠释上的限制,我们同样不能不将之列入版本问题的考虑。

在天主教传统中,《圣经》排序是大事,非经梵蒂冈官方认定,译者不得擅自为之。贺清泰"独树一帜",因此是个人非常大胆的编辑尝试,往后的《圣经》中译史上,并不多见。此外,现代诠释学的前身乃《圣经》解经学,贺清泰中译《古新圣经》时以白话加注的行为,又是"独树一帜"的说明。④《古新圣经》的注解,系入华耶稣会继阳玛诺的《圣经直解》后另一介绍西方解经学的大工程,意义也非凡。但是我们必须注意一点:贺清泰所本武加大本《圣经》的注解固然可以解释《古新圣经》"注解"的本源,进而判断版本,但我阅读这部分的《古新圣经》,却发现贺

---

① 参见徐宗泽:《明清间耶稣会士译著提要》,台北:台湾中华书局,1958年,第18页。方豪:《中国天主教史人物传》,第3册,第100页。
② 《周易正义》,见(清)阮元(校刻):《十三经注疏》,第1卷,第37页。天主"化成天地"一说,马若瑟《儒交信》的书中之书《信经直解》至少提到四次,参见无名氏(马若瑟):《儒交信》,在郑安德编:《明末清初耶稣会思想文献汇编》,修订版,第227—228页。贺清泰应参考过晚明以来已译成的信经。
③ 郑著,第14—16页。
④ 《古今圣经》译成前后,清代另有《四史合编》,上海徐家汇藏书楼藏清抄本(杜鼎克编号:SH 250/ZKW 450)一译,其注解也是用白话写成。

清泰纵然有底本,其中仍存大量贺氏个人的选择与意见,和《圣经直解》中的笺注相去不远。唯阳玛诺不太在意"本土化"的问题,而贺清泰的注解,一大目的却在适应中国国情。翻译和绘画稍异,必然有贺氏所以为的"理想中的读者"(implied reader)。研究贺清泰的注解,我们不能不考虑这种特殊性。天主教乃大一统的宗教,《圣经》的解释也得统一而不能自出机杼,但上述《古新圣经》的特殊性,则把我们最后可以论证版本的理据又给推翻掉了。看来,"克莱孟版的武加大本《圣经》"这个范畴,仍然是解决版本问题迄今最大的公约数。

注解的问题,我们有可以再谈者。贺清泰既以北京俗语翻译,表示他心中的阅众不止达官贵人,一般升斗小民恐怕重要更甚,所以注解的"选择"与"自出机杼",必然是此一篇幅庞然的"次文本"(paratext)构成的原则。如此一来,《古新圣经》里注解所"勾勒"出来者,某种意义上几可谓译者贺清泰本人的解经学。此一"解经学"还因《古新圣经》系中译,而翻译本身就是诠释,从而益可合理与正当化贺注中的个人色彩。话虽如此,由于贺清泰受过耶稣会深刻的士林神学(scholasticism)训练,也曾涵养在文艺复兴时期以来天主教人文主义(Christian Humanism)的遗泽中,所以《古新圣经》的"注解"部分不可能不带有这两方面的色彩。

就我目前认识所及,古教父如圣热落尼莫的解经著作对贺清泰有绝对的影响[1],而圣奥斯定的《论天主教义》力量尤大。后书前三卷致力于《圣经》解经学的理论,圣奥斯定强调《圣经》不可死读,应由两方面观之。首先要从字面解之,把握字意(literal meaning)。如果字面解之不得,那么读者就该从"比喻"的角度看待,抓住经文的"喻旨"(*OCD*, III. xxxvii. 56)。这个解经原则,简直是贺清泰注《古新圣经》的理论基础。以《众王经》为例,贺清泰常在其中详注犹太诸王崛起的历史背景,把经中的故事认定是史实,亦即由字面解释《圣经》。但是每当字面超出常情之际,贺清泰又常告诉他假设中的中国读者道:这些地方都在"打比方"。贺氏或因天主教神学力主陡斯或天主超性(transcendental),无始无终而无我们常人能够推知的形体——易言之,就是天主无形——所以经中凡属天主——也包括"天神"(天使)在内——近乎"人"的动作或行为,贺清泰多半会"警告"我们,这里写经人又在"打比方"了。《众王经》乃典型的犹太史乘,贺清泰指出其中涉及陡斯或天主的地方,写经人即用了不少的"比喻"。写经人虽可通灵,却不能不用"人"可以了解的语言叙写天主的行为。故此天主会"回'头'",也会

---

[1] 有关圣热落尼莫的解经学的简介,见 Dennis Brown, "Jerome and the Vulgate," in Hauser and Watson, eds., *A History of Biblical Interpretation*, *vol I: The Ancient Period*, pp.364-372。

像人"转'眼'一瞧",而这类的经文,贺清泰俱以为是"拟人说法"(prosopopeia),绝非"实写",只是"比喻"。既为比喻,当有"喻旨",贺清泰会从上下文揣摩,指出这类旨意为何。即使《化成之经》中天主造人的故事,贺清泰也不愿从字面解之。陡斯"用湿泥造人",然后"望他脸上一吹",而这人便有灵魂,可动了起来(1：2)。贺清泰拒从字面或传统解释这些动作,同样认为写经人仅在"打比方",所蕴含者是天主造人的灵魂易如反掌,"就如我们人口里出气那样容易"(1：2 注5)。贺清泰的解释,在中文中说来有点讽刺,指天主赋人灵魂反而是"不费吹灰之力"!《古新圣经》通书的注解,多的是这种手法,传统之见与贺清泰个人的见解一室共存。

贺清泰如此解经,在某种意义上,有如把部分《圣经》当"虚构",是以"小说"看待之。当然,从另一层意义看,他也发挥了士林神学"信仰追寻理性"的精神,斤斤计较于陡斯的显现是"真"是"假",是"实体"的呈现(present),抑或借"修辞"而"再现"(represent)。士林神学解经的精要,因此我们轻忽不得。这种宗教上的"理性",紧接着——说来还有点逆时而行——是让贺清泰走回犹太解经学家费罗(Philo, 20 BCE—50 AD)及希腊教父奥利根(Origen,约184—约253)《论第一原理》(On First Principles)里倡言的"属灵读法"(spiritual reading)或"寓言解经法"(allegorical exegesis)去。卡西安(John Cassian, 360—435?)奠定基础的"四义解经法"(fourfold allegory),顺理成章乃变成我们了解《古新圣经》的"注解"不可或缺的一环。我们的研究故此就得寻章摘句,仔细审阅《古新圣经》的注解的部分,试觅其中对《圣经》经文所"读到"的四种意义层次,亦即"字面"或"历史"意义(literal or historical sense)、寓言层面的意义(allegorical sense)、"道德"或"伦理"寓言(tropological sense),以及"属灵"或"神学上的寓言"(anagogical sense)等四种。①

在欧洲中世纪,《圣经》这四种"寓言解读法"同时也是盛行千年的文学阅读法。但丁在《致斯加拉亲王康·格兰德书》("Letter to Can Grande della Scala")里,曾经再三致意,强调非常②,而入华耶稣会士从明末的阳玛诺到已近清代中叶的贺清泰,则是一五一十地将之搬到中国来,使之变成耶稣会中文解经

---

① 有关"四义解经法"的历史嬗变及使用,下书解释最精：Henri de Lubac, S. J., *Medieval Exegesis*, trans. Mark Sebane, 2 vols, Grand Rapids: William B. Eerdmans, 1959。相关历史文献见 Karlfried Froehlich, ed., *Biblical Interpretation in the Early Church*, Philadelphia: Fortress Press, 1984。

② Dante Alighieri, "Letter to Can Grande della Scala," in Hazard Adams, ed., *Critical Theory since Plato*, New York: Harcourt Brace Jovanovich, 1971, pp.121-123.

的基本手法,更是会士阅读文学的理论基础。① 耶稣在《历史书》里首先用到的预表论,此中我们当然也不乏见。贺清泰随时都在想方设法,用之于联结《古经》各章节,而最重要的是要一统《新经》与《古经》,使之结合而为一,变成《圣经》不可分割的组成。

上述种种的"注解手法"中,比较有趣的是贺清泰适应中国国情,以明末以来小说"评点"的手法解释《圣经》,又用儒家思想如"孝道"或"圣贤观"辅助理解,让中西伦理思想彼此印证,交杂在《圣经》文句的理解中。由是再看,则《古新圣经》的"注解"不啻上承《崇一堂日记随笔》(1637 年)中的"评赞"②,下则又开清末民初如伍光建(1866—1943)等人评点式的翻译手法。《圣经》诠释既然得合以中国国情,贺清泰的注解不免就会与中国佛、道思想或其宗教实践交锋,从而在诸如《化成之经》的注解(1∶5 注 5)——甚至是在翻译的经文如《救出之经》(3∶12)——等文本中不断提前开跑,让"天主教"一面对上"犹太旧教",同时也和佛、道的"邪神"或"偶像崇拜"开战,由是联结上了晚明所出的各种教中文学如《圣若撒法始末》(1602 年)、《况义》(1625 年)与《天主圣教圣人行实》(1629 年)等激进的护教传统。③ 因此,《古新圣经》中大量的注解,不止让贺清泰的《圣经》交融在西方的诠释传统中,也让此"书"因缘际会而交杂在明末开头的小说诠释学里,继之与耶稣会从晚明开始就已汲汲中译的教中文学衔接上了,可谓一身而兼容中西与古今。贺清泰的努力,由此可见一斑,而老话一句:《古新圣经》各卷所记乃天主意志之展现,连耶稣会东来及其与佛道之争也是"陡斯的意思"!"注解"中的北京俚俗之言,早就潜藏着有其谋略的政治性格,党同伐异,固无论矣!

从翻译学(translatology)的角度看,我们亦可以再诠《古新圣经》中的"注解":我们不要忘了《古新圣经》毕竟是译作,而且还是中国现存最早的白话翻译的《圣经》。所谓"从翻译学的角度看",我尤指《圣经》系天主教的"中心文本"(central text),也是罗马上古后期迄近代欧洲文化的"中心文本",重要性自不待言,其中更隐含了所谓"操纵学派"(manipulation school)关心的各种翻译课题,尤其会与政教系统的权力争执纠缠不休。操纵学派所关心的类此关系一旦确立,便意味着从翻译、译体到注释及其文体本身,都和权力的结构或权威的构成有关。阳玛诺在明末首译部分《新约》的经文,作为主日学教中节庆的研读之用。

---

① 参见李奭学:《中国晚明与欧洲文学——明末耶稣会古典型证道故事考诠》,台北:"中央研究院"与联经出版公司,2005 年,第 189—244 页。
② 参《译述》,第 107—149 页。
③ 参《译述》,第 61—106 页。

他选择高古的《尚书》体译经,固然因扬雄使然,前已论及,然而和明末中下层社会的阅读能力方枘圆凿,迎逢的反为中国上层士人的品位。纵使冯秉正在雍乾年间结为《圣年广益》,试图以《圣经》经文灵通圣父圣子与圣母,他的努力恐怕仍然有其阶级性的限制,只能作用在知书达礼的中国上层人物中,对广大的下层百姓效力几无。然而贺清泰不然。他甘冒大不韪,在文言文犹盛行不已的年代即以白话或以更白的"北京俚俗之言"译《古新圣经》,为其作"注"加"解",表示"中心文本"这"中心"所涉的对象已经位移,移往市井小民去了,而权力问题至是演为"启蒙"之用:在《古新圣经》的"注解"中,北京俗语益见政治运作的影子。

市井小民的知识有限,况且《圣经》此时还是外来文化,不解释说明,何可得知其中意蕴?贺清泰以北京俗语译《古新圣经》,首先为识字有限者解决了修辞和言文不一的难题;如今再合以十倍于《广训衍》的注解,也使自己在"译者"的身份外,另又增加了"教师"一职:他借注解在一问一答间,践行了罗儒望《天主圣教启蒙》中的"教义问答"。市井小民的疑惑,贺清泰当真可以解之,而他又如何解之呢? 这个问题,文前已经说明了大半:解答的内容有传统知识,也有贺清泰的个人之见。总之,《古新圣经》的"注解"确实示范了罗马天主教迄18世纪中叶的解经学,而且用北京的俗语加以规范,使得中国的中心语言也发生位移,移往百余年后黄遵宪、胡适之等人会鼎力提倡的白话文去,因使《古新圣经》和天主教教义问答的语体冶为一炉,变成某种意义上的中国"早期现代性"(early modernity)。

天主教大而一统,是制度化宗教的典型,有其由上而下的指导思想。在中文世界所译的《圣经》经文,从阳玛诺的《圣经直解》到20世纪60年代的思高本,莫不包有注解或释文,表示统一《圣经》的解释有其必要性,话语权上尤然。翻译学上所谓黏稠翻译,因此避之不得。贺清泰在《古新圣经》的序言中的说法是:翻译《圣经》时"中国话说不完全,《圣经》的本意不能明白",所以他得以"小字"加以补充说明(1:《圣经》之序)。所谓"小字",不止正文前的"序言",正文中的"解说"或"译言",也包括各篇篇末的"注解"在内。贺清泰的话部分属实,严复翻译中国传统首见的《天演论》,其例言中不也有类似之见,故而译文常加"案语"吗? 注解的使用,尤其表示贺清泰以个人意识形态在操纵翻译,以自家的说明在稳定经文意义的流动性。由此看来,"注解"应该和"序言"一样,也是《古新圣经》的"经文"的一部分,是补足经文的意义不可或缺的组成要素。欧洲中世纪以来尤为重视注解的传统,遂在中文翻译里复活,甚至化为前导,接引20世纪20年代本杰明(Walter Benjamin,1892—1940)的译论。贺清泰扮演18、19世纪的语言先知,用北京俗语把最新的神意表出,身份几如奥斯定《天主之城》(*City of*

God)对翻译七十贤士本《圣经》那七十二位译者的刻画与诠释①:他们都是"先知者"。

1615年,教宗保禄五世(Pope Paul V,1552—1621)颁发敕文,准许在华天主教士翻译《圣经》。1803年,贺清泰在外交翻译的公余之暇,特地修书致教廷传信部,请求准许刊刻《古新圣经》。可惜前此梵蒂冈的翻译政策早已生变,1634年,保禄五世的命令被推翻了。1728年5月,梵蒂冈又议决禁止以方言译经,当然也就不会再有新译印行。讽刺的是,两年后,殷弘绪可能在不知情或不予理会的情况下,径自在北京刊行了译注本的《训慰神编》,贺清泰不但在近五十年后跟进,而且意在全经中译,规模更大。尽管他的努力昭然可鉴:传信部的回函以几句话就打翻了贺氏的一片苦心孤诣,《古新圣经》的刊布仍然不得其门而入,而前此清廷亦已下令各堂教士不得镌版刻书。但说来诡异,德天赐案的各种奏文中,常提到当时北京天主堂"造有汉文经卷三十一种",而且广布四方。② 这所谓三十一种"经卷"看似非指《圣年广益》一类既存的文本,视之为迄德案当时贺清泰所译的三十一种《古新圣经》,可能性也不是没有,因为嘉庆年间天主教"春风吹又生",满汉人士中都有潜藏的教徒,而各种私刻文本同样举国可见。③ 清廷或中国官方从来不曾明指这三十一种"经卷"为何,在名称与相关证据俱阙之下,上述的可能性,这里我只能存而不论。

不过目前我们可以确定的是,贺清泰所遗留者,迄今仅见抄本,别无其他。抄本之一已应已庋藏于中国国家或首都图书馆,而最容易见到的,自是上海图书馆徐家汇藏书楼典藏的清抄本。此外"中央研究院"傅斯年图书馆亦藏有上、中、下三卷《达味圣咏》,版式和其他抄本一致,应属同一批抄本。徐家汇藏书楼另有同"书"抄本一套,但是上、中、下三卷则集为两册,内文也经人"现代化"了,连注解部分都有增添的痕迹,版面则独立,显然晚出。④《古新圣经》为数不止一位的抄者,还将原本互不关联的经卷合编为一。例如《智德之经》《禄德经》与《约那斯经》就合抄成为一册,扩大——然而系重复性地扩大——《智德之经》的原目。研究者若比对同一卷目的不同抄本,应可明白晚出者如何"改良"贺清泰的译文与注解。

---

① Saint Augustine [of Hippo], *The City of God*, trans. John Healey, ed. R. V. G. Tasker, London: J. M. Dent and Sons, 1962, vol. 15, p.23,其中有谓:七十子是"先知",受"上帝之灵的激励"而翻译。
② 《史料》,第2册,第839页。
③ 参较《史料》,第2册,第527—530页。
④ 贺清泰:《达味圣咏》,2册(上海徐家汇藏书楼藏清抄本,编号:90788B—90790B)。

《古新圣经》未刻而以抄本存世,虽然前此见得不易,但影响力仍存。① 反讽的是,时迄 2009 年,依然学者断定贺清泰之后的译经人和《古新圣经》缘悭一面,也就是说贺清泰对后人的译经大业一无贡献。我们翻开一部《圣经》中译史,此见恐怕大谬不然。《古新圣经》的遗泽,基督新教的马礼逊其实抢得头彩,首先承之。马氏筹译《神天圣书》(1823 年)之前,在广州曾因天主教人士居中引介,看过贺清泰所出至少是《历史书》的抄本。为此,他还写信给位于伦敦的英国及海外圣经公会,并发表过一番有关天主教的译经之论,强调贺译乃采"俗话体"(colloquial style),似有推崇之意,甚至在所译《新遗诏书》的《圣若翰现示之书》中不约而同也用到了"乐园"等词。② 我甚至怀疑马礼逊改变原以白话译经的想法,反以他所谓的"中间体"翻译《神天圣书》,原因另在贺清泰的《历史书》实为某种程度的浅文理所致。此外,德国教士郭实猎(Karl Friederich August Gützlaff,1803—1851)虽非马礼逊的伦敦传道会(London Missionary Society)成员,却和马氏在华的团体交往匪浅。他不但透过关系,曾经打算修订出版贺清泰的满文《旧约》,可能也见过《古新圣经》或马礼逊所译,因使"乐园"一词在郭氏主编的中国第二份现代杂志《东西洋考每月统纪传》中再度现身。③

今日天主教的思高本《圣经》的基础,系意大利方济会士雷永明(Gabriel Maria Allegra,1907—1976)中译奠下,而他在 1935 年开译《圣经》之前,尝入北京北堂图书馆,得窥《古新圣经》原稿,并且费时月余,倩专家用照相机翻拍全稿,摄制成图,装订为三十册,再带回驻铎的衡阳黄沙湾研究。④ 雷永明所摄后因国

---

① 郑著,第 139—147 页。Toshikazu S. Foley, *Biblical Translation in Chinese and Greek: Verbal Aspect in Theory and Practice*, Leiden: Brill, 2009, pp.17-18。不过此书页 18n58 又不无矛盾地指出雷永明在香港的思高圣经学会(Studium Biblicum Franciscanum Hong Kong)仍保有《古新圣经》复制本的一小部分(应为《众王经》二卷),而其所据乃 Gabriele M. Allegra, "Translation of the Scriptures into Chinese," *Worldmission* 12 (1961), p.98;及 Jost Oliver Zetzsche, *The Bible in China: History of the Union Versions*, Sankt Augustin: Monumenta Serica Institute, 1999, p.27,殊为怪异。

② Robert Morrison's letter to the British and Foreign Bible Society (June 8, 1816), in *The Thirteenth Report of the British and Foreign Bible Society*, London: Tilling and Hughes, Grossnor-row, Chelsen, 1817, p.15。《神天圣书》用到"乐园"处,见马礼逊:《我等救世主耶稣新遗诏书》卷四《圣若翰现示之书》[澳大利亚国家图书馆(National Library of Australia)藏吗六呷英华书院版,年份详],第 64 页乙。

③ 黄河清:《马礼逊词典的新语词》,载《或问》2009 年第 63 期第 16 号,第 18 页谓郭实猎的"乐园"乃沿用马礼逊的词典而得,然而衡诸郭氏和天主教文献关系之深,我以为他应从我们尚不得而知的管道看过贺清泰的《古经》,徐家汇藏楼藏本可能性最大。郭氏和明ား天主教文献的关系,参见《译述》,第 403—404 页,以及第 406 页注 34。郭氏和贺译满文《旧约》的关系,见 Mende, "Problems in Translating the Bible into Manchu: Observations on Louis Poirot's Old Testament," in Batalder, et al., eds. *Sowing the Word*, p.156。

④ 雷永明著,韩承良译:《雷永明神父回忆录》,香港:思高圣经学会出版社,1987 年,第 92—93 页。Foley, "Four-character Set Phrases," p.79n45。

共战乱故,如今仅余百页。① 今日的思高本《圣经》乃不断修正而得②,而雷永明始译之际,确实也已参考过《古新圣经》,不论卷目或其内容,近似之处颇多,可谓充分利用了教中前辈的译事遗泽。③

基督教界和《古新圣经》互动显然。即使不论这一点,世俗界经常挂在嘴边的"乐园""圣徒"或"圣咏""撒旦"等西来的宗教名词,我们说其始也,同样也得回溯到贺清泰,再经新、旧两教的各种《圣经》译本与马礼逊的《华英字典》等书而广为流传,最后现代人终于琅琅上口,不时还闻得回响。至于白话体欧化语的形成,就不用赘述。1920年,周作人曾提到《圣经》中译有助于中国新式白话文的形塑。④ 所指大抵为新教所译《圣经》,但拿来形容《古新圣经》的间接贡献,何尝不行?以之修正胡适《五十年来中国之文学》中的"白话'有意'书写起源说",孰曰不可?贺清泰中译《古新圣经》之功确实未竟,武加大本《圣经》仅得三十六"卷",然而这三十六卷不仅功在《圣经》中译史与《圣经》解经学,在人文研究的各个领域如语言史、诠释学、宗教学、语言学、中国近现代文学,甚至在中西文化交流史与中西比较文学的研究上,也都有其不可磨灭的原创性与直接、间接的重要性。《古新圣经》的中译因此承先启后,是划时代的译事,值得学界力掘深耕,三思其中蕴含。

The Rise of Vernacular Chinese and the Jesuit Tradition: A Study on the Language in Louis de Poirot's *Guxin shengjing*

Li, Sher-shiueh

[Abstract]

The translation of *Guxin shengjing* in vernacular Beijing dialect by the French Jesuit Louis de Poirot has great significance in the research on *Bible*

---

① 蔡锦图:《天主教中文〈圣经〉翻译的历史和版本》,载《天主教研究学报》第 2 期,第 43 页。
② 参见陈培佳、霍桂泉:《修订思高圣经译文的经历》,载《神思》第 89 期,2011 年 5 月,第 51—60 页。雷永明创译思高本《圣经》的大略经过,参见 Arnulf Camps, "Father Gabriele M. Allegra, O.F.M. (1907 - 1976) and the Stadium Biblicaum Franciscanum: The First Complete Chinese Catholic Translation of the Bible," in Eber, et al., eds., *Bible in Modern China: The Literary and Intellectual Impact*, pp.55-76。
③ 参阅郑著,第 140—145 页。
④ 周作人:《圣书与中国文学》,见周作人:《周作人先生文集・艺术与生活》,台北:里仁书店重印,1982 年,第 80—81 页。

translations in modern Chinese history. Considered the first vernacular Chinese Bible, it represents one of the most important achievements in late Qing Chinese literature. This article first traces Poirot's missionary work in Beijing, then selects exemplary characters and words from *Guxin shengjing* to explore the main characteristics and contributions of Poirot's translation. The use of vernacular Chinese and the adoption of foreign grammar and expressions reflect a remarkable syncretic tendency. *Guxin shengjing* contributed to a more comprehensive understanding of bible translations and biblical exegeses in Chinese history. The findings in this article will also provide new insights and perspectives for future research in cross-cultural studies and comparative literature.

[**Keywords**]

Louis de Poirot, *Guxin shengjing*, Bible translation, Vernacular Chinese, Jesuit Studies in the Late Ming

"无上之国"
——郭实猎小说《是非略论》与《大英国统志》所塑造的英国形象*

黎子鹏

[摘要]

来自普鲁士的郭实猎（Karl Friedrich August Gützlaff，1803—1851）中文小说产量之高，在一众19世纪来华新教传教士中首屈一指。异于郭实猎其他的小说作品，《是非略论》(1835年)及《大英国统志》(1834年)并非以论述基督教思想为骨干，而着力把英国塑造成"无上之国"的形象。本文将借助形象学的视角，透过对两部小说的文本细读与分析，配以对当时历史、政治、宗教文化背景的考察，探讨郭实猎如何向中国人描绘英国社会文化特征，又如何使得这个形象普遍被中国人理解和接受，并尝试发掘郭实猎如此塑造英国形象的复杂因素。

[关键词]

郭实猎；传教士小说；《是非略论》；《大英国统志》；英国形象

一、前　　言

在一众19世纪来华新教传教士当中，来自普鲁士的郭实猎（Karl Friedrich

---

* 本文的研究，承蒙香港研究资助局"优配研究金"（General Research Fund, Research Grants Council）："晚清基督教中文小说(1807—1911)：宗教与文学的跨学科研究"（项目编号CUHK447510）的资助，谨此致谢。

August Gützlaff,1803—1851)①既举足轻重又极受争议。② 19世纪30年代被中国基督教史视为郭实猎的年代③,在此期间郭实猎创作、出版了大批基督教中文作品,当中有不少乃小说的体裁。④ 这些小说大部分具有浓厚的本土化特征,如采用章回体,又时常援引中国传统的文史哲经典来论述基督教思想。然而,郭实猎其中两部小说《是非略论》及《大英国统志》却另辟蹊径,着力向中国人展示及塑造英国的形象。

"形象"是对一种文化现实的描述,融会了客观和主观的因素,是情感与思想的混合物。⑤ 一切形象都是个人和集体通过言说、书写创建并描述的。塑造异国形象的个人或群体对异国的描述,实际上创造出虚构的异国空间。在这个空间里,他们用形象化的方式,表达了自身所向往的各种社会、文化、意识形态的范式。异国形象是"社会集体想象物"(imaginaire social),就是对他者的描述(représentation),就是全社会对一个异国或社会文化整体所作的阐释。简言之,就是全社会对异国的集体想象。⑥ 而19世纪初期,中国对西方根深蒂固的集体想象,从英国人的角度来看,乃构成双方平等交往的阻力,促成了《是非略论》及《大英国统志》的创作意图。

---

① 郭实猎又名"郭实腊""郭士立""爱汉者""善德""善德者""善德居士"等。由于其多部小说的序言常以"郭实猎"自称,故本文采用此名。

② 郭实猎的生平,参阅 Jessie Gregory Lutz, *Opening China: Karl F. A. Gützlaff and Sino-Western Relations*, 1827-1852, Grand Rapids, Mich: William B. Eerdmans Pub. Co., 2008;Charles Gützlaff, *Journal of Three Voyages along the Coast of China*, in 1831, 1832 & 1833, London:Frederick Westley and A. H. Davis,1834;俞强:《鸦片战争前传教士眼中的中国——两位早期来华新教传教士的浙江沿海之行》,济南:山东大学出版社,2010年,第48—62、79—107页。

③ Scott Shao-Chi Pan, "An Appraisal of Karl (Charles) Gützlaff and His Mission: The First Lutheran Missionary to East-Asian Countries and China", M.Th. thesis, Faculty of the Lutheran School of Theology at Chicago, 1987, p.3,转引庄钦永:《郭实猎〈万国地理全集〉的发现及其意义》,载《近代中国基督教史研究集刊》2006/2007年第7期,第2页。

④ 郭实猎的中文著作,参阅 Alexander Wylie, *Memorials of Protestant Missionaries to the Chinese: Giving a List of their Publications and Obituary Notices of the Deceased*, Shanghai: American Presbyterian Mission Press, 1867, pp.56-63;Patrick Hanan, *Chinese Fiction of the Nineteenth and Early Twentieth Centuries*, New York: Columbia University Press, 2004, pp.61-70;Gad C. Isay, "The Bible Stories by Karl Gützlaff: What Do They Teach Their Chinese Readers?" in Raoul David Findeisen et al. eds., *At Home in Many Worlds: Reading, Writing and Translating from Chinese and Jewish Cultures; Essays in Honour of Irene Eber*, Wiesbaden: Harrassowitz Verlag, 2009, pp.205-213;宋莉华:《传教士汉文小说研究》,上海:上海古籍出版社,2010年,第78—93页。

⑤ [法]布吕奈尔(P. Brunel)、比叔瓦(Cl. Pichois)、鲁索(A.M. Rousseau)著,葛雷、张连奎译:《什么是比较文学?》(*Qu'est-ce que la litterature comparée?*),北京:北京大学出版社,1989年,第89页。

⑥ 参阅[法]达尼埃尔-亨利·巴柔(Daniel-Henri Pageaux):《从文化形象到集体想象物》("De l'imagerie culturelle à l'imaginaire"),载孟华主编:《比较文学形象学》,北京:北京大学出版社,2001年,第118—152页。

《是非略论》于1835年出版,全书共六回。① 第一回讲述了清代广州人陈择善到伦敦经商,成了一位"英国通",多年后回乡与朋友李金柄辩论英国的情况,陈择善提醒他不要视外国人为红毛、番鬼或夷人,又指出英国人聪明有礼,身通才艺。在第二回,他们讨论英国人的性情、中国人对英国人的误解以及清廷对英国人所施加的禁例。第三回描述英国的通商状况,以及当时中国人对于通商的观念。到了第四回,陈择善与众人谈及英国的君王、邦土藩属、社会阶级、国事商议、军队兵种、水师船舰、赋税方式等。在第五回中,水师林琏成来访。二人在最后两回谈及英国的工艺技巧、教育制度、对待女性的态度、书籍出版及宗教信仰等议题。

郭实猎同期的另一部小说《大英国统志》(1834年)分成五卷②,故事以叶棂花赴英为始,讲述了他居英二十年后回乡的情景。卷一为"大英国家",在乡人相聚时,有人认为英人为夷人,不知有帝君国家。叶棂花就指出英人的学养及信仰,亦指英国自有帝君,不奉外国之命。叶棂花又继续陈述英国的官制、爵位以及上下议院的制度。卷二为"文武民人",叶棂花为访客讲解英国人所奉的宗教、医疗技术、刑法及税制等。最后,还谈及大英国军力之隆,罗列军士的技艺,又列出各级兵舰的数量。卷三"民之规矩风俗经营"先述英国的地理、物产及民情,尤其婚姻制度,之后叶棂花拜访陈先生,谈及英国妇人产子后,婴孩将受洗礼,再谈及小孩将受的教育。叶棂花又引诗《兰墩十咏》去描述伦敦的民情及景色。叶棂花接着引述贸易数据,以指出英国的贸易大盛。卷四为"城邑乡殿庙房屋",叶棂花讲述英国邦土的大小,人口的多少以及庙堂的辉煌。正在讨论英国国都时,朋友郭帐来访,叶棂花就和他谈及苏格兰和爱尔兰的形势,随后又述及英国房屋的样式及城池的规模等。卷五为"大英藩属国",叶棂花先写大英国各藩属,最后提出"结四海,令各异民合为一体"的期盼。关于《是非略论》创作的历史背景,以及作品背后中英两国在政治上的角力,尤其是强调两国平起平坐的地位,应用"大英国"一词的政治意涵,庄钦永皆作出详尽的考察。③ 然而,在着力探讨《是非略

---

① 本文所参照的版本为:爱汉者[郭实猎]:《是非略论》,马六甲:英华书院,1835年,此版本藏于荷兰莱顿大学东亚图书馆。庄钦永指《是非略论》亦于1835年由新嘉坡坚夏书院出版,苏精指坚夏书院的版本印量只有三部。参阅庄钦永:《"镀金鸟笼"里的呐喊:郭实猎政治小说〈是非略论〉析论》,载北京外国语大学中国海外汉学研究中心、中国近现代新闻出版博物馆编:《西学东渐与东亚近代知识的形成与交流》,上海:上海人民出版社,2012年,第261页;苏精:《基督教与新加坡华人(1819—1846)》,新竹:台湾清华大学出版社,2010年,第120页。《是非略论》的介绍,另参吴义雄:《在宗教与世俗之间:基督教新教传教士在华南沿海的早期活动研究》,广州:广东教育出版社,2000年,第399—405页。
② 郭实猎:《大英国统志》,出版地不详,1834年,此版本藏于哈佛燕京图书馆。
③ 《"镀金鸟笼"里的呐喊:郭实猎政治小说〈是非略论〉析论》,第259—290页。

论》的浓厚的政治色彩之余，我们亦不能忽视这部传教士小说包含的宗教意义。此外，《大英国统志》在体裁、题材以及在情节上与《是非略论》皆有相似之处。学界在介绍《大英国统志》时，普遍将其归类为一部英国历史书①，但此说实有商榷的余地，因《大英国统志》对于英国的历史，比如民族的来源以及重大的历史事年皆无着墨，而是系统地论及英国当时的社会文化风貌，借以塑造英国强大、繁荣的形象。《大英国统志》是一部非常值得探讨的文本，可与《是非略论》进行文本对读。

本文将借助形象学的视角，透过对《是非略论》及《大英国统志》文本的细读与分析，配以对当时历史、政治、宗教文化背景的考察，探讨郭实猎如何处理西方人乃"夷人"、西方来华贸易乃"进贡"以及基督教乃"西夷异端"等问题，借此探知晚清时期（特别是鸦片战争前）一般中国人对西方（尤其是英国）的集体想象，同时窥见西方传教士向中国人所描绘的英国社会文化特征，及其如何使得这形象普遍被中国人理解并接受，最后尝试发掘郭实猎如此塑造英国形象的复杂因素。

二、郭实猎小说所塑造的英国形象

1. 英人非"夷人"

《是非略论》一开始便借李金柄之口称英国为"红毛番鬼地方"②，被陈择善反驳之后，又再指出："我们各官宪亦视外国如夷人，致百姓亦叫之夷人，此非大错，亦非失敬缺礼之话。与经典虽非同调，但其情诡谲，故有此称。"③同样，在《大英国统志》中，李全德在叶棱花由英国回乡会客时故意问："红毛人为夷，不知有国家帝君乎？已闻知夷犹禽兽，非知五伦之理……上无神，下无君也。"④两部小说充分反映出，当时英国人蛮夷的负面异国形象在中国十分普遍，而清廷及其官员的作风实为强化此鄙夷心态的始作俑者。

古代中国人一般认为中国是世界的中心，此乃中国中心主义，所谓的"华夷之辨"由此而来，就是指"华夏"与"蛮夷"的区辨。《尚书·泰誓中》曰："受有亿兆夷人，离心离德。"《尚书·大禹谟》记载大禹治水后，谓"无怠无荒，四夷来王"。

---

① 参阅熊月之：《鸦片战争以前中文出版物对英国的介绍——介绍〈大英国统志〉》，载《安徽史学》2004年第1期，第52—58页；邹振环：《西方传教士与晚清西史东渐：以1815至1900年西方历史译著的传播与影响为中心》，上海：上海古籍出版社，2007年，第338页。
② 爱汉者（郭实猎）：《是非略论》，第2页。
③ 爱汉者（郭实猎）：《是非略论》，第5页。
④ 郭实猎：《大英国统志》第一卷，第3页。

《礼记·王制》指中国之外的地域,依方位分为"四夷",即东夷、西戎、南蛮、北狄。在地位上,华夏位居中央,为文明中心,而周边种族和国家则较落后,是蛮族、化外之民。孔子于《论语·八佾》中说:"夷狄之有君,不如诸夏之亡也。"强调夷狄即使有国君,但不明礼义,还不如诸夏即便国君亡了,但仍保有礼义。孔子作春秋大义,提倡华夷之辨,不强调以种族为标准,而以文化礼义作量度。如楚国自称蛮夷,其后文明日进,中原诸侯与之会盟,则不复以蛮夷视之。

在政治方面,中国中心主义是中国历代王朝对外关系的核心,汉族聚居的区域被视为世界中央,而华夏之外的民族被称为"化外之民"或者"蛮夷"。中国的皇帝是天子,中国的皇朝是"天朝"或"上国",而其他民族则为贡国和属国的关系。清初顾炎武的《天下郡国利病书》中可见此类心态:"嘉靖初,佛郎机国遣使来贡。"①后来,英使马戛尔尼(George Macartney,1737—1806)在1793年访华,要求有平等和通商关系时,乾隆则对英王的敕谕道:"天朝物产丰盈,无所不有,原不借外夷货物以通有无;特因天朝所产茶叶、瓷器、丝巾为西洋各国及尔国必须之物,是以加恩体恤。……今尔使臣于定例之外,多有陈乞,大乖仰体天朝加惠远人,抚育四夷之道。"②将西方人称为"夷人"或"外夷",亦不时见于清廷官方的文件、奏折等,例如两广总督邓廷桢上谕(道光十七年)则指:"咉咭唎国有趸船十余只,自道光元年起,即入急水门……外夷船只停泊,自有定所……严饬洋商,传谕该国坐地夷人,勒令寄泊趸船尽行归国。"③

中国素以天朝自居,长期对西人在称呼上带有贬义或侮辱之意,较普遍的称呼有"红毛""番鬼""夷人"等。举例来说,明代刑部官员王临亨在《粤剑编》中指出:"尔时,海夷有号红毛鬼者二百余,挟二巨舰猝至香山澳。……澳夷之力足以抗红毛耶,是以夷攻夷也。"④而鸦片战争前,在广州十三行,英国就被俗称为"红毛国"⑤。郑献琛《广东揭阳县揭帖》(1892年)亦云:"现时番鬼使有人来唐山放毒药,亦不仅一二人而已。"⑥这些根深蒂固的观念都在《是非略论》及《大英国统志》中有所反映。

---

① 〔清〕顾炎武:《天下郡国利病书》,载《续修四库全书》编纂委员会编:《续修四库全书》(第597册),上海:上海古籍出版社,1995年,第584页。
② 郭廷以:《近代中国史纲》(上册),香港:中文大学出版社,1986年,第39页。
③ 〔清〕文庆等纂:《筹办夷务始末·道光朝》,台北:文海出版社,1970年,第85页。
④ 〔明〕王临亨:《粤剑编》,载《玄览堂丛书续集》(第19册),台北:"中央"图书馆,1985年,第175—176页。
⑤ 阎宗临:《中西交通史》,桂林:广西师范大学出版社,2007年,第37页。
⑥ "中央研究院"近代史研究所编:《教务教案档》第五辑(四),台北:"中央研究院"近代史研究所,1977年,第2202页。

《是非略论》就以陈择善之口大力驳斥以上种种谬误:"普天下没有鄙薄红毛的人,独汝诞幻无稽之谈,抢白外国的人……又免得外国的人视我们如个无知也。至于番鬼二字,更觉无礼,惹人欺侮。"①之后,小说力称英人并非中国人传统观念中的蛮夷:"据中国之会典,苗、羌、蛮、貊、夷民等,都居中国的界内。大英国民之地,离中国数万里。莫说他是同样的野人,乃是身通才艺,天下无比……称大英国人为夷人者,则藐乎其错矣。"②《是非略论》又盛赞英人的品德才华,务求令读者得知英人与所谓"蛮夷"之异:"他们又有侠气、老实、谦让、和气之美德……大英国之人甚谨慎,志虑营谋,忠厚,交接,诸商贾所知,此事情都与诡谲相反。"③至于《大英国统志》,叶棣花亦指英国人的文化水平之高,甚至可与中国人相媲美:"看驻广州的外客,一定露出其国之体面。……尚然不知汉文,却有本话诗书文章,比较本国之学问非异矣。"④另外,《大英国统志》详细描述英国在世界各地殖民的情况,例如南美洲的"乌面之人""向来为奴,如今大英国释之,及为家佣也"⑤,而论及澳大利亚原住民则指"旷野土番,男女混媾,衣不穿,田不耕,不远禽兽也"⑥,又指英国统治澳洲后,该国才开始建设发展起来:"五十年开垦土地,后一定是民康物埠也。"⑦小说对各地固有文化传统的贬抑,流露出19世纪初英国殖民主义的心态,并以强烈对比的方式凸显英国人的"文明",绝非中国人心目中的"蛮夷"。

中国人长期将外国人称为"番鬼"和"夷人"等,在这负面的异国形象及其描述的影响下,晚清一般中国人对英国的文化和道德水平抱有鄙夷态度外,亦直接影响了国与国之间的交往、通商的心态及贸易政策的制定。故此,《是非略论》和

---

① 爱汉者(郭实猎):《是非略论》,第2—3页。
② 爱汉者(郭实猎):《是非略论》,第3—4页。此段言论化用自《胡夏米上苏松太道书》:"大英国船主谨禀知为夷称外国的人称。大英国民人东夷。一者:贵国的古人称朝鲜东夷,夫英吉利民人的本地,向大清国西方。二者:大英国的属地方向大清国东西北南。三者:《大清会典》卷十一称苗、羌、蛮、貊等,居在中国与夷同样。四者:苏东坡曰:'夷狄不可以中国之治治也。譬若禽兽,求其大治,必至于大乱。先王知其然,是故以不治治之。以不治者,乃所以深治之也。'由此观之,称夷人者,为蛮、貊而已矣。倘以大英国民人为夷人,正是凌辱本国的体面,触犯民人,激怒结仇。"参见许地山编:《达衷集:鸦片战争前中英交涉史料》,台北:文海出版社,1974年,第53—54页。胡夏米(Hugh Hamilton Lindsay, 1802—1881)乃英国东印度公司的商人,1832年搭乘"阿美士德勋爵号"(Lord Amherst)北上中国沿海地区,于上海曾与苏松太道吴其泰就称英国人为"夷人"激辩。当时,郭实猎担任随船的翻译员。参阅 *Report of Proceedings on a Voyage to the Northern Ports of China*, in the Ship Lord Amherst (2nd ed.), London: B. Fellowes, 1834;另参《"镀金鸟笼"里的呐喊:郭实猎政治小说〈是非略论〉析论》,第273页。
③ 爱汉者(郭实猎):《是非略论》,第6页。
④ 郭实猎:《大英国统志》,第一卷,第3页。
⑤ 郭实猎:《大英国统志》,第五卷,第21—22页。
⑥ 郭实猎:《大英国统志》,第五卷,第22页。
⑦ 郭实猎:《大英国统志》,第五卷,第22页。

《大英国统志》皆针对此负面的集体想象及政治话语作出直接响应。

2. 贸易非"进贡"

到了19世纪初,英国与中国的交流渐见频繁,中国人对西风东渐有了具体的担忧。广州自1759年起成为中国唯一的通商口岸,而对外商的监管亦加强了。其时,两广总督复订立《防范外夷规条》五事,主要用于制止"夷人"(外国人)与中国人的接触:第一,永禁夷商在广州住冬,如属必要,可去澳门,次年必须返国;第二,夷人均须投寓夷馆,不得携带凶械火器,夷馆由行丁把守,夜晚锁锢,出入由通事随行,买卖货物由行商经手;第三,禁止行商领借外夷资本及夷商雇用汉人役使;第四,禁止内地人民为外夷传递书信;第五,夷船收泊之处,加派要员稽查。① 从1760年到1834年间,中国所遵循的对外贸易制度史称"广州贸易制度"(Canton Trade System),又称公行制度。中国在传统上谋求对外关系的稳定,只准许纳贡的外国人或被限制在边界货物集散地的外国商人进行有限贸易。公行是官方特许、经管对外贸易商人的组织,也专办外洋商船来广州贸易,故成为中外商人联系的中介,亦为清廷与外商联系的中介,同时具备了商业和外交政治的功能。②

"广州贸易制度"本质上是锁国政策,只开放广州与外国贸易,不准外国人进入内陆,接近中国政治中心,担忧国家安全受威胁。19世纪下半叶,不少中国人甚至认为传教士也是借传教为名,借以侦探中国的秘密:"逆夷教匪,外以和约通商,欺蔽中华。……四处之劝教者,即贼之侦探也。"③《是非略论》正描绘了中国人担心英国借贸易窥探中国国情,以至国家机密,进而征服中国:"但恐本国人与外国友交,外国的人乘机详问国事,窥测消息,征服国家,不亦危乎?……只恐我们与之为友交易,泄漏国之事情。"④

根据《防范外夷规条》五事,外国商人须居于"夷馆",即行商别于洋行附近出租的房屋,居于夷馆的外国商人不得携眷,并且在交易完成后,须退至澳门。

---

① 郭廷以:《近代中国史纲》(上册),第37页。
② [美]费正清(John King Fairbank)编,中国社会科学院历史研究所编译室译:《剑桥中国晚清史,1800—1911年》(上卷)(*The Cambridge History of China*),北京:中国社会科学出版社,1985年,第四章"广州贸易和鸦片战争",第173—183页;Jonathan D. Spence, *The Search for Modern China* (2nd ed.), New York and London: W. W. Norton & Company, 1999, pp.117-123; Peter C. Perdue, "Rise & Fall of the Canton Trade System" (http://ocw.mit.edu/ans7870/21f/21f.027/rise_fall_canton_01/pdf/cw_essay.pdf). (2013年4月29日浏览)
③ "中央研究院"近代史研究所编:《教务教案档》第一辑(一),台北:"中央研究院"近代史研究所,1974年,第918页。
④ 爱汉者(郭实猎):《是非略论》,第7—8页。

1751年后禁令加严,如发现有外国妇女随行,外国商人的商船和货品须全数驱回,为免外国商人久居不去。① 然而,不时有外商违反这条禁令而触怒清廷。例如,道光十一年二月初六日《两广总督李鸿宾等酌议变通防范外夷章程折》曰:"上年又有私带番妇住馆,偷运枪泊至省等事。虽一经具奏,该夷即知悔悟,不至始终抗违,但夷情诡谲,必须严申禁令,以重防闲。"②《是非略论》亦借李金柄之口述及这禁令:"夷情诡谲,必须严申禁令,着定章程,以重防闲。……禁止外国之人携带妇女至省居住,不亦公道乎?"③作者则以五伦的"夫妇之道"为论据对此禁令提出抗议:"五伦之中,夫妇之道至重,乃天作之合也。凡民涵琴瑟调和之情,若使夫妇离别,割绝恩爱,岂不肝肠寸断乎?文君、相如,始以琴心相挑,终以白头吟相守。各官宪推广立教之思,奈何不准外国人夫妇同居,令守五伦之至重者乎?"④《是非略论》借用《汉书·司马相如传》中司马相如与卓文君私奔的爱情故事,用作夫妻难以分离的例证,借以驳斥该禁令违反常理。

19世纪30年代,中英的贸易冲突日益增加,鸦片战争更是如箭在弦。背后原因很可能是双方的通商理念南辕北辙。中国人一向以"天朝"自居,认为英国人与中国通商乃是"进贡",至于贸易乃"天朝"对外国人所施的恩惠,另一方面,中国认为英商来华贸易的原因乃"惟利是图",对中国有百害而无一利。这种态度可见于卢坤在道光十四年(1834年)的上谕:"外夷与内地通商,本系天朝体恤……本年英吉利夷目律劳卑等不遵法度,将兵船阑入内河,夷情狡狯,惟利是图。"⑤同样,《粤督抚海关奏禁华人借夷资本及受雇夷人折节录》指出:"而近年狡黠夷商,多有将所余赀本盈千累万,雇倩内地熟谙经营之人,立约成领,出省贩卖,冀获重利。"⑥天下第一伤心人《天主邪教集说》(1871年)亦指英法等国:"其类外和内猾,貌易欺人,群以海舶贸易为生。凡海口有利埠头,肆行争夺。"⑦《是非略论》则展示出当时中国人对贸易的普遍看法:"大英国进贡我国乎?""盖天朝厚恩,赐外国人至我本国贸易,莫非恩乎?"⑧

中国受到传统的"士农工商"的四民社会观念影响,商人的社会地位长期低

---

① 郭廷以:《近代中国史纲》(上册),第35页。
② 台北故宫博物院辑:《清代外交史料(道光朝)》,台北:成文出版社,1968年,第429页。
③ 爱汉者(郭实猎):《是非略论》,第5、9页。
④ 爱汉者(郭实猎):《是非略论》,第9页。
⑤ 蒋廷黻:《近代中国外交史资料辑要》,上海:上海书店,1990年,第13页。
⑥ 《达衷集:鸦片战争前中英交涉史料》,第127—128页。
⑦ 〔清〕天下第一伤心人:《辟邪纪实》,出版地不详,1871年,第2页。
⑧ 爱汉者(郭实猎):《是非略论》,第21、13页。

微。余英时提出在 16 至 18 世纪之间,商人的势力不断扩充,以致传统的"士农工商——四民社会"已渐次崩溃。在此动荡的二百年间,社会透过对儒、释、道的重新诠释,渐渐消靡了传统社会对商人的歧视。① 明儒王阳明提出"古者四民异业而同道,其尽心焉,一也"②,反证出商人在这二百年间的"革命",已使社会认同孟子"人皆可为尧舜"中的"人",可以被理解为整个社会,包括商人的"人",而非纯粹的士人。尽管如此,《是非略论》仍反映出商人受到大多数人的贱视,众人认为外国商人与官员直接往来不合于礼:"外国人将禀词亲诣呈交大宪,此非合于义矣。"③同时又凸显了当时中国人轻视商业的社会价值:"据年兄说,本商获利,虽然不疑此言,但商贾数人,不能泽洽许多人。"④另一方面,中国人认为英国商人唯利是图,不用交税,以致中国与英国贸易有害而无利:"洋船之饷项,无赋额,无经制。"⑤

《是非略论》则不断强调中国与英国人贸易的利益,其中尤甚者乃可增加税饷:"大英国与中华交易,由来二百余年之久……插大英国旗船者六十、八十只之多……且增国之税饷。"⑥"洋船纳饷之所,年年共计饷银有数百万余两银子,故凡国之五礼百度,需用出入皆赖焉。"⑦同时,与英国贸易可促进中国的就业:"夫外国人所带出为茶叶,及土产制造等货,请年兄留心,思忖一年之内,几万人栽种茶树、收茶叶? 几千人搬运之? 几百人以茶叶贸易? 都靠此营生谋食。……我国家效此法度,添增国之兴旺,不亦美乎?"⑧职是之故,《是非略论》一再强调中英贸易乃双赢之策:"数十万人亦有工业,由是观之,准外国人贸易,沾润本国,使两国各便其用,亦可裕国增辉,彼此皆有所益。"⑨事实上,清廷官员也指出中国沿海不少人有赖于与外国通商为生,同时外商也向中国缴纳税饷:"天朝原不惜捐此百余万两之税饷,然西洋诸国通市舶者千有余年,贩鸦片者止嗼咭唎耳,不能

---

① 参阅余英时:《近世中国儒教伦理与商人精神》《中国宗教的入世转向》,载余英时:《中国文化史通释》,香港:牛津大学出版社,2010 年,第 43—58、59—86 页。
② 〔明〕王阳明:《王阳明全集》(上册),上海:上海古籍出版社,1992 年,第 941 页。关于商人社会地位的分析,感谢孔德维先生的协助。
③ 爱汉者(郭实猎):《是非略论》,第 10 页。
④ 爱汉者(郭实猎):《是非略论》,第 14 页。
⑤ 爱汉者(郭实猎):《是非略论》,第 14 页。
⑥ 爱汉者(郭实猎):《是非略论》,第 15 页。语出马礼逊(Robert Morrison)译:《大英国人事略说》(*A Brief Account of the English Character*),马六甲:英华书院,1832 年,第 1 页。"大英国与中华交易,由来二百年之久。且今每年陆续进口到粤进口,插带英国旗之船,有六十、八十只之多。"
⑦ 爱汉者(郭实猎):《是非略论》,第 14 页。
⑧ 爱汉者(郭实猎):《是非略论》,第 15 页。
⑨ 爱汉者(郭实猎):《是非略论》,第 14 页。

因绝嘆咭唎,并诸国而绝之。濒海数十万众恃通商为生计者,又将何以置之?"①据统计,广州每年海关税收高达855 000两银。②

《是非略论》进一步道出对清廷的期盼:废除"广州贸易制度"的种种禁令,允许外国人雇用中国人"省城内外人多业少,准人服役远客,免使有亏衣食,此是使民养生"③,甚至完全废除贸易的禁令:"贤兄之说最有理,无可驳诘,伏望官宪后来废此禁例。"④小说提倡国与国之间平等的外交,以及自由的贸易关系:"大英国之钦差,越数万里重海至本国朝见,实为结两国友交之约,若称之进贡,大哉其异也。"⑤此外,亦参引马礼逊的《大英国人事略说》,为与外人贸易的中国商人辩护:"只可惜匪类诬告,笃实忠厚商贾与远客公道贸易,妄称之汉奸;令之或受罚,或拷打,或冤狱毙命。"⑥又借用英国的例子,提倡自由贸易,指英国不会禁止外国人入境:"盖大英国与外国人安然交易,国家兴旺加增,民人见识广大,是以更不禁外国人遍巡各城各乡,任看光景,干办事务。"⑦

《大英国统志》没有响应"进贡"的问题,而指出贸易可为本国带来更多的资源,并指出"英吉利之买卖贸易,天下无双也"⑧,又详细列出中英二国于道光十四年的贸易数字。其中,英国出口中国的货物有数十种之多,包括洋布、羽纱、钢、乳香等,价值共达二千三百多万圆⑨,而中国出口英国的货物共价约二千万圆⑩,在铺陈了种类繁多的货物及其交易数字后,结论指"英吉利贸易事大盛也"⑪,而这只是占英国全球整体贸易的十五分之一。⑫但若细心计算,可发现郭实猎在列举贸易数据时,并没有提及当时英国贸易逆差的问题。根据《大英国统志》于道光十四年的贸易数据,英方于该年与中国的贸易赤字超过三百万圆。故此"英吉利贸易事大盛也"一言,对贸易额而言可算正确,但以营利角度来看则会

---

① 文庆等纂:《筹办夷务始末·道光朝》,台北:文海出版社,1970年,卷一,第39页。
② Chang Te-Ch'ang, "The Economic Role of the Imperial Household in the Ch'ing Dynasty," *The Journal of Asian Studies*, vol. 31, No. 2 (February, 1972), p.258.
③ 爱汉者(郭实猎):《是非略论》,第10页。
④ 爱汉者(郭实猎):《是非略论》,第9—10页。
⑤ 爱汉者(郭实猎):《是非略论》,第21页。
⑥ 爱汉者(郭实猎):《是非略论》,第15页。语出《大英国人事略说》,第2页。"又且民商因被诬告,以与英国人勾结为汉奸,则致罚银,或拷打,或冤狱毙命。"
⑦ 爱汉者(郭实猎):《是非略论》,第30页。
⑧ 郭实猎:《大英国统志》,第三卷,第9页。
⑨ 郭实猎:《大英国统志》,第三卷,第11页。
⑩ 郭实猎:《大英国统志》,第三卷,第13页。
⑪ 郭实猎:《大英国统志》,第四卷,第13页。
⑫ 郭实猎:《大英国统志》,第三卷,第9页。

予人言过其实之感。《是非略论》着力破除中国人视贸易为"进贡"的观念,并为中英二国的贸易正名,亦力倡禁令的破除及贸易的自由。而《大英国统志》则以贸易数据显示中英两国贸易的繁盛,以及贸易带来的利益。18世纪起,清廷与英国的关系以贸易为主,不去除因贸易而生的偏见和敌意,将影响英国在中国人心目中的地位。

3. 英国乃"无上之国"

19世纪初,英国的国力在工业革命、军力崛起后开始强盛起来。工业用蒸汽机在18世纪中叶由瓦特(James Watt,1736—1819)得以改良和大量制造,大大推动了英国的工业革命。到了19世纪初,蒸汽轮船的出现更是推动了航海、国际贸易以及帝国的拓展。《是非略论》不忘呈现英国这些科技的新发展:"大英国用机械,以煤炭火蒸气攻动机械,治之以巧手。一日之间,机械动作,可做成五十余人之工。"①蒸汽轮船方面:"进大英国京都入口之时,看见有船数只,不用使风帆,独以火蒸之力,抠揄漕轮,翩然漂水。"②而《大英国统志》亦在主人公描述工业时提及蒸汽机在工业上的应用:"故制机关,自然纺绩(织),缠绵补葺,不用人之手,此机关以烟而动矣。"③而这令同乡十分惊讶。郭实猎用了不同的方式,特别强调异国之奇技,为英国建构理想国度的形象。④

英国自18世纪起开始了海外疆土的拓展。帝国的兴起,除了自身科技和工业的发展外,更有赖强大的军事力量。《是非略论》亦透过描述英国军队之规范,武器之精良,以期展示英国的强大军力:"有步兵、骑兵、炮手兵,并器械兵丁都有。各兵丁皆用鸟铳、腰刀,不用弓箭手牌。操演武艺之时,绝妙非常。""各师船,或载大火炮一百二十余,或一百,或七十,或三十、二十、一十,其火炮有大小。且放第一品大火炮,要用弹子与火药,共五十余斤。"⑤相对而言,《大英国统志》亦对英国的军力有更详尽的描述,例如在舰炮的数目与船上军兵之数更为详尽,并指连同藩属国的军士,总数达八十万(卷二第7页)。两书表达的数字大体相近,唯《是非略论》对舰炮数目采用整数,并全英各级舰只共六百余只,相异于《大英国统志》所示的九百六十八只。作者罗列英国军队所配备的武器及军容,虽然从二书之差别可见数据之真确成疑,但已给读者一种巨细无遗、条理分明、言之

---

① 爱汉者(郭实猎):《是非略论》,第31页。
② 爱汉者(郭实猎):《是非略论》,第29页。
③ 郭实猎:《大英国统志》,第三卷,第8页。
④ 马戛尔尼在1793年访华,随员携带天文、地理仪器、图画、军品、车辆等物资六百余箱,以表英国之文明。参阅郭廷以:《近代中国史纲》(上册),第39页。
⑤ 爱汉者(郭实猎):《是非略论》,第23页。

有物的观感,无疑加强了作品塑造英国军事强国之形象的说服力。英国国力之强,亦体现于大英帝国土地之广、藩属之多。《是非略论》亦将众藩属一一罗列:"譬如大英国,无上之国也。藩属之国又多,地方不少。夫云南省之西南,有天竺佛国,或称忻都斯担国①,并锡兰屿。大英国管下居民,有万万兆口。大清国之西南阿瓦②,或缅甸国之西南,有马地班地方③,水程五百更,有大地方,称新荷兰新开之地。④据先说有实力屿及槟榔屿,并马六甲埠头……大英国之帝君抚临亿兆,合四海为一家。"⑤故《是非略论》将英国帝君形容为"抚临亿兆"亦无可厚非。而《大英国统志》在罗列英国在地中海、南北美洲、非洲以及印度的众殖民地后,指"大英国之管辖,荡荡迄于四海",又指"世人皆有天父,造天地,创万物,及慈爱人,视万人当一家,诸族类如一宗也,是以结四海,令各异民合为一体矣"⑥。此外,又指英国在与法国及荷兰在印度上的殖民战争"大获全胜",这其实与史实不符,因当时其他欧洲国家(例如法国)在印度仍保有部分殖民地,郭实猎此举显然是要夸大英国的军事实力。《是非略论》与《大英国统志》详尽列举英国遍布各大洲的殖民地。中国传统只视"四海"为"天朝"周遭蛮夷之境。《尔雅·释地》云:"九夷、八狄、七戎、六蛮,谓之四海。"然而,《是非略论》中的大英帝国已遍布世界各大洲,"合四海为一家"一言,为中国传统对"四海"的概念注入新的内涵,甚至重塑了中国人的世界观。

要把英国塑造为"无上之国",《是非略论》除了展示其强大的先进科技和强大的军事实力外,还进一步凸显英国的"软实力",强调其深厚的文化底蕴不仅能与中国平起平坐,甚至国民素质及不少社会制度方面比中国更有过之而无不及。论及英国君主威廉四世时,指他"其帝君深仁,厚泽洽于民,念民事至重,设法律与上下凛遵之。仪型风俗,为之表率,使官民一体,循分守礼。其帝君渐民以仁,摩民以义,兴贤育才。是以文艺茂盛,务恤民财。甚恨耗赀废时,其国之诸业,为

---

① 忻都斯担国,波斯语"Hindustan"的音译,15 至 16 世纪在印度北部的王国,亦称"温都斯坦""痕奴斯坦"。〔清〕徐继畬:《瀛寰志略》(清道光二十八年福建抚署刻本),卷三,第 5a 页。原文如下:"缅甸之西,两藏之西南,有广丘突入南海,形如箕舌,所谓印度者也。"《汉书》谓之"身毒",又称"天竺"。六朝以后,释典皆称"印度"。今称"温都斯坦",一作"痕都",又作"忻都",又作"兴都"。身毒、印度、温都、痕都、忻都、兴都,本一音,以华文译之,遂人人殊,凡外国地名皆዁此。)
② 阿瓦,缅甸之古都,位于今缅甸曼德勒省以南的伊洛瓦底江边,也是于 1364 年至 1555 年间统治北缅甸的王朝之名,其名为"宝石"之意。
③ 马地班,马达班湾(Gulf of Martaban),缅甸西南部海湾。
④ 新荷兰,"New Holland",指澳大利亚(Australia)。
⑤ 爱汉者(郭实猎):《是非略论》,第 20 页。
⑥ 郭实猎:《大英国统志》,第五卷,第 22 页。

士农工商并军伍"①。值得注意的是,"渐民以仁,摩民以义"语出《汉书·董仲书传》:"立大学以教于国,设庠序以化于邑,渐民以仁,摩民以谊,节民以礼。"可见,《是非略论》评价英国的君主符合中国既有贤君典范,描绘英国政通人和的景象。

除了肯定贤君对富国安民的重要性,《是非略论》更强调完善的法律和司法制度是经世治国的根基:"大英国之律例,极详细有理。由帝君至于庶人,皆凛遵之。连圣旨,亦不判决,惟是法律而已矣。……原来按察使,鉴空衡平,青天白日,当公堂审断,各人可以察究。夫决断之后,其公堂之事,即即刻宣扬之。由是观之,欲受赃枉法,亦不能行矣。"②如此论述,暗示了"受赃枉法"的现象在中国相当普遍,不少外国商人与中国贸易时深受其害③,《是非略论》故特别强调法治精神的重要。而在《大英国统志》更描述法治乃高于人治:"据大英国之法度,人不能治国,止是其法律而已。"④又在讲及司法制度及审讯过程时提及陪审团的制度"犯死罪者,按察使不能断死刑,却招其州之缙绅数位,令之发誓,刚柔不偏,细斟密酌,就引征考证定拟矣"⑤。

《是非略论》看准了中国人受儒家思想的熏陶,对教育文化极为重视:"大英国之官宪,亦慕兴贤育才,化民变俗,所以隆重学校,甚敬谨庠序。"⑥"隆重学校"意指对教育的尊重和重视,甚至成为清廷的官方立场,载于《圣谕广训》第六条"隆学校以端士习",加以提倡。⑦《是非略论》又见中国人重视教育和家庭伦理的密切关系,故指出:"女又读书纂文,盖大英国人曰:'教顺幼少,为母之本分;女不读书,无何可教。子不教,不能成人,则家之成败,就在女之学也。'"⑧女性不单有机会接受教育,甚至能参与教学工作:"国学、监院、大经馆、各书熟(塾),都有掌教名师,男与女一然。"⑨而《大英国统志》在谈及英国教育时指出"女儿不独

---

① 爱汉者(郭实猎):《是非略论》,第21页。
② 爱汉者(郭实猎):《是非略论》,第32页。
③ 参阅郭廷以:《近代中国史纲》(上册),第34—36页。
④ 郭实猎:《大英国统志》,第二卷,第5页。
⑤ 郭实猎:《大英国统志》,第二卷,第5页。
⑥ 爱汉者(郭实猎):《是非略论》,第32—33页。
⑦ 参阅雍正:《圣谕广训》,载故宫博物院编:《故宫珍本丛刊》,海口:海南出版社,2000年,第350册,第265—266页。由康熙帝所撰的《圣谕十六条》,后由雍正帝加以阐释而成书的《圣谕广训》,被清廷于全国各地宣讲以教化百姓守法修德,此书并被清廷定为科举内容。《圣谕广训》及其清代传播的情况,参阅周振鹤编纂:《圣谕广训——集解与研究》,上海:上海书店出版社,2006年;王尔敏:《清廷〈圣谕广训〉之颁行及民间之宣讲拾遗》,载《"中央研究院"近代史研究所集刊》,第22期下,1993年6月,第255—276页;Wm. Theodore de Bary and Richard Lufrano, comp., *Sources of Chinese Tradition* (2nd ed.), vol. 2, New York: Columbia University Press, 2000, pp.70-72, 125-126.
⑧ 爱汉者(郭实猎):《是非略论》,第35—36页。
⑨ 爱汉者(郭实猎):《是非略论》,第33页。

学针菁而已,乃博览经典",学生若"专务广博,才思敏捷,用心精研,就进国学。英吉利国有二、苏有四、以耳有一也。①另有会院、官院、兼翰林院。"②可见,《是非略论》与《大英国统志》皆强调英国对教育的重视,不单教育体系全备,高等学府更遍布全国,更强调其男女均有接受教育的机会,且女性受教育乃建立家庭的柱石。郭实猎对英国教育的论述符合了中国重视教化的传统,而英国对女子教育的提倡甚至还胜中国一筹。

《是非略论》在描述英国国会的体制时,将"上议院"(House of Lords)译为"上家","下议院"(House of Commons)译为"下家",并详细地描述其组成、职能及运作模式:"大英国有大位五爵,公、侯、伯、子、男,各位与国师等,年年集会,合一体称上家。为国家之政,商量办事决断,并各城各邑埔,抡选聪明能干人两三位,或乡绅、或商贾、或武官、或文职,代民办事,赴京都管理国事,参酌商议,俾得自行奏封,口奏折奏,劲包揽词讼,惟此体会议之人称下家。……帝君与那两家商量妥议,定旨施行。"③《大英国统志》则将上、下议院分别称为"爵公会"和"缙绅公会":"且说大英之家,置两公会,一曰'爵公会',二曰'缙绅公会'。大英皇帝召集众人,令之议适察夺政国之事。除非皇帝之命,终无权无势。"④又指"时租调役课,应循公会之志,不然,不可征收钱粮矣。正人君治国平天下之本,而开衅隙之际,必召两公会聚议定事,可征收钱粮否。不允连宰相不能从己之欲也"⑤。不过,《大英国统志》有淡化英国国教地位之痕迹。比如在卷一第 7 页描述"爵公会"的成员时,郭实猎指"其爵公会为四等爵,兼其国之教师"。事实上,英国的上议院的成员有二种,分别为出身贵族的"Lords Temporal"以及出身国教主教的"Lords Spiritual"。但郭实猎未指出"Lords Spiritual"和一般牧师的区别,只将之译为"教师"。然而,郭实猎确在作品中显示了英国议会制度与国家权力的制衡,国民拥有参政的机会,借以凸显英国人尊崇宪政的精神。

郭实猎在陈述英国的事物时,尽可能借鉴了中国既有的概念、名称和体制。比如《是非略论》述及教育体制时,采用"国学""监院""书塾"⑥等名词称呼英国

---

① "英吉利国有二"应指牛津大学(University of Oxford)及剑桥大学(University of Cambridge);"苏有四"指苏格兰有大学四所,分别为圣安德鲁大学(University of St. Andrews)、格拉斯哥大学(University of Glasgow)、阿伯丁大学(University of Aberdeen)及爱丁堡大学(University of Edinburgh),"以耳有一"指爱尔兰有大学一所,为都柏林大学(University of Dublin)。
② 郭实猎:《大英国统志》,第三卷,第 4—5 页。
③ 爱汉者(郭实猎):《是非略论》第 23 页。
④ 郭实猎:《大英国统志》,第一卷,第 6—7 页。
⑤ 郭实猎:《大英国统志》,第一卷,第 7 页。
⑥ "国学、监院、大经馆、各书熟(塾),都有掌教名师,男与女一然。"《是非略论》,第 33 页。

的各类大学、书院和学校;在描述知识范畴时,又采用"史记""本草纲目"①等词来表达历史和医学,而《大英国统志》亦以"郎中""员外郎"称英国政府官员,更特别的是英国亦有"詹事府"及"鸿胪寺"等部门,又以"公""侯""伯""子""男"称呼英国的爵位。② 这样省却了阐释异国事物和概念的工夫,拉近了两个文化之间的距离,并塑造中英两国在文化水平上不相伯仲的形象。然而,为了要塑造理想的异国形象,《是非略论》的描述不时有过誉的情况。举例而言,为了把英国君主刻画成贤君的形象,《是非略论》对威廉四世的私生活加以篡改隐瞒:"大英国帝君,圣号威严,皇寿六十七岁,皇后圣号帝赟苐,皇后寿四十四岁。太子六位,公子四位,续御兄位两年,前为水军提督,盖大英国之师船,此职分数多大有荣也。"③根据历史记载,书中所指的威严,即英王威廉四世(William IV of England,1765—1837),亦为汉诺威王国(Kingdom of Hanover)国王,而皇后帝赟苐,即萨克森-麦宁根的阿德莱德(Adelaide of Saxe-Meiningen,1792—1849)。至于威廉四世的十名子女,并非由皇后所出,皆为他与情妇 Dorothea Jordan (née Bland,1761—1816)所生之私生子女。④ 另外,"续御兄位两年,前为水军提督",应指威廉四世其中一位私生子 Lord Adolphus FitzClarence,但其职实为皇家邮轮(Royal Yacht)HMY Royal George 的舰长。⑤ 郭实猎对事实的描述加以美化,或因正在赞扬英国的国势,不便对英王予以负面的描述,所以把他的私生子女改称为"太子"和"公子",以保英国皇室的体面。

在论述英国国家富强、人民生活富裕时,《是非略论》曰:"老者衣帛食肉,黎民不饥不寒,钦赐商贾与通天下各国贸易,借以有利于身,借以沾润国家,借以令民丰足。"⑥"老者衣帛食肉,黎民不饥不寒"一句,典出《孟子·梁惠王上》"七十者衣帛食肉,黎民不饥不寒",这实有言过其实之嫌。而《大英国统志》在卷三引诗《兰墩十咏》描述伦敦歌舞升平,人人丰衣足食,物埠民安之象。⑦ 狄更斯

---

① "天文、地里图、史记、本草纲目、算学等,又写字、作文章、吟咏赞神诗,又学异样的话。"《是非略论》,第 33 页。
② 郭实猎:《大英国统志》,第一卷,第 6 页。
③ 爱汉者(郭实猎):《是非略论》,第 21 页。
④ Alison Weir, *Britain's Royal Families: The Complete Geneology* (revised ed.), London: Vintage, 2008, pp.303-304; Philip Ziegler, *King William IV* (London: Collins, 1971), p.296; Simon Jenkins, *A Short History of England*, London: Profile Books, 2011, p.240.
⑤ K. D. Reynolds, "FitzClarence, Lord Adolphus (1802 - 1856)," in *Oxford Dictionary of National Biography*, Oxford: Oxford University Press, 2004.
⑥ 爱汉者(郭实猎):《是非略论》,第 22 页。
⑦ 《兰墩十咏》亦曾先后载于《东西洋考每月统记传》道光癸巳年十二月及甲午年正月,参阅爱汉者等编,黄时鉴整理:《东西洋考每月统记传》,北京:中华书局,1997 年,第 67、77 页。

(Charles Dickens，1812—1870)的《苦海孤雏》(*Oliver Twist*，1838)是与《是非略论》同年出版的写实小说，其中就刻画了英国当时的种种社会问题，如救济院、童工以及帮派吸收青少年参与犯罪等。① 同样，在另一部英国维多利亚时代脍炙人口的儿童小说《安乐家》(*Christie's Old Organ*；或 *Home Sweet Home*，1875)中，亦让我们窥见当时英国社会下层百姓的穷苦处境："从前在英国京城内，有一客店，店是一座高楼，有好几层，所住的都是穷苦人。……那楼上是穷苦地方，窄瘪不宽绰，黑暗不亮藿。"②

由此可见，由英国本土作家描绘的英国，与郭实猎笔下所塑造的英国大相径庭，这与写作目的及读者对象的关系密切。英国作家毫不讳言把国家的社会现实，甚至是黑暗面展现在本国读者眼前，借此唤起人们对社会问题的关注，从而推动社会的改革。至于传教士郭实猎则刻意美化英国的形象，使中国读者对这个理想的国度油然生出向往之情。

4. 英国"持守正教"

从宗教和国家的关系来看，郭实猎对英国的正面描述，亦与其宗教立场有关。在中国人眼中，英国和基督教的形象密不可分，甚至是重叠的。若不消除中国人对英人和西方的偏见，以及对外国人士的不实流传，中国人便难以用正常目光看待传自西方的基督教。

《是非略论》描绘了英国的强盛国力和深厚文化后，李金柄认为："倘大英国有此盛德，山川灵秀，若不敬畏神明，弟视之如草芥微虫。"③ 就此，《是非略论》就开始了对英国宗教的描述："不崇拜人手所作金、木、石、之偶像，惟钦崇天道，奉事神天上帝，万物之主宰"，又指出所宗之神乃"三位一体，曰神父、神子、圣神"④。之后再述英人之宗教生活，比如，"每第七日为礼拜日，每年有瞻礼四五回"⑤。此外，又指《圣经》乃英国"各书之魁"，并阐述《圣经》的内容，又带出救世主"即是神天圣子耶稣。自天降地，替代世人之罪，受苦受死，赎世人该受之刑罚，及后死了三昼夜又复活"。再指耶稣的言行、教训、法度皆载于《圣经》之中，

---

① 参阅［英］狄更斯(Charles Dickens)著，蒋天佐译：《苦海孤雏》(*Oliver Twist*)，香港：中流出版社，1973年。
② ［英］沃尔顿夫人(Mrs. O. F. Walton)著，［美］博美瑞(Mary Harriet Porter)译：《安乐家》(*Christie's Old Organ*)，上海：中国圣教书会，1882年，第1页。参阅黎子鹏：《重构他界想象：晚清汉译基督教小说〈安乐家〉(1882) 初探》，载《编译论丛》2012年第五卷第一期，第189—209页。
③ 爱汉者(郭实猎)：《是非略论》，第24页。
④ 爱汉者(郭实猎)：《是非略论》，第25页。
⑤ 爱汉者(郭实猎)：《是非略论》，第27页。

并强调《圣经》作为宗教经典的神圣地位,其教导应为普世所遵行:"圣书者,乃神天默示奥妙之书……莫说大英国遵奉敬行,就是通天下之人,及我中国之人,亦该遵行。"① 而《大英国统志》在书末亦力指《圣经》之道广布天下:"况且儒术之迂疏世,圣经传万国。奇人伟士,倜傥之道理。日广布遍天下教也。渐渐万国咸宁矣。"②

《大英国统志》除了推崇"十诫"作为生活的规范外,又在论及英人的信仰时指出:"大英国也有数教门,咸崇皇上帝一位,而不拜菩萨,惟其教师,为人学习文书,及以正道传民焉。"③ 在提及英人婴孩出生时,亦指出:"十有余日,后其婴孩受洗礼,即是耶稣所设之法,及其进教之礼,如水洗涤秽污。"④ 而英皇登基时,"发誓之际,执圣经即是皇上帝之默示,且对嘴之云:'恃皇上帝之宠佑矣。'……大英国皇帝恃其佑,不敢任意操权焉,惟伏祈天皇上帝降恩,令百意百随也。"⑤ 可见,纵使贵为一国之君,亦须臣服于上帝,借此显示出英国不论上至君主,下至平民以至婴孩,皆为教会中一员而不可分,而信仰是国内全民不可或缺的凝聚力。

在谈及伦敦的宗教生活以及宗教建筑时,《是非略论》指出"其庙有大有小,但在其京都之庙称保罗堂,广大轩昂,其之荣光华美不胜。此等堂内之人,常集会祈祷,赞美神天上帝及耶稣"⑥。《大英国统志》则指出"其京都之庙,共四百二十八堂,但未知和尚,而教师而已。其以天启传民,及为其行作之表仪,率其百姓中外仰德也。至大之庙为保罗庙……另有西闵之庙"⑦。两部作品对圣保罗大教堂(St. Paul's Cathedral)的译名有异,可能是《是非略论》为免将之与中国传统的庙宇混为一谈。此外,当时欧洲尚有比圣保罗大教堂宏伟的教堂,但由于多为天主教的教堂(比如圣伯多禄大殿,St. Peter's Basilica),作为基督新教传教士的郭实猎没有提及,也是可以理解的。另外,郭实猎在提及教堂时只提及保罗庙及西闵之庙(西敏寺,Westminster Abbey),而无提及在圣公会地位方面凌驾于圣保罗大教堂上的坎特伯雷大教堂(Canterbury Cathedral)的中心地位,可能是作者认为建筑规模所营造的气势较能吸引读者。

---

① 爱汉者(郭实猎):《是非略论》,第33—34页。
② 郭实猎:《大英国统志》,第五卷,第22页。
③ 郭实猎:《大英国统志》,第二卷,第1页。
④ 郭实猎:《大英国统志》,第三卷,第3页。
⑤ 郭实猎:《大英国统志》,第一卷,第5—6页。
⑥ 爱汉者(郭实猎):《是非略论》,第26页。
⑦ 郭实猎:《大英国统志》,第四卷,第14—15页。

《是非略论》和《大英国统志》所描述的基督教,与郭实猎其他同期小说当中描述的方式和情节大不相同。在其他小说当中,中国士人听闻基督教时,多有鄙夷或反对之意,甚至视之为"西夷异端"。例如在《赎罪之道传》(1834 年)第十一回,中国人黄合德说道:"若论神天圣典,学生亦略看一看,只恐是夷人之教,此异端不敢领。"①另一名非教徒郭正也说:"晚生亦惧这西夷异端,闲先圣之道,充塞仁义也。就必拒之。"②郭实猎的另一部小说《正邪比较》(1838 年)亦引述了类似的思想,小说人物陈成大指出:"异端必摈斥如盗贼。因异端之徒,背逆官宪,违犯法律,图谋作乱陷祸;耶稣之异端亦然,其信徒结党,反乱国政。"③这观点其实直接呼应了《圣谕广训》第七条《黜异端以崇正学》:"摈斥异端,直如盗贼水火。"④故郭实猎大部分的作品在尽力去除中国人普遍认为基督教乃"西夷异端"的想法。"异端"一词,在《大英国统志》则另有用法,例如主角指英国人"绝菩萨,独敬万物之主宰,以天之皇上帝为大,以人所自置之塑像为异端而已"⑤。又指出"本国有道士兼和尚两者,是异端之魁"⑥。

　　中国人反对基督宗教的情绪,自明末耶稣会士来华后已滋长蔓生。到了晚清时期,中国略通西学的知识分子如魏源(1794—1857),对基督教的认识和评价亦有偏颇之处,而且对基督新教与天主教也不会严格区分,如《海国图志》中《天主教考下》记载了神父挖中国信徒眼珠的传言:"凡入教,人病将死,必报其师。师至,则妻子皆跪室外,不许入。良久气绝乃许入,则教师以白布裹死人之首,不许解视,盖睛已去矣。……闻夷市中国铅百斤可煎文银八两,其余九十二斤,仍可卖还原价,惟其银必以华人睛点之乃可用,而西洋人之睛不济事。"⑦以笔名"天下第一伤心人"编著的《辟邪纪实》(1871 年)收录了从明清两代各种反基督教的言论,其序云:"吾儒守四子五经,自有实在经济,岂复为佛老所惑哉?夫佛

---

① 爱汉者(郭实猎):《赎罪之道传》,出版地不详,1834 年,第 40 页。
② 爱汉者(郭实猎):《赎罪之道传》,第 47 页。
③ 善德(郭实猎):《正邪比较》,新嘉坡:坚夏书院,1838 年,第 2 页。
④ 《圣谕广训》第七条《黜异端以崇正学》表达了清廷对宗教及异端的官方立场:"大率假灾祥、祸福之事,以售其诞幻无稽之谈,始则诱取赀财,以图肥己,渐至男女混淆,聚处为烧香之会,农工废业,相逢之语怪之人,又其甚者,奸回邪匪,窜伏其中,树党结盟,夜聚晓散,干名犯义,惑世诬民,及一旦发觉,征补株连,身陷囹圄,累及妻子。教主已为罪魁,福缘且为祸本。"参阅《圣谕广训》,第 266—267 页。郭实猎曾对《圣谕广训》进行研究,写了一篇评论文章《大清皇帝圣训》,参阅 Philosinensis (Karl Gützlaff), "Ta Tsing Hwang Te Shing Heun, or Sacred Instructions of the Emperors of the Ta Tsing Dynasty", *Chinese Repository*, vol. 10, no. 11 (November 1841), pp.593-605.
⑤ 郭实猎:《大英国统志》,第一卷,第 4 页。
⑥ 郭实猎:《大英国统志》,第二卷,第 1 页。
⑦ 〔清〕魏源:《海国图志》(第二册),长沙:岳麓书社,2011 年,第 882 页。

老因果,犹为劝善而说,且知虚荒而不信,至耶稣教,则空以永福永祸为言,所行之虚荒,较甚于佛老万万倍。"①由此可见,当时部分士大夫对基督教的抗拒,比对佛道之反对更甚。

综观郭实猎大部分的小说的创作,皆针对了中国人对基督教的敌视。然而,《是非略论》却完全没有突出其时中国人对基督教的敌视和误解。相反,李金柄对英人信基督教深表赞赏:"国之福兮击壤而歌。② 众民人持守正教,大英国虽兴旺超卓,尚每遵真道之意,真为大英国之大威大荣也。"③而水师林琎成得知英人不立神主牌位而只立石碑时的反应是:"照相公所说,大英国规矩风俗都极妙。"④在得知耶稣为人受死,三天后复活时,更赞叹:"可敬!可爱!据相公说来,真是万国之人,必该遵顺之。"⑤《是非略论》里中国人对基督教的正面反应,都与郭实猎其他小说可谓大相径庭。

郭实猎同期的小说多清楚论述基督教与中国传统宗教的差异,又详细引述耶稣的生平及教导,并在教义的层面上着墨颇多。但《是非略论》和《大英国统志》则着力描写宗教信仰如何扎根于英国人的生活每一层面,与其文化不可分割,因此更集中描述英人的教堂、礼拜以及宗教习俗。故此,两部小说把宗教的内容放置在文化的框架内论述,一来减低中国人对"西夷异端"的负面情绪,二来突出英国"持守正教"的积极意义。这正是《是非略论》及《大英国统志》在郭实猎的作品中别具特色之处。

三、与英国的关系对郭实猎创作的影响

为了要把英国塑造成"持守正教"的"无上之国",郭实猎不仅以异国之奇技和风俗民情来吸引他人的注意,作为建立沟通的契机,亦博得别人的认同及钦佩,同时又用文化景象来塑造遥远的理想境界,使中国读者对英国产生向往。然而,我们不禁要问:郭实猎身为一名普鲁士的传教士,为何对英国这异国夸赞不绝,甚至不惜夸大其辞呢?从个人的层面来说,郭实猎少年期正值拿破仑战争末期,英国及普鲁士联手打败拿破仑。此外,普鲁士在19世纪30年代主要面对的

---

① 〔清〕天下第一伤心人:《辟邪纪实》,前序,第 1 页。
② 唐尧时,老人于耕作之余,击壤歌咏,蒙受帝尧之恩德而不自知。击壤而歌后比喻太平盛世。典出〔汉〕王充:《论衡·艺增》。
③ 爱汉者(郭实猎):《是非略论》,第 27 页。
④ 爱汉者(郭实猎):《是非略论》,第 36 页。
⑤ 爱汉者(郭实猎):《是非略论》,第 34—35 页。

问题,实际是在德意志一带要抗衡奥地利的影响,因此很可能对英国这日渐强盛的国家产生一定程度的认同。

除了个人对英国的认同外,郭实猎如此美化英国的形象,背后确有错综复杂的因素。首先,郭实猎与英国传教士的来往相当密切。1827 年,荷兰布道会的郭实猎抵达印度尼西亚后,曾居于伦敦会传教士麦都思(Walter Henry Medhurst,1796—1857)之处,并向他学习中文,从而产生了转向华人传教的志向。① 但由于郭实猎醉心于在中国传道,故此脱离荷兰布道会,成为独立传教士。1828 年,郭实猎前往马六甲,并于次年参与伦敦会的传教工作。郭实猎不单与英国传教士来往甚密,其部分著作亦是由伦敦会于马六甲创办的英华书院出版②,《是非略论》便是一例。事实上,郭实猎不少出版工作的经费,有赖于伦敦圣教书会(Religious Tract Society, London)的资助。③ 伦敦圣教书会曾在 1835 年指"委员会曾透过马礼逊给郭实猎汇款 125 英镑。在之前的数年,共 100 英镑的资助亦已付出。郭实猎不仅由本会得到直接的资助,亦由马六甲和巴塔维亚的传教士获得大量书册"④。除了帮助郭实猎出版书册外,伦敦圣

---

① 苏精:《上帝的人马:十九世纪在华传教士的作为》,香港:基督教中国宗教文化研究社,2006 年,第 36 页。

② 1818 年,伦敦会的马礼逊决定于马六甲创办英华书院(Anglo-Chinese College),目标是既教中国人学习欧洲语言和文学,也教欧洲人学中国语文,以及传扬基督教。校政最初由米怜主理,1822 年米怜逝世后,改由宏富礼(James Humphreys)负责。早期的书院兼负教育和出版的工作,主要出版物包括由马礼逊和米怜合译的《神天圣书》,宗教书刊如《张远两友相论》《劝世良言》《东西史记和合》《幼学浅解问答》以及中文报刊《察世俗每月统记传》等。马礼逊牧师曾计划将书院迁往新加坡,计划最终告吹。理雅各于 1840 年接任为校长,并于 1843 年把英华书院迁至香港。参阅 Brian Harrison, *Waiting for China: The Anglo-Chinese College at Malacca, 1818 - 1843, and Early Nineteenth-Century Missions*, Hong Kong: Hong Kong University Press, 1979;苏精:《中国,开门! 马礼逊及相关人物研究》,香港:基督教中国宗教文化研究社,2005 年,第 56,156—157 页;苏精:《马礼逊与英华书院的经费》,载李金强、吴梓明、邢福增主编:《自西徂东——基督教来华二百年论集》,香港:基督教文艺出版社,2009 年,第 31—51 页。

③ 伦敦圣教书会于 1799 年创立,是个跨宗派组织,其行政委员会(Executive Committee)有一半成员来自圣公会,另一半来自不从国教(non-conformist)的宗派。神学立场方面,它只强调基督教的核心真理,并不突显个别宗派的教义,旨在发行《圣经》以外的英语福音书刊。成立初期,已锐意开拓全球的基督教翻译出版事业,其重要的策略是透过各差会的传教士把书会的英文畅销书翻译成各国语言。早于 1824 年,伦敦圣教书会所赞助出版的作品,已超过 34 种语言;1898 年,已达到 226 种语言和方言;圣教书会在全球资助的文字工作涵盖欧洲、美洲、大洋洲、非洲及亚洲,而在亚洲则投放最多资源于印度、日本及中国。参阅 *Proceedings of the First Ten Years of the American Tract Society, Instituted at Boston, 1814*, Boston: The American Tract Society, 1824; *The Fourteenth Annual Report of the American Tract Society* (1839), p.56; "Address of the Committee," *The Fifty-first Annual Report of the Religious Tract Society* (1850), pp.ix-xi; David Bogue, *An Address to Christians, Recommending the Distribution of Cheap Religious Tracts*, London: Religious Tract Society, 1799, pp.10-13; *Centenary of the Religious Tract Society*, London: Religious Tract Society, 1898, pp.2-6.

④ *The Thirty-Sixth Report of the Committee of the Religious Tract Society* (1835), p.5.

教书会亦在1834年的年报中引述马礼逊之言,表示尽力增加书册的数量,而英华书院曾供应《圣经》和书册给郭实猎以资他在中国东岸派发书册。① 由此可见,郭实猎与伦敦会的传教士、伦敦圣教书会以及马六甲英华书院的关系相当密切,除了直接从伦敦圣教书会获得出版经费外,其部分作品于英华书院印行,书院亦向他提供书册作派发之用。由是观之,《是非略论》与《大英国统志》中对英国宗教文化风貌的描述相当详细,郭实猎在英停留的时间不长,除了自己的亲身体验外,与其他英国传教士及差会往来接触,或许也是获得英国信息的重要来源。

除了与英国的传教士和差会来往甚密外,郭实猎与英国政府及商界人士有着千丝万缕的合作关系。东印度公司广州商馆大班马治平于1832年离华前,派遣了该公司的胡夏米(Hugh Hamilton Lindsay,1802—1881)探查广州以北,特别是福建、江浙的沿海港口。1832年2月27日,胡夏米搭乘"阿美士德号"(Lord Amherst)出发,并聘请郭实猎担任随船的翻译员。② "阿美士德号"载有商品及大批译成中文有关政治与宗教的宣传书册;相信郭实猎亦是在这个旅程中得到马礼逊翻译的《大英国人事略说》。③ 而郭实猎在创作《是非略论》时,确曾参考了《大英国人事略说》的理据和立场。

此外,郭实猎的《大英国统志》以及在1833年创办的中国境内第一份中文月刊《东西洋考每月统记传》,曾得到英国商人、渣甸洋行(今怡和洋行)创办人查顿(William Jardine,1785—1843)的资助出版。④ 渣甸洋行另一位创办人马地臣(James Matheson,1796—1878)亦和郭实猎有所来往。到了1834年11月,郭实猎与一批在广州的外商会面,建议成立中国益智会(Society for the Diffusion of Useful Knowledge in China)。该会于翌年成立,正是由马地臣出任会长,郭

---

① *The Thirty-Fifth Report of the Committee of the Religious Tract Society* (1834), p.1.
② 参阅"Advertisement," in *Report of Proceedings on a Voyage to the Northern Ports of China, in the Ship Lord Amherst* (2nd ed.), London: B. Fellowes, 1834.
③ 《大英国人事略说》原著为 *A Brief Account of the English Character*,由英国东印度公司广州商馆大班马治平(Charles Majoribanks,1794—1833)于1831年撰写,他委托于东印度公司任职的马礼逊将此小册子译为中文。该书讲述英国风物,着力赞赏英国人的品德,并陈述英国人在中英贸易的过程所受的不合理待遇。参苏精:《马礼逊与中文印刷出版》,台北:台湾学生书局,2000年,第51、113—129页;李秀琴:《意识形态与翻译:以马礼逊〈大英国人事略说〉中译本为例》,载《中国文哲研究通讯》第22卷第2期,2012年6月,第73—74页。
④ 参阅"'镀金鸟笼'里的呐喊:郭实猎政治小说〈是非略论〉析论》,第265页。郭实猎与查顿及马地臣(James Matheson)的交往,参阅 Alain Le Pichon, ed., *China Trade and Empire: Jardine, Matheson & Co. and the Origins of British Rule in Hong Kong, 1827-1843*, Oxford and New York: Oxford University Press, 2006, pp.144-145, 196-198, 216-218, 205-206, 426。

实猎与美部会的裨治文(Elijah C. Bridgman,1801—1861)共同出任中文秘书,目标是出版一系列"简明浅易"(plain and easy)的中文书刊,介绍西方科学、史地、政治、文艺等实用知识,并计划于全国各地派发,借此启发中国的民智,消除他们长期以来文化独尊及鄙夷的心态。① 除此以外,自从19世纪30年代初起,郭实猎与英国政府的联系越趋紧密。1834年12月,郭实猎接受英国驻华商务监督中文翻译的职位。② 故此,在创作《大英国统志》和《是非略论》时,郭实猎除了考虑到个人与其他英国传教士及中国益智会的关系外,更需顾及在华英国商人和政府的意愿。

值得注意的是,《是非略论》和《大英国统志》皆对鸦片贸易只字不提。《大英国统志》的资助者查顿所创办的渣甸洋行曾向中国贩卖鸦片,郭实猎亦曾搭乘英国商人的鸦片船游历中国沿海地区,被指责参与鸦片贸易。郭实猎在书中对鸦片避而不谈,或许是为了英国的形象以及行商的方便而进行的"选材"。但更耐人寻味的是,在查顿资助出版的《东西洋考每月统记传》中,其编者又每每在新闻部分中明言鸦片之害,尤其在道光十七年四月的新闻《奏为鸦片》中,指太常寺少卿许乃济回应禁鸦片之例而上奏"不能因英吉利船载鸦片,绝诸国通市,濒海数十万众恃通商为生计者,又将何以置之"。明言鸦片是由英国船只输入,而编者亦力陈鸦片之害:"余看此,自觉鸦片流弊之恶,不可尽言,称之药材,呜呼!远哉!其谬矣!鸦片乃毒而已矣……故塞其流,锄根除源,是我所当为。"③若此言论出自郭实猎的手笔,其对鸦片摇摆不定的立场实在颇令人费解,值得进一步深究。

郭实猎对鸦片的鞭挞,显然见于他的其他小说作品,例如在《诲谟训道》(1838年)中,他着力呈现中国社会的腐败,比如鸦片、酗酒、抢劫、流放、性病和赌博。第三回中,鞋匠陈委与主角的小儿子碰上一个"身躯十分瘦损,力气衰弱,白脸土色,骨瘠如豺"的吸食鸦片者,如此描绘道:"此匪徒食鸦片毒,一日啜饮则面皮顿缩,唇齿俱露,莫非严哉?这人滥费银钱,特意害身,以伐体肤,不期陷于

---

① 中国益智会的成立背景、宗旨及规章,参阅 *Proceedings Relative to the Formation of a Society for the Diffusion of Useful Knowledge in China*, Canton: Office of the Chinese Repository, 1835。
② 此外,在鸦片战争期间,郭实猎曾担任英军司令官的翻译员以及英军占领下的定海知县和镇江的知府,其后又参与起草《南京条约》。1843年香港开埠后,他担任了香港首三任总督,包括璞鼎查(又名砵甸乍,Henry Pottinger,1789—1856)、德庇时(John F. Davis,1795—1890)及文翰(Samuel George Bonham,1803—1863)的抚华道(Chinese Secretary),直到1851年8月9日病逝,享年48岁。参阅《"镀金鸟笼"里的呐喊:郭实猎政治小说〈是非论〉析论》,第63页。
③ 爱汉者等编,黄时鉴整理:《东西洋考每月统记传》,第228页。

死亡。倘无钱可以买毒,即乘机做贼杀人,无恶不做也。"郭实猎在其他小说作品中直斥鸦片对中国的祸害,或者是意识到鸦片的传入已对基督教的传播造成重大的阻碍。论及鸦片对传教工作的障碍,伦敦会传教士施敦力·约翰(John Stronach,1800—1888)在1839年的日记中,就曾指自己在新加坡传道时,当地华人指责鸦片生意显示英人之恶,因为英人只为了赚钱,竟以可怕的毒物害死华人,而这华人的言论还得到在场其他人的支持。而施敦力·约翰在1841年寄予伦敦会秘书的信亦言:"我经常遭人质疑,我如何能要他们接受一种人的宗教,这种人出售自己不吃的有害毒品给别人,又因为中国皇帝不准此种毒品进入其国内,就发动战争。"①可见,鸦片贸易及战争显然给基督教在华的传教运动蒙上难以磨灭的污点,不少传教士则想尽办法洗脱这加诸他们身上的"罪名",郭实猎也不例外。②

综合以上的分析,郭实猎在作品中要展示的英国形象,不单是其个人在英国生活的体验所致,亦可能是来自资助者以至政务同侪有此的选材和灌输。鸦片战争前中英关系剑拔弩张之际,郭实猎在不同的作品论及鸦片这敏感议题时采取了迥异的论述方式——在某些文本中直斥其非,而另一些文本却完全避而不谈,可见文本背后涉及复杂的传教背景、商业利益及政治考虑。

四、结　　语

《是非略论》及《大英国统志》着力塑造及宣传英国的形象,目的是要改变19世纪前期中国人对英国或西方建构的负面"集体想象",进而为英国建立正面,甚至是夸大的正面形象,试图缓和弥漫于中国晚清时局的排外情绪。探其个中原因,实与当时的历史、政治、宗教文化背景关系尤为密切。当时,中国对外的门户尚未完全打开,英方对清廷的贸易保护政策日趋不满,而华人对英人亦偏见日深。这两部作品道出一般中国人对外国的偏见和误解,又借主角之口,试图将此负面的情感去除,尤其试图要打破中国中心主义,除去中国人视西方人为"夷人"、西方与中国通

---

① 苏精:《基督教与新加坡华人(1819—1846)》,第235—236页。
② 郭实猎在鸦片贸易及鸦片战争中的参与,至今仍广受华人学者非议。顾长声指他"既传教,又充当间谍,走私鸦片,直接参与过英国发动的侵华战争"。参阅顾长声:《从马礼逊到司徒雷登——来华新教传教士评传》,上海:上海人民出版社,1985年,第50页。另参顾长声:《传教士与近代中国》(第三版),上海:上海人民出版社,2004年,第29—31页。吴义雄亦指郭实猎"参与鸦片贸易的主要活动,就是跟随鸦片贩子在中国沿海售卖鸦片,充当鸦片贩子的助手和翻译"。吴义雄:《在宗教与世俗之间:基督教新教传教士在华南沿海的早期活动研究》,第234页。

商乃是进贡的观念,以及其对与西人贸易的担忧,并试图阐述英国的富强有其深厚的文明基础——基督教文明。其最终目的是将英国塑造为"无上之国",去除中国人眼中英国之"非",从而建立英国之"是",不仅出于对英国政治和国力的认同,意欲建立较为自由的通商贸易和平等的外交关系。从另一个角度来看,郭实猎作为一名新教传教士,主要关心的是基督教在中国的传播,因此他亦是借其作品提高英国人的形象,消除大部分中国人对基督教的成见。

《是非略论》及《大英国统志》的创作,主要目的是为了改变中国人对异国(西方)的集体想象。孟华认为:"在文学中的异国形象不再被看成是单纯对现实的复制式描写,而被放在了'自我'与'他者'、'本土'与'异域'的互动关系中来进行研究。"①从对这两部作品的分析所见,该书对异国形象的塑造比"自我/他者""本土/异域"的二元模型来得复杂。郭实猎身为普鲁士人,未曾长期居留英国,英国对他来说就是"异域",而中国对他来说又是另一"异域"。两部作品包含了郭实猎这个"异域"人对英国的想象。郭实猎当时身处东南亚一带,对英国的认知应主要有赖于英国商人以及英华书院一众英国教士的描述。纵观两部作品,有若干关于英国的描述乃参引了当时流通的文本(如《大英国人事略说》),亦可能受到同侪以及资助者的影响,以及自己多重身份的影响下模造了对英国的论述。另一方面,郭实猎在《是非略论》和《大英国统志》中以从英国回家乡的华人为主角,以"英国通"的身份向同乡述说英国的"异国形象"。若以中国为本位,两部作品都是由"异国人"(普鲁士人)借着"本国人"(中国人)的身份描绘"另一个异国"(英国)事物的小说。职是之故,《是非略论》与《大英国统志》所塑造的英国形象并非"单纯对现实的复制式描写",而是与作者的背景、创作动机、出版经费的来源以及所处的历史文化语境有着千丝万缕的关系。

"The Supreme Nation": The British Image in Karl Gützlaff's Novels *Shifei lüelun* and *Dayingguo tongzhi*

John Tsz Pang Lai

[Abstract]

Prussian Protestant missionary Karl Friedrich August Gützlaff (1803—1851) was second to none among his fellow missionaries for his publication of

---

① 参阅孟华:《形象学研究要注重总体性与综合性》,载《中国比较文学》2000 年第 4 期,第 3 页。

a sizable number of Chinese novels. Unlike most of his novels focusing on the discussion of Christian thoughts, *Shifei lüelun* (Brief Discussion of Right and Wrong, 1835) and *Dayingguo tongzhi* (General Account of Great Britain, 1834) made great efforts to portray the British image as "The Supreme Nation" by a kaleidoscopic display of the social and cultural characteristics of Great Britain. Taking the perspective of imagology, this paper makes a critical analysis of the two texts against the historical, political and religious contexts with special reference to the Anglo-Chinese intercourse of the early nineteenth century. The paper also attempts to investigate the intricate and complex factors behind Gützlaff's portrayal, and the textual strategies whereby to render the British image comprehensible and acceptable for the Chinese readers.

[Keywords]

Karl Friedrich August Gützlaff, missionary novel, *Shifei lüelun*, *Dayingguo tongzhi*, British image

对曾纪泽使法日记的形象研究
——以语词为中心

孟 华

[摘要]

晚清驻法公使曾纪泽留有一部长达五年多的使法日记。尽管它多记录"平凡琐屑"的日常生活、公务,但若从语词入手,仍可从中勾勒出一幅鲜活的法兰西形象。语词是构成形象最基本的元素,由此切入,却有可能牵连出历史、思想、精神等深层次问题。本文从这部流水账似的使法日记中选取两词,尝试从词源、语义及翻译等方面进行研究,考察这位晚清外交官如何言说法国、建构法国形象,同时展示出中国传统观念、语言文字围绕这两个词的"现代化"进程。

[Keywords]

曾纪泽;法兰西;语词;形象研究

光绪四年(1878年)至光绪十年(1884年),曾纪泽(1839—1890)奉旨出使法国,成为晚清历史上出使法国时间最长的一位外交官。在长达五年多的时间内,他无间断地记日记,为我们留下了一部颇具史料价值的"实录"。[①]

众所周知,清廷曾明文规定"各出使外国大臣对有关交涉事件及各国风土人情,皆当详明记载,随事咨报"[②]。奉旨出使的曾纪泽,自然不敢懈怠。更何况,受乃父曾国藩的影响,曾纪泽自幼研习西学,思想颇为开放,对于一切异国异物,皆取"不得以其异而诿之,不得以其难而畏之"的态度,秉持着"就吾之所已通者

---

① 曾纪泽原定出使时间为1878—1886年,最初奉使英法,1880年又兼使俄国。1884年因在中法战争中力主抗法,受到法国政府的反对,被清廷免去驻法使节一职。

② 刘志惠:《曾纪泽日记》(上册),长沙:岳麓书社,1998年,"前言",第4页。

扩尔充之,以通吾之未通"①的理念。

由是,我们便在曾纪泽日记中看到了他拜谒法国"伯理玺天德"(总统)、"上、下议政会首领"(参、众两院议长)及各部"首领""大臣"(部长)的记录,看到他递交国书、屡屡赴"外部"(外交部)谈判、约谈各国驻法使节、出席各种晚宴、"茶会"(招待会、酒会)等活动的记录,以及他对法国史地、政体、经贸、军事、市井情况的详细介绍。这样的记录无疑为史家们提供了丰富、翔实的历史资料。但不容忽视的是,曾氏在记录这些外交活动和民风民俗的同时,也就为我们描画、勾勒出了一幅生动、清晰的法兰西画卷,为比较文学形象研究提供了很好的文本资料。

提及法国形象,曾氏日记中不乏大段精彩的描写,譬如:

记法国第三共和时期特定的"民主"制度:"国之事权,皆归于上下议院。两院首领,邦人亦称之曰伯理玺天德,而总伯理玺天德但主画诺而已……位虽尊崇,权反不如两院。"(光绪五年二月初三日,第843页)②

记在马赛下榻的酒店:"……西洋客店最华美,往往赛胜王宫。寻常民居楼高五六层,客店高者九层,以火轮机器运物上下,亦可坐人。最高顶俯瞰驾车之马,小如羊犬。望西南山顶有教堂矗立,高可十余丈。闻堂中有铜质涂金神女大像,高二丈,盖亦伟观也。"(光绪四年十二月初十日,第826页)

记巴黎"市肆":"游于市肆,见铜器铺甚壮阔,铸鸟兽仙灵形模极多。巴黎为西国著名富丽之所,各国富人巨室,往往游观于此,好虚縻巨款,徒供耳目玩好,非尽能抟心壹志以攻有益之事也。"(光绪五年正月十六日,第837页)

记舞会:"……子初,至跳舞场,观男女跳舞极久……西人婚姻,皆男女自主也,跳舞会之本意,盖为男女婚配而设。官民常设公会劝捐,以拯困穷,多以跳舞为题……"(光绪五年二月初二日,第843页)

记法国国庆:"夜,偕春卿步至拿坡仑纪功坊前,观放烟火。是日巴黎停歇贸易,举国同乐,各家皆张灯悬旗,以相庆贺。……"(光绪六年六月初八日,第998页)

……

这些描述,无疑将法兰西这个"民主之邦""富丽之地"生动、鲜活地呈现在读

---

① 曾纪泽:《文法举隅序》,载喻岳衡点校:《曾纪泽集》,长沙:岳麓书社,2005年,第129页。
② 曾纪泽著,刘志惠点校辑注:《曾纪泽日记》,第843页。内地通行的曾氏日记有两个版本:一是王杰成标点的《曾纪泽:出使英法俄国日记》,载钟叔河主编:《走向世界丛书》,长沙:岳麓书社,1985年。日记起迄时间为光绪四年(1878年)元月元日至光绪十二年(1886年)十二月三十日;二是刘志惠点校辑注的《曾纪泽日记》,长沙:岳麓书社,1998年。日记起迄时间为同治九年(1870年)正月初一日至光绪十六年(1890年)闰二月十六日。若无特殊说明,本文所引曾氏日记均出自刘志惠点校本,故以下只在引言后加括号标注页数。

者面前。

但曾氏留法时间长达五年有余,且这位勤勉的外交官每日都要应对大量日常杂务,所以从总体而言,对外交事务及法国史地、国情、民俗民风的详述,只占日记不足一半而已,其余部分则基本上呈流水账式。我们不时可在日记中读到以下这样的记录:

> 辰正二刻起,茶食后,颂英文,核函稿三件。饭后,写一函寄仲妹,核新报。兰亭来久谈。夜饭后,请署中僚友观剧,内人率珣女、鉴儿偕兰亭之妻亦往观焉。丑初睡。(光绪五年十一月廿五日,第945页)

> 巳初起,茶食后,梳发,阅英文。饭后,兰亭来,一谈。偕内人及兰亭之妻至鲁佛尔大店一观,酉初归。夜饭后在上房久坐。戌初,偕春卿、湘浦至罗尼家赴宴,亥正二刻乃散。赴外部茶会。子初三刻归,丑初睡。(光绪六年正月廿六日,第961页)

> ……戌初一刻,偕子振往伯理玺天德处赴席,亥正归。(光绪七年十二月廿一日,第1139页)

> ……末正,偕霭堂至外部,晤尚书茹勒斐理,久谈。拜俄国驻法使,不晤,晤其参赞,久谈。拜日意格,久谈。归,清臣来,久谈。饭后,至智卿室一谈,德璀琳戌正来,谈至亥正一刻乃去。……(光绪九年十月廿九日,第1289页)

显而易见,作者在这些日记中除记下日常起居、活动外,鲜有议论、抒情和阐发。而这些记录,又往往简单到仅以寥寥数语记录某时某刻做某事而已。

对于这样一部充斥着对"日常生活、例行事务"记录的日记,钟叔河先生在评价时曾直言道:"这读来的确不免使人生厌。"不过,钟先生独具慧眼,仍然颇有见地地指出:"作为一种文化史资料,则平凡琐屑的记载自有其价值,何况披沙拣金,还时有所得呢?"①

我十分认同钟先生的评价,并觉得先生所言之"得"——即对文化史史料的补充,其范围其实还可再扩展。对比较文学形象研究而言,这表面上"平凡琐屑的记载",实在是为研究者提供了一座可供大大开掘的富矿,它不仅蕴藏着大量的研究素材,而且,倘能善加利用,还可大大细化并深化此一研究。

---

① 钟叔河:《曾纪泽在外交上的贡献》,载《曾纪泽:出使英法俄国日记》,长沙:岳麓书社,1985年,第44页。

即以语词为例。语词是构成形象的最基本的元素,对语词进行研究,无论是考其词源,辨其语义,抑或是探究翻译如何在两种文化间建立语义对等的过程,或对语词进行分类统计,均可最直接地考察形象塑造者对西俗、西礼、西器的言说,亦可由此探讨形象塑造者对他者的认知水平,对异文化的心态,"我"与他者的种种关系,并进而了解中国传统思想观念、语言文字如何在中西文化交流、交锋中不断地与异文化碰撞、交汇、交融,不断地"现代化"。

囿于篇幅,以下我们仅从曾氏使法日记"平凡琐屑的记载"中,选取两个词语,尝试着进行一下此类语词分析。

一、从"伯理玺天德"到"总统"

在曾氏日记有关法国的言说中,使用了不少音译词,其中"伯理玺天德"(président)这个非专有名词最引人注目。

"伯理玺天德"当然并非曾纪泽的首创。20世纪80年代以来,国内外出现了不少关于汉语外来词的研究论著,但大多并未讨论"伯理玺天德"一词的词源问题。一些词典、论著将它索性归入"总统"条目下,作为"总统"的早期称谓之一①;另一些虽单独列出,但仅仅标注了语义,或顶多再附加一个例句而已。② 唯有马西尼的《现代汉语词汇的形成》一书对"伯理玺天德"的词源有所涉猎,称:"1858年,此词用于《天津条约》。"尽管作者随后便说明这个词此前就有可能出现在"一些美国传教士用汉语写的有关美国的著作中"③,但究竟涉及何人何书,又上溯至何时,作者则一概语焉不详。倒是熊月之先生1999年发表的一篇论文较为详细地讨论了晚清对英文词"president"的翻译,将"伯理玺天德"的出现追溯至1844年7月签订的中美《望厦条约》。④ 近日又得见一篇专论美国首位赴华

---

① 如刘禾著,宋伟杰等译:《跨语际实践——文学、民族文化与被译介的现代性》,北京:三联书店,2002年;黄河清编著,姚德怀审定:《近现代词源》,上海:上海辞书出版社,2010年等。
② 仅列出词义的如刘正埮、高名凯等编:《汉语外来词词典》,上海:上海辞书出版社,1984年;史有为:《外来词,异文化的使者》,上海:上海辞书出版社,2004年等。附加例句的如香港中国语文学会统筹:《近现代汉语新词词源词典》,上海:汉语大词典出版社,2001年。
③ 马西尼:《现代汉语词汇的形成——十九世纪汉语外来词研究》,上海:汉语大词典出版社,1997年,第192—193页。是书在其后又列出了李圭的《东行日记》(1876年)、郭嵩焘的《伦敦与巴黎日记》(1877年)等为例。
④ 详见熊月之:《晚清几个政治词汇的翻译与使用》,载《史林》1999年第1期。2012年刊于《新词语新概念:西学译介与晚清汉语词汇之变迁》一书中的熊文《自由、民主、总统:晚清中国几个政治词汇的翻译与使用》基本上是对前文的重述。详见[德]郎宓榭等著,赵兴胜等译:《新词语新概念:西学译介与晚清汉语词汇之变迁》,济南:山东画报出版社,2012年,第81—92页。

特命全权大使顾盛(Caleb Cushing,1800—1879)文献的论文①,文中以翔实的史料论及顾盛使团如何为翻译"president"一词而踌躇,又如何将中译名最终确定为"伯理玺天德"②。按照作者提供的史料推算,我们至少可将该词的缘起上溯至《望厦条约》签订之前的1844年6月。③

35年后,曾氏奉命出使法国。我们看到,他在抵法后的早期日记中完全照搬了此一音译词。光绪四年十二月十八日(1879年1月19日),曾纪泽到"勒立色宫"(爱丽舍宫)递交国书,他写道:"伯理玺[天德]向门立侍,亦免冠鞠躬。余手捧国书,宣读颂词……伯理玺天德手受国书,答词既毕,慰劳甚殷,颂及先人。礼毕,鞠躬退出,仪文甚简而肃。……"(第829页)在这段描述中,作者对"伯理玺天德"这个音译词未加任何注释。显然,自1844年以来,经过30余年的积累,在丁韪良(W. A. P. Martin,1827—1916)④、李圭以及曾氏的前任郭嵩焘等人屡屡使用"伯理玺天德"一词后⑤,这个音译词与其所指——民主制度下的国家元首——已建立起了紧密的符指关系,成为一个所指非常明确的常识性政治词汇。在这样的文化背景下,作者自然可以像对任何常用词一样径直使用之,无需再添加任何解释性文字。

然而,在稍后去拜见"上议政院首领"(参议院议长)和"下议政院首领"(众议院议长)⑥时,事情却发生了某些微妙的变化。在这一天的日记中,曾氏罕见地添加上了一段解释性文字:"两院首领,邦人亦称之为伯理玺天德"(第843页)。寥寥几个字,让我们看到,用"président"指称议长当为曾氏前所未闻,否则何需多此一笔?不仅如此,为了表示西文虽同为"président",所指却有很大区别,他又特意在国家元首的称谓前加了一个"总"字,称之为"总伯理玺天德"(第843页),以明示此"伯理玺天德"非彼"伯理玺天德",并特别说明道:"总伯理玺天德但主画诺而已。"如此一来,不仅扩大了"伯理玺天德"一词的语义场,使其更贴近西文原文,并且使"总

---

① 居蜜、杨文信:《从美国国会图书馆藏顾盛文献谈十九世纪中、美两国的文化交流》,载《明清史集刊》(*Bulletin of Ming-Qing Studies*),第八卷,香港大学中文系编,2005年,第261—324页。此文为香港大学中文学院宋刚博士赠阅。复旦大学历史系邹振环教授也曾提供了其他相关著述书目,谨此一并致谢。

② 详见居蜜、杨文信文,第261、275、282、283页及附图2、5、6、22、23、31、32、33等。

③ 详见居蜜、杨文信文,图5,顾盛致耆英函。

④ 丁韪良于1864年翻译出版了《万国公法》,书中使用了"伯理玺天德"一词(参阅熊月之上引文,第86页),曾纪泽使法日记中多有阅读《万国公法》的记录。

⑤ 参阅郭嵩焘著,钟叔河、杨坚整理:《伦敦与巴黎日记》,长沙:岳麓书社,1984年,第556—558、563—565、718、727—729、836、852、886—887、909等页。

⑥ 曾氏绝大多数时间称两院议长为"上议政院首领""下议政院首领"(第838、844、937页等)。

统"与"议长"在称谓、权限、级别关系诸方面的区别也都一目了然了。

  一个音译词,实际上就是一个绝对的相异性。只有在本土语言文化中完全找不到对应物时,人们才采用音译词。一如"咖啡"之于"café","芭蕾"之于"ballet"。然而,任何一个音译词要想在目的语中具有生命力,均需经历一个逐渐被认可、被接纳的过程。倘若说顾盛的美、中译员们绞尽脑汁,终于首创了"伯理玺天德"这个音译词①,以向中国人言说一个全新的西方政治概念;那么,这个语符与其语义间的符指关系,却是有赖于曾氏的前辈们在与西方人长期打交道的过程中不断地模仿、重言,才得以最终确立,成为一个常识性语汇的。而在这个符指关系创立、确立的过程中,曾纪泽也并非毫无作为。他沿用这个音译词本身,就已经参与到了这个符指关系的经典化运作中,是对它的一种巩固和加强;而更重要的是,他又独创了"总伯理玺天德"一词,以与"伯理玺天德"相区分。这就在强化、细化这个相异性的同时,更加具体、形象地描画出了法国19世纪七八十年代独特的政治体制。

  众所周知,在1789年大革命后,法国的王党和共和两种力量反复较量、长期争斗。此前,普法战争后虽确立了共和制(1871年),但斗争依然继续。直至1875年,法国才确立了议会制。自此,共和派在较量中节节获胜,并终于使第三共和国于1879年最终确立。而曾纪泽恰是在这场斗争的关键时刻抵达法国的:1878年12月,他向时任总统的麦克马洪(Maurice de Mac-Mahon,1808—1893)公爵递交国书;一个月后,代表右翼势力的麦克马洪即宣告辞职,取而代之的是共和派的儒勒·格雷维(Jules Grévy,1813—1891)。② 曾氏因而在短短一个月中罕有地"谒见"了两位"伯理玺天德",并创下了八个月内两次递交国书的记录③,真可谓是"躬逢其盛"。他亲身经历、见证了法国历史上这个重要的时刻,并以一个"总"字,外加短短一句解释,成为若非第一,至少也是首批状写法兰西民主化进程的作者。④ 他的日记扩大了中国人对"伯理玺天德"这个外来词的了解,也丰富、深化了对该词所指涉的绝对相异性的认知。

---

  ① 据居蜜、杨文信文介绍,时任顾盛翻译的既有美国传教士伯驾(Peter Parker,1804—1888)、俾治文(Elijah C.Bridgman,1801—1861)等,也有若干中国译员。详见居蜜、杨文信文,第282—285页。
  ② 参阅皮埃尔·米盖尔著,蔡鸿宾等译:《法国史》,北京:商务印书馆,1985年,第426页。
  ③ 首次递交国书为光绪四年十二月(第829页),再次递交国书为光绪五年九月初一(第919页)。
  ④ 郭嵩焘日记中也记录了这段历史,但他其时身处英国,只是听人转述而已。参阅《伦敦与巴黎日记》,第885—887页。此外,黎庶昌《西洋杂志》中"伯里玺天德辞位"一节亦对此有介绍,但黎氏札记乃事后补录,虽远较曾氏日记翔实,但面世时间理当晚于曾氏日记。参阅黎庶昌:《西洋杂志》,长沙:岳麓书社,1985年,第424—426页。

在曾氏使法日记中,他自始至终都称法国总统为"伯理玺天德"或"总伯理玺天德"。但出人意料的是,在光绪七年十二月廿七日的日记中,他却直接使用了"总统"这个意译词:"饭后……多米尼克前任总统吕柏隆来一谈……"(光绪七年十二月廿七日,第1140页),而在五天前的廿二日日记中,他却还称吕柏隆为"多密尼克前任伯理玺天德"(第1139页)! 这一变化,值得重视。它至少反映出了曾氏言说西方的语词库在1881年前后得到了丰富,这也就折射出了汉语整体语汇的丰富过程。"总统"一词究竟源自何时? 前引有关汉语外来词的词典、论著中对此似无定论,一般均引王韬出版于1879年的《扶桑游记》为例。① 只有熊月之文追溯至1878年1月12日发表于《申报》的《论泰西国势》一文②,并认定"到1870年代,'总统'逐渐成为现代汉语的标准词汇"③。曾纪泽是《申报》的忠实读者,他的日记中每隔数日便有"阅《申报》""看《申报》"的记录,理应对这份由英商美查(Ernest Major,1841—1908)创办的报刊十分熟悉。④ 但他为何迟至1881年才羞羞答答地使用该词? 我们恐怕还需对同时期的各种中文出版物进行比对查考,然后才能找到确切答案。但有一点无需考辨即可确认:对同一称谓音译与意译的杂陈,使曾氏在有意无意间参与到了"président"在中文语境中从音译词向意译词的过渡,因而也就参与到了确立该词现代汉语语义的运作中,参与到了中国语言的现代化进程中。

论及"总统",还有一点也值得关注。在曾氏笔下,"总统"不仅仅是国家元首,也是在法文中所有可称为"président"职务的意译词。他曾用"总统"指称上、下议院议长:"亥初二刻,偕凯生、春卿赴上议政院总统李雍赛处茶会……"(光绪六年六月十一日,第999页);"夜饭后,偕康侯、霭堂赴遂纳府尹、上议院总统两处茶会……"(光绪八年正月廿二日,第1147页)。同年八月,他在吊唁甘必大(Léon Gambetta,1838—1882)后的日记中,回顾了甘氏于法兰西之功劳,又写

---

① 参阅马西尼:《现代汉语词汇的形成——十九世纪汉语外来词研究》,第274页;也可参阅香港中国语文学会编:《近现代汉语新词词源词典》,第357页;黄河清:《近现代辞源》,第1001页。
② 经查,《申报》当日所刊《论泰西国势》文后还标一行小字,曰:"选录香港循环日报。"可见"总统"一词并非在《申报》上首次面世,但究竟"选录"自何日的《循环日报》,尚待考。
③ 熊月之:《自由、民主、总统:晚清中国几个政治词汇的翻译与使用》,载《新词语新概念:西学译介与晚清汉语词汇之变迁》,第84页。熊文随后又称:"1879年,随使法国的黎庶昌称法国总统为伯理玺天德或总统,两词交替使用。"熊先生1999年发表的论文并未注明黎庶昌在何文中使用了此称谓,而在2012年再版时则注明为"参阅黎庶昌:《西洋映像手记》",后接以法文标注的法译本(施康强译,1988年,巴黎)出版信息(详见《新词语新概念》第86页注5)。令人费解的是,黎庶昌《西洋杂志》其实早在1985年就已被钟叔河先生收入《走向世界丛书》,在岳麓书社出版了。
④ 曾氏赴任途经上海时还曾与美查(他称之为米查)本人面晤。参阅《日记》,第806页。

道:"是以百姓归心,举为下议院总统……"(光绪八年十一月廿八日,第 1215 页)。最为奇特的是,他甚至使用"总统"一词来指称法国某学会会长:"酉正二刻,偕霭堂至大客店赴宴,主人为巴黎学问公会总统罗师尼①也……"(光绪八年十二月初九日,第 1218 页)

这个语言现象,显示出日记作者对中西文对应关系了然于心。曾纪泽英语甚好,也略通法语②,因此他很清楚无论是国家元首,抑或两院议长、学会会长,法文一概称之为"président"。但 19 世纪 80 年代的中国人,即使是熟悉西学如曾纪泽者,面对西方世界这个全然不同的相异性,也还处于不断摸索、了解的阶段,并没有一个现成、完整的语词库去言说,因而也就难以用精确的语汇去区分这形形色色"président"的不同来。于是,我们才在他的日记中看到他用同一个"总统"指称上自国家元首下至学会会长的所有"président"们。同理,也才会看到他将两院议长时而称之为"首相",时而称之为"伯理玺天德",时而又称之为"总统"。所有这些语词的匮乏和使用的混乱,都再生动不过地状写出了那个时代走出国门的中国人面对外部世界时的窘态。他们在传统与现代间摸索前行,虽不免时有懵懂和跌撞,但却一直在努力,在上下求索。哪怕没有足够的语汇,也要搜肠刮肚、竭力去言说他们所亲见亲历的异域。中国对外部世界的了解,离不开他们的言说、他们的记录、他们用语词建构出来的形象;而中国语言的现代化,也是有他们的一份功劳的。

我想用一个颇为有趣的细节来结束对"总统"一词的简单分析。曾纪泽在介绍第三共和国第一任总统梯也尔(Adolphe Thiers,1797—1877)发行国债的政策时,直接称他为"第一民主提叶"(第 964 页)。考虑到此时曾氏已在日记中多处详述过法国的民主制度③,故这个别出心裁的称谓,绝非取中国古代"民之主"之意,实乃对"président"的一种别样称谓。而如此将"总统"与"民主"制度直接挂钩,显示出了曾氏对民主体制下的"总统"有较到位的把握。这无疑为他塑造的法兰西"民主之邦"形象,添加上了极其生动的一笔。

---

① 此处所指,当为创立法国人种志学会(La Société d'ethnographie)并自任会长的罗斯尼(Léon de Rosny,1837—1914),罗氏也曾担任巴黎亚洲学会(Société asiatique)的秘书长和理事。但曾氏所言之"巴黎学问公会"究竟指何而言,尚待考。按照曾氏日记的上下文推论,此处很可能是指"亚洲学会"。

② 曾氏自踏上赴法旅途起,就屡屡在日记中留下了"练法语良久""钞法语数句"的记录(第 811、818、820、821、822、823、824 等页),后来竟达到了能与法国翻译法兰亭"商法文公牍稿"的水平(第 944 页),并对法国人日意格所译法文有"不惬意"之感(第 1015 页)。

③ 参阅《曾纪泽日记》,第 783、838、843、997 等页。

二、从"茶会"到"酒会、招待会"

  晚清走出国门的外交官、文人,在他们初遭遇西方事物时,由于没有现成语汇去描述,往往使用"旧瓶装新酒"的方式,用传统语汇描摹西物。张德彝就曾在他的《航海述奇》中,用"自行屋"指称自动升降机,用"铁裁缝"指称缝纫机……及至曾氏笔下,此一方式得到沿用。我们可以看到他以清代的机构、官职称谓法国各部(外部、吏部、工部、兵部、户部……),以"尚书""大臣""侍郎"……称谓各级官员,以"投刺"指称递照会,以"机器房"指称电梯,以"杂货店"指称百货商店,以"赛奇会""炫奇会"指称展览会……

  如果说以上这些词汇在前任郭嵩焘笔下都曾出现过,曾氏不过是顺常规"照着说",那么,有一个词汇在曾纪泽这里却的的确确是"接着说"的,这个词就是"茶会"。

  翻检曾纪泽之前使法诸公的游记作品,发现斌椿、志刚、张德彝的日记或"述奇"中均无"茶会"一词:斌椿将招待会称之为"饮",出席招待会就是"赴饮",他人邀约则为"某某招饮"①;张德彝改称为"会",出席招待会也就变成了"赴会"。②只有到了郭嵩焘的笔下才出现了"茶会"一词。③ 从斌椿出访的同治五年(1866年)到郭嵩焘外派的光绪二年(1876年),一个词在短短十年间居然经历了这样不断的变化,令人称奇。可见晚清的中国人,特别是那些直面西方文化的出游者经历了怎样的思想动荡与变化。

  郭嵩焘虽在曾氏之前就使用了"茶会"一词,但次数远较曾氏日记为少。曾纪泽在使法最初的两年中,几乎每隔数日便会在日记中留下"赴茶会"的记录,有时甚至一晚上连赴数个"茶会"。④ 在如此频繁地使用"茶会"一词的同时,曾纪泽也大大丰富了它的内涵。

  何谓"茶会"?《汉语大词典》的释义是:"茶话会。一种备有茶点的聚会。"在此释义后编者又列举了从唐、宋诗文直至当代作家巴金的作品以为实例。⑤ 这

---

① 参阅斌椿:《乘槎笔记》,长沙:岳麓书社,1985年,第110、135、136等页。
② 参阅张德彝:《欧美环游记》,长沙:岳麓书社,1985年,第758、761、762、766页。张德彝在此书中还使用了"晚茶""约茶""请茶"等词,但语义中并不含有"招待会"之意。
③ 参阅郭嵩焘:《伦敦与巴黎日记》,第563、565、571等页。
④ 例如,光绪六年正月三十日,曾氏记曰:"……亥初三刻,偕凯生、兰亭、春卿赴教部尚书佛尔利茶会、邮部尚书勾舍里茶会、工部尚书法洛阿茶会。子初二刻归,丑初睡。"(第962页)
⑤ 该词条列举了唐代钱起的《过长孙宅与朗上人茶会》诗、宋代朱彧的《萍洲可谈》,以及巴金的《家》等,载罗竹风主编:《汉语大词典》,上海:汉语大词典出版社,1992年,卷九,第383页。笔者对唐宋语义与现代语义是否完全相同存疑。

足以证明，与"伯理玺天德"不同，"茶会"是个源自中国本土的语汇。

曾氏最早对法国"茶会"的记录见于光绪五年正月初二，即在他抵巴黎后的第三周："子初，同至德里色朴斯家赴茶会，即此间讲格致之学者，凿空苏爱斯新河，分欧罗巴、亚细亚洲与阿非利加州为二者也，立谈极久。子正归……"（第833页）尽管只有寥寥数语，但在曾氏日记对茶会的记录中，这已算是较长的一则了。他除记下了赴茶会的具体时间外，还介绍了茶会主人以及茶会"立谈"的形式。

在其余所有相关记录中，只有两处堪与此条相比。一处见诸光绪五年正月廿八日："亥正，至吏部尚书马勒色尔处赴茶会，始见男女跳舞之礼。华人乍见，本觉诧异，无怪刘云生之讥笑也。子初归……"（第841—842页）另一处见诸光绪五年正月廿九日："亥初，偕参赞、翻译至伯爵恭乃尔家赴茶会。亥正三刻，至德国公使王爵贺韩罗家赴茶会。前一家客甚少，主人曾遇余于前伯理玺天德马克孟处，又遇余于德勒色朴斯处，款接言笑，极为殷勤。后一家则宾客极多，四大厅无立足处。新伯理玺天德格勒斐、外部尚书瓦定敦之夫人，皆在其家，思一晤谈，人多拥挤，不克进而止。子正归……"（第842页）。在第一条记录中，曾氏借前辈刘锡鸿语表达了对"男女跳舞"这种西俗的不屑。在第二条记录中，他介绍了自己与第一场茶会主人的关系，以及主人对他的态度；又描述了后一场茶会拥挤的场面、客人的身份和他欲借茶会达到的目的。

以上三条记录就是曾氏日记中对"茶会"的全部描述。此后，日记中举凡涉及"茶会"处，就只剩下了"某时某刻偕某人至某处赴茶会，某时某刻归"一类的刻板记录了。然而，倘若我们从语词的角度去关注这些读来"令人生厌"的记录，仍然还是可以辨析出这样那样的法兰西形象。

几乎在所有相关的记录前，曾氏都会写上"饭后"两字。此即说，法国人的"茶会"基本上都是在晚饭后举行的。而通过"亥初""亥正"赴某某人茶会，"子正归"的反复言说，读者们也就了解到了此时法国人的茶会一般是在晚21:00至23:00间开始，23:00至凌晨1:00左右结束。若再补充上引三段描述中的若干具体细节，诸如"立谈""男女跳舞""人多拥挤""无立足处""……伯理玺天德、尚书……夫人皆在……"云云，一幅活生生的法兰西上层夜生活图不就已清楚地展现在我们面前了吗？

更有甚者，曾氏在某些记录上还特意标注上了"赴某某夫人茶会"（第951、959、1148页）。"夫人"原本只是个标注性别的词语，无甚特别，但与在夜间举行的茶会相连，就会产生出某种奇特的作用。在这个特定组合中，"夫人"一词不仅揭示出了法国女性在社会生活中的作用和地位,且对于仍然秉持着"男女授受不亲"原则的中国文人而言,这是个可以引发出无穷想象的词,因而它也就起到了类似"幻觉词"一样的作用。

总之,曾氏对"茶会"看似刻板、平庸、琐屑的记录,却把法国上流社会喜欢举办招待会、酒会的习惯,把法国式"茶会"的时间、形式、内容等一一做了详细介绍,因而也就起到了直接描绘、传递西俗的作用。尤为重要的是:在反复使用"茶会"这个源自出使者本土的词汇时,曾氏实际上却扩大了原有的语义场,赋予了这个旧词以全新的内涵。传统语汇就这样经历了新的语义化过程,这个过程无疑为"茶会"的现代形式"招待会、酒会"的出现铺平了道路。①

比较文学形象研究一般认为:使用这些源自注视者文化的词语去描摹被注视者,往往带有"同化""归化"被注视者文化的倾向。② 但这个一般性的规律却未必适用于清末民初中国人对西方的言说。曾氏笔下的"茶会"即是一个极好的反例。

曾纪泽不仅赴"茶会"、记录"茶会",而且还亲自操办西式"茶会"。在光绪六年正月廿七日的日记中,首次出现了他与下属商议如何在使署自办茶会的记录。此后数天内的日记里均可见到"商议茶会事极久"的字样。二月初五日,茶会终于举办,且是与宴会连在一起举行的:"酉正,所请饮宴之客……先后来,戌初二刻入席,亥初散。送客至客厅后,即至客厅立迎茶会诸客一千二百余人。丑初以后,来者微稀,诸客跳舞甚欢,寅正乃散。"(第 963 页)我们看到,这一场规模浩大的茶会不仅在时间、方式、内容上完全遵照西俗,而且对于前此曾氏颇觉"诧异",甚至赞同刘锡鸿"讥讽"的"男女跳舞"也原样照搬了。可见在英法充任多年的使节后,此时的曾纪泽已完全接纳了这样的西俗,且视之为常态。这种变化,直接反映出曾纪泽个人文化身份的改变,它也从一个侧面向我们展示出中国传统思想观念的演变过程。

以往对曾纪泽的研究,大多集中在他对晚清外交上的贡献方面。论及中法关系,也多讨论他在中法战争中因持论强硬,力主抵御外辱而被清政府免去驻法

---

① 黎庶昌《西洋杂志》中有一段解释颇有意思,抄录如下:"英语谓茶会为'阿托禾木',意在家也。法语谓茶会为'梭(苏洼切)尔利',言消此夜也。余在伯尔灵时,数与英、法、奥等国茶会,见其兼请开色、开色邻暨卜令司等,以相酬答,此头令公使之礼。国使无家眷者,欲办茶会,亦可请识有名位者之夫人代为出名延请女客,然不常行。"见黎庶昌:《西洋杂志》,"公使应酬大概情形",长沙:岳麓书社,1985 年,第 407 页。

② 参阅巴柔著,孟华译:《从文化形象到集体想象物》,载孟华主编:《比较文学形象学》,北京:北京大学出版社,2001 年,第 130—131 页。

公使的史实。本文尝试着另辟蹊径,从比较文学形象研究的角度,通过对曾氏这部日记中某些语词的分析,初步讨论了他建构出了一个怎样的法国形象,以及为何会这样描述与言说。

这,应该就是曾纪泽们为中国语言、文化的现代化所作出的另一个贡献吧。

A Study on Zeng Jize's *Journal in France*: Lexicological Analysis of "Président" and "*Chahui*(Tea Party)"

Meng Hua

[Abstract]

Zeng Jize, the Embassy to France in late Qing Dynasty, left a diary on his stay in France for over five years. Though it mainly recorded trifles of routine life and work, a vivid image of France takes shape after in-depth analysis of its vocabulary, which is one of the key elements in the formation process. The vocabulary can be studied from historical, theoretical and spiritual angles. The article selects two important words from the diary to present an etymological, semantic and translational study and reveal how the Chinese diplomat of late Qing Dynasty described France and constructed the image of France, while exhibiting the modernization of Chinese traditional ideas and language around these two words.

[Keywords]

Zeng Jize, France, vocabulary, imagology

晚清士人对莫里哀的接受
——以陈季同和曾朴为中心

徐欢颜

[摘要]

法国古典主义喜剧大师莫里哀与中国文化发生关联的历史可追溯至晚清时期。在晚清士人群体之中,陈季同和曾朴对于莫里哀的评价和译介是独树一帜的。晚清外交官陈季同对莫里哀的接受是从中国文化传统中寻找与莫里哀所代表的法国文化的相似性,从而引导19世纪晚期的西方读者相对宽容地理解中国异质文化。曾朴对于莫里哀及其喜剧的评价直接受到其法国文学启蒙导师陈季同的影响,但从未迈出国门的曾朴却是一名"老新党",他的文学趣味和文学翻译理念极力向新文化知识分子靠拢。曾朴对于莫里哀的译介和评价体现了他"有统系"的翻译法国文学的努力,也表明了他希望引进域外文学来建设新文学、植入异质文化因素以创造新文化的良好愿望。

[关键词]

莫里哀;陈季同;曾朴;晚清士人;接受研究

莫里哀(Molière,1622—1673)是17世纪法国古典主义喜剧的代表作家,自他去世之后直至19世纪这一历史长时段内,他一直是法国所有17世纪作家中被阅读最多、最受读者和观众喜爱的剧作家。他的戏剧无论在法国本土还是在其他欧美国家,都保持着生动活泼的艺术魅力和长久深远的影响力。1886年,一个中国作家陈季同(1852—1907)在巴黎发表的法文著作中自称是"莫里哀的弟子"[①];

---

① 陈季同(Tcheng-ki-Tong)著,李华川、凌敏译:《中国人的戏剧》(Le théâtre des Chinois, étude de mœurs comparées, Paris, Michel Lévy Frères, 1886),桂林:广西师范大学出版社,2006年,第2页。

1897年至1900年间,另一位中国文人曾朴(1872—1935)尊奉陈季同为"法文的导师"①,在其指导下系统学习了包括莫里哀在内的法国文学知识。同为晚清一代的士人,陈季同和曾朴对于莫里哀的理解存在哪些相似之处?由于文化背景和成长经历的不同,陈季同和曾朴对于莫里哀的接受又存在哪些相异之处?他们二人对待莫里哀的态度在某种程度上或许可以反映出晚清知识分子认知与吸纳法国文化、法国文学的特征。本文尝试以此二人为中心,探讨莫里哀及其喜剧在晚清时期的特异性存在。

一、陈季同与莫里哀

陈季同在晚清文化史上是一个相当独特的人物,在欧洲的外交生活之余,以法语写作出版了大量介绍中国文化、文学的著作,在当时的欧洲社会轰动一时。他1867年至1875年在福州船政学堂法文学堂接受了8年西式教育,不仅学到了西学知识,还打下了极好的法文基础。1875年至1891年间,陈季同绝大部分时间都在欧洲度过,自1878年起他开始为中国驻法使馆工作,在晚清外交界可谓是一位相当出色的外交官。他先后发表了《中国人自画像》(*Les Chinois peints par eux-mêmes*,1884)、《中国人的戏剧》(*Le théâtre des Chinois*,1886)、《中国故事集》(*Les contes chinois*,1889)等多部法文著作,回国后又创作了法文轻喜剧《英勇的爱》(*L'amour héroïque*,1904)。在陈季同的著作中,莫里哀出现的频率相当高,尤其是在《中国人的戏剧》②一书中莫里哀的名字更是被屡次提及,关于莫里哀喜剧也有不少精当的评析。

1. 陈季同对莫里哀的推崇:宣扬其"战斗精神",肯定其法国文化象征价值

在《中国人的戏剧》一书前言中,陈季同开篇便对莫里哀进行了不遗余力的

---

① 曾朴:《病夫日记》民国十七年五月二十四日,载《宇宙风》1935年第2期。
② 《中国人的戏剧》的著作权存在一段悬疑未决的公案,蒙弟翁(Foucault de Mondion,1849—1894)宣称《中国人自画像》和《中国人的戏剧》均出于自己笔下(Adalbert-Heri Foucault de Mondion, *Quand j'étais mandarin*, Paris: Albert Savine, 1890),陈季同在报刊上加以辩驳,当时巴黎的报界都站在陈季同一方。根据李华川的研究,这两部著作与陈季同1889—1904年撰写的其他六部法文著作在写作风格上并无明显的差别,因此蒙弟翁剥夺陈季同著作权的证据不足。但根据现有文献的分析,两人合作的可能性最大,陈季同主撰,蒙氏撰写部分章节以及为陈季同校改、润色词句也在情理之中。详细的论证参阅李华川:《晚清一个外交官的文化历程》,北京:北京大学出版社,2004年,第27—35页。

赞颂：

> 莫里哀，这位人类中最伟大者，堪称勇敢者的头领，他让所有无知做作、高傲自负、硬充才子的腐儒无地自容，他用讽刺取得的进步胜过多次革命的成果。在其职业还很卑贱的时代，为了在宫廷打开缺口和推翻伪科学的偏见，这位喜剧家做了些什么呢？对他鄙视的东西说出他的鄙视，这就是全部——抱歉，这就是莫里哀。啊，多么雄浑有力的戏剧！这个人没有丝毫的社会关系，他的威望却超乎众人之上，金钱、贵族、皇权永不可能达到这样的高度，桂冠和钱袋也只能瞠乎其后。
>
> 在我第一次读到莫里哀时，我不知道最值得赞美的是他的勇气还是天才，但我可以想象，当他觉得自己是在孤军奋战时，他的心中会产生一种恐惧。这种场景人们很难想象：一群喜剧演员竟敢当面攻击路易十四的宠臣！任何虚荣对此都要退避三舍！所有假学者都会被戴上驴耳纸帽！一切答尔丢夫之流的伪善者都要原形毕露！难道我还没有理由称莫里哀是勇敢者的头领吗？
>
> 这是一个中国人在向莫里哀致敬，如果他的大胆想法能被原谅的话，他愿意称自己是莫里哀的弟子……①

从上面这些文字可以看出，陈季同在前言中给予莫里哀以无限的尊敬和喜爱，作者在这部著作中对莫里哀这位喜剧家青眼有加。陈季同不仅深深折服于莫里哀喜剧的艺术魅力，更对莫里哀的伟大人格深表钦佩。他在文中两次将莫里哀称之为"勇敢者的头领"（Le patron des audacieux），这个称呼很容易使中国读者联想到明代文人贾仲明在增补《录鬼簿》时关于元杂剧作家关汉卿的吊词："驱梨园领袖，总编修师首，捻杂剧班头。"②在法国的各种文学史描述中，莫里哀既有勇于抗争、严肃讽喻的一面，也有迎合宫廷、滑稽笑闹的一面，他是一个复杂立体的矛盾组合。而在陈季同的笔下，他所着力刻画的是莫里哀强烈的战斗精神，他认为这是莫里哀性格中最为突出的特征，而滑稽笑闹的宫廷俳优形象则遭到他有意无意的贬抑或者排斥。

陈季同笔下的莫里哀，其大无畏的战斗精神与元杂剧作家关汉卿的自我表

---

① 陈季同著，李华川、凌敏译：《中国人的戏剧》，第1—2页。
② 钟嗣成：《中国古典戏曲论著集成·录鬼簿》，北京：中国戏剧出版社，1959年，第151页。

白"我是个蒸不烂、煮不熟、槌不匾、炒不爆、响当当一粒铜豌豆"①如出一辙。陈季同这本以法文写成的著作更多的是在面向欧洲读者发言,他在书中对于莫里哀的赞颂不仅表达出他对法国文学传统的尊重和理解,同时也巧妙地取悦了欧洲读者大众微妙而复杂的文化优势心理。陈季同对于莫里哀的推崇,很有可能受到了当时法国文化界对于莫里哀进行"价值重估"的影响。从19世纪中叶开始,法国国内围绕着莫里哀开始了一系列的"造神运动":1843年,莫里哀的纪念塑像在巴黎黎世留街落成,正对着1673年莫里哀死去时所在的那栋房子。尤其是在1870年以后,莫里哀的地位更是被无限提高。其中的一个重要原因是法国在1870年普法战争中战败后,国内的士气民心相当低迷,政府为了使法兰西国民重新恢复民族自豪感,开始寻找法国文化的象征物,为战后的民族国家和道德秩序服务,莫里哀恰逢其时,正好符合了国家政治在文化功能上的迫切诉求。1873年,恰好是莫里哀逝世200周年,他的一系列代表作在公共集会上被广泛演出。自1852年开始就汇集当时的精英学者倾半个世纪之久编著的14卷的《莫里哀全集》在此期间陆续出版刊行,1879年至1889年10年间,《莫里哀研究者》(le Moliériste)这一杂志的发展壮大也在很大程度上推动和促进了法国本土的莫里哀研究。更加值得注意的是,从第二帝国时期开始,莫里哀的剧作逐渐被选编到各级中小学教科书中,学校基础教育中对于莫里哀的阐释和传授使得莫里哀的影响力日渐普及、深入。莫里哀不再被当作"戏子"来看待,而是被作为"思想家"来重新认识,他的剧作被认为有助于塑造法兰西国民道德。② 从以上法国文化界对于莫里哀的推崇来看,陈季同在此一阶段恰恰居留于法国,他对于法国文化的发展现状有着极为敏感的感知力,因此他在《中国人的戏剧》一书中对于莫里哀的赞美在很大程度上附和了当时法国学术界的主流评价,也代表了法国文化界的普遍看法。

2. 陈季同对莫里哀的征引:在戏剧比较中为中国文化"正名"

陈季同在《中国人的戏剧》一书中,除了前言部分对于莫里哀的赞美之外,在正文中还有七处分别提及莫里哀。这七处评论有的是对莫里哀本人的赞美,有的是对莫里哀喜剧的高度褒奖,有的还创造性地分析了莫里哀喜剧中的角色、情节和结构。陈季同在赞赏莫里哀的同时,也小心翼翼地在进行着中西戏剧文化

---

① 翁敏华:《关汉卿戏曲选评》,上海:上海古籍出版社,2002年,第205页。
② Ralph Albanese, *Molière à l'école républicaine De la critique universitaire aux manuels scolaires (1870-1914)*, Saratoga: ANMA Libri & Co., 1992, Préface.

的比较,他试图将莫里哀的戏剧赋予一种普世价值并以此为掩护,将其戏剧精神与中国传统戏剧文化勾连起来,从而在西方文学谱系中为中国戏剧找到可以立身的一席之地。

陈季同在研究中国的戏剧时,清醒地意识到"比较是精神的习惯,尽管这是一种坏习惯,但在研究这个问题时,我却找不到更好的方法"①。而且,他还提出,研究戏剧问题,"比较更多的是与演出而不是与剧本本身相关联"②。陈季同在《中国人的戏剧》第一卷"在剧院中"这样写道:

> 我自己加入到观众的行列中去……接着,布景变换:传来伟大的莫里哀式的笑声,滑稽而深刻,于是,我像从前的观众一样鼓起掌来,我尽力高喊:"好啊,莫里哀!"这些喜剧难道不是总具有现实意义吗?请上帝宽恕!它们描绘出我们的弱点和荒唐!同样,这位天才也对所有人报以友善的态度,因为在这个世界上只有一个"人":既是您,也是我,还是我们全部!这就是法国戏剧!所以,我每次观看莫里哀的剧作,总有一个想法出现:这些作品应该使那些企图垄断美德的人们消除隔阂,在他们心中刻上"博爱"的箴言。人们只满足于欢笑:难道莫里哀没有更高的目的吗?尽管带着玩笑的假面具,这个伟大的心灵是多么热爱人类啊!③

陈季同从戏剧观众的视角出发,点出莫里哀喜剧不仅现实性地描绘出法兰西的民族性格,更刻画出了全人类共通的人性和缺陷。他希望这些有益的剧作能够改变现实,使得观赏戏剧的人们能够消除偏见,公正、客观地对待那些与自身文化不同的人与事。他认为考虑时间因素来加以比较的话,如果回到三个世纪以前,中国戏剧艺术在1584年那个时代已经取得了辉煌成就,而那一时代戏剧艺术在法国还不存在呢。他说道:

> 如果我为没有向我的读者介绍一位莫里哀而感到绝望,又有什么用处呢?难道我们是唯一为这种不幸感到遗憾的人吗?我们难道不是在与全世界的人们一起分享这一不幸吗?我们的戏剧程式带着古老的气息,并不符合当下的风雅时尚……你们看到,在讨论这个问题的时候需要我十分小心

---

① 陈季同著,李华川、凌敏译:《中国人的戏剧》,第8页。
② 陈季同著,李华川、凌敏译:《中国人的戏剧》,第9页。
③ 陈季同著,李华川、凌敏译:《中国人的戏剧》,第9—10页。

谨慎,同时还要不沦于枯燥乏味。①

他意识到中国戏剧的内在本质与西方戏剧存在较大差异,中国戏剧的外在形式也不符合欧洲观众的审美习惯,所以在论述中国戏剧问题的时候,一再地提请他的西方读者注意并理解这种差异性,不要用对待西方戏剧的评判标准去苛责中国戏剧中的种种异质因素。他在《中国人的戏剧》第5卷"角色与风俗"中将中国戏剧与法国戏剧相提并论,认为"大多数中国喜剧都辛辣地讽刺习俗,甚至只在这方面猎奇。它们使欧洲人惊奇,因为这与它们的杰作体裁相同"②。既然中国喜剧可以与欧洲的戏剧杰作相比肩,那么不同戏剧系统所代表的民族精神也就不应该存在优劣高下之分了。陈季同通过中西戏剧文化的比较,提携着中国戏剧登堂入室,进入法国读者的审美视野,他也有意识地引导着法国文化界去尝试理解中国独特的戏剧文化。

陈季同在《中国人的戏剧》中首先通过对莫里哀的赞美和认同,拉近了他与法国读者之间的情感距离,使得法国读者愿意并乐意倾听陈季同此后关于中法戏剧的一系列论述。进而陈季同运用平行比较的方法,将莫里哀戏剧所反映的现实本质与中国戏剧的内在精神加以融会贯通,使得法国读者逐渐去除文化的隔阂与偏见,在一定程度上认同中国戏剧的相异性特征。《中国人的戏剧》与陈季同的大部分法文著作一样,内容谈论的虽是中国话题,但发言面向的受众却是西方读者,故而中国与西方,尤其是中国与法国的比较就往往成为他行文的基本模式。从这种比较中,我们可以看出陈季同对于以莫里哀喜剧为代表的法国文化遗产的熟悉与通透,更值得注意的是在这种文化比较中陈季同所持的中国立场。

3. 陈季同对莫里哀的批评:以中国文化为傲,中西并举而非抑此扬彼

《中国人的戏剧》一书中,陈季同在《性格喜剧》一节中对于元杂剧《看钱奴》和莫里哀剧作《吝啬鬼》进行了比较分析,他最终得出的结论是:《看钱奴》表现了"一以贯之的一种(喜剧)性格",元杂剧《看钱奴》的结尾比《吝啬鬼》中阿巴贡抱着珠宝箱的结尾"更尖刻、更出人意料"③。这一结论与当时法国文化界关于

---

① 陈季同著,李华川、凌敏译:《中国人的戏剧》,第11页。
② 陈季同著,李华川、凌敏译:《中国人的戏剧》,第123页。
③ 陈季同著,李华川、凌敏译:《中国人的戏剧》,第115页。法文原文如下:"Voilà ce qui s'appelle un caractère soutenu jusqu'au bout. Ce trait de la fin vaut mieux encore que le dernier mot d'Harpagon: 'Et moi, ma chère cassette!' Il est plus piquant, plus inattendu." (Tcheng-ki-Tong, *Le théâtre des Chinois, étude de moeurs comparées*, 1886, p.198)

中法戏剧的普遍看法正好是截然相反的。在法兰西喜剧院图书馆保存的非正式出版物中，有份打印稿件题为《莫里哀的〈悭吝人〉》（Théodore Lorin，"L'avare de Molière"，1856），作者泰奥菲尔·劳翰列举了不同时期不同国家以吝啬为主题的戏剧文本，其中提到了汉学家儒莲（Julien Stanislas，1797—1873）和巴赞（Antoine Pierre Louis Bazin，1799—1863）翻译的元杂剧《看钱奴》。① 泰奥菲尔·劳翰综合分析了各国以吝啬为主题的戏剧文本，对中国元杂剧所采用的刻画吝啬性格的艺术手法相当不以为然，持一种偏见和贬抑的态度：

> 所有的剧作家——甚至中国作家——都曾津津乐道于吝啬这一题材。儒莲先生和巴赞先生为我们带来过一部掺杂有唱段的喜剧或正剧的译作，它是以这样的性格刻画结束的（对此写法，莫里哀或许并不反对，不过他的构思也不会容许他予以采纳）：我的儿啊，这位中国吝啬鬼说道，我快不行了。我走了以后，别忘了去跟那卖蚕豆的小贩讨回他欠我的五文钱。②

面对着法国国内学界对于中国戏剧和中国文化的质疑和贬低，陈季同在自己的书中不遗余力地为中国戏剧、中国文化辩护。这种辩护和维护的立场与当时他所身处的法国社会文化语境密切相关。

19世纪后半期，受到政治时局的影响，中法文学关系也开始发生变化，上一个世纪"中国热"风行时中国所呈现的美好形象在此时已不复存在，取而代之的是一个积弱积贫、落后停滞的中国形象。正如米丽耶·德特利所说的那样，"在19世纪的作品中，中国不再指导别人而是接受指导，它不再被视作典范却成为批评的对象，它不再是受人崇敬的理想国度，而是遭到蔑视和嘲笑"③。19世纪西方和中国力量关系的变化，使得当时的法国知识界，特别是法国汉学界，对于中国文化的态度也由此前的仰视变成了鄙薄。有鉴于此，陈季同在其发表的第

---

① Théodore Lorin 稿本中引用的《看钱奴》译文和 1886 年陈季同《中国人的戏剧》一书中引用的《看钱奴》译文，均与 1837 年德庇时著作《中华帝国及其居民概述》法译本附录中提到的译文（Stanislas Julien, "L'Avare, comédie chinoise", J. F. Davis: *La Chine, ou Description générale des mœurs et des coutumes, du gouvernement, des lois, des religions, des sciences, de la littérature, des productions naturelles, des arts, des manufactures et du commerce de l'empire chinois*, traduit de l'angalais par A. Pichard, revu et augmenté d'un appendice par Bazin Ainé, Paris, 1837, pp.385-389）相同。

② Théodore Lorin, "L'avare de Molière," 1856, p.6.

③ ［法］米丽耶·德特利（Muriel Détrie）著，罗湉译：《19世纪西方文学中的中国形象》，载孟华主编：《比较文学形象学》，北京：北京大学出版社，2001年，第242页。

一部著作《中国人自画像》开篇，感慨道："借旅居欧洲十年之经验，本人可以断言，中国是世界上遭误解最深之国家"①，为了改变这种状况，"陈季同一生中的西文著述，都以让西方人了解中国为目标。他的著作中谈论的主题几乎都是中国，而这一中国又是经过美化的、理想的中国，从历史传统、典章制度到风俗民情、现实处境都近乎完美"②。在西方公众面前，虽然陈季同多次赞扬莫里哀、高乃依、蒙田、帕斯卡尔、巴尔扎克等法国经典作家以及他们的经典作品，但在字里行间之外，欧洲读者也不难体会到作者对中国文化引以为傲的民族自信。晚清时期来自弱国的外交官拥有这种以中国文化为傲的心态，在当时的欧洲，甚至引起了一些文化界人士的反感，罗曼·罗兰在自己的日记中就不无嘲讽地提到了陈季同的中国文化优势心理。1889年2月18日，陈季同应法语学校的邀请在巴黎索邦大学演讲，时年23岁的罗曼·罗兰（Romain Rolland，1866—1944）在日记中留下了以下这些记述：

> 在索邦大学的阶梯教室里，在法语联盟的课堂上，一位中国将军——陈季同在讲演。他身着紫袍，高雅地端坐椅上，年轻饱满的面庞充溢着幸福……他的演讲妙趣横生，非常之法国化，却更具中国味，这是一个高等人和高级种族在讲演。透过那些微笑和恭维话，我感受到的却是一颗轻蔑之心：他自觉高于我们，将法国公众视作孩童……着迷的听众，被他的花言巧语所蛊惑，报之以疯狂的掌声。③

陈季同这种中国文化优势心理放置到当时的历史语境中，在某种程度上可以视为弱势文化群体为反抗欧洲中心主义所进行的抗争。故而有学者在关于陈季同的专论中指出，"《中国人的戏剧》一书中，中西文学比较是为赞美中国这个目的服务的，所以其结论几乎总是有利于中国"④。陈季同之所以在赞扬欧洲文学的同时，苦心孤诣地抬高中国文学，其根本原因可能更多地着眼于将中国的文学，尤其是戏剧，与法国的古典文学传统相对接，彰显中国文学的独特价值，提升中国文化在19世纪晚期法国文化圈中的地位。

---

① 陈季同著，段映红译：《中国人自画像》，桂林：广西师范大学出版社，2006年，第1页。
② 李华川：《晚清一个外交官的文化历程》，第127—128页。
③ 陈季同著，李华川、凌敏译：《中国人的戏剧》，扉页，译文由孟华教授翻译。原文出自Romain Rolland, *Le cloître de la Rue d'Ulm*, *Journal de Romain Rolland à l'Ecole Normale*（1886-1889），Paris：Albin Michel，1952，pp.276-277.
④ 李华川：《晚清一个外交官的文化历程》，第140页。

综上所述，陈季同对于莫里哀的推崇、征引和批评，在 19 世纪的法国文化语境中，实际上颇有些"言在此而意在彼"的意味，莫里哀是作为一个言说中国文学、中国戏剧的外在参照物而存在的。但陈季同无论是在其西文著述中，还是在他那些为国内时人看来"扬西而抑中"的中文著述中，都给予莫里哀无与伦比的地位和礼遇。他是晚清知识分子中论述莫里哀的"第一人"，在其有生之年不仅向当时的欧洲文化界介绍了中国文化，还开启了中国士人认知法国文学的起点，他无愧于"莫里哀的弟子"这一称号。更为重要的是，他对于莫里哀的认识和理解很大程度上影响了此后的一代学人，曾朴便是其中之一。

二、曾朴与莫里哀

曾朴和陈季同的年纪相差 20 年之久，按照年龄来看的话，他们基本上已经算是两代人了。两人的人生阅历也大相径庭：陈季同是晚清体制下久居欧洲的外交官，曾朴则是从未跨出过国门，在辛亥革命后历经宦海沉浮最终专心从文的"老新党"。在思想方面，陈季同的文学观念超前于他所处的晚清时代，曾朴人生的前 40 年属于晚清时期，后 23 年则属于民国时段。对于曾朴来说，他在近代文化界是一个典型的"晚清心态民国人"。在当时特殊的历史文化语境中，无论陈季同，还是曾朴，这两位晚清士人对于法国文学的认知和了解程度并不逊色于民国时期新一代的知识分子。

1. 曾朴初识莫里哀：陈季同的文学启蒙

1897 年至 1900 年之间，曾朴与陈季同在上海的文学交往对于曾朴的法国文学启蒙至关重要。曾朴的早期教育基本上是在旧学的框架内进行的，同文馆特班的语言学习也缺乏比较系统的训练，因而曾朴的法文基础可以说是相当薄弱的，他一直靠着"硬读文法、强记字典"的方式进行艰难的自学。正如曾朴自己所说，在结识陈季同之前，他对于法国文学的阅读是"随手乱抓，一点统系都不明了"[①]，与陈季同的相识与交往使得他对于法国文学的了解进入了一个新的层次。曾朴晚年回忆道：

> 我自从认识了他，天天不断的去请教，他也娓娓不倦的指示我；他指示我文艺复兴的关系，古典和浪漫的区别，自然派、象征派，和近代各派自由进

---

① 病夫：《复胡适的信》，《真善美》第 1 卷第 12 号，1928 年。

展的趋势;古典派中,他教我读拉勃来的《巨人传》,龙沙尔的诗,拉星和莫理哀的悲喜剧,白罗瓦的《诗法》,巴斯卡的《思想》,孟丹尼的小论;浪漫派中,他教我读服尔德的历史,卢梭的论文,嚣俄的小说,威尼的诗,大仲马的戏剧,米显雷的历史;自然派里,他教我读弗劳贝、佐拉、莫泊三的小说,李尔的诗,小仲马的戏剧,泰恩的批评;一直到近代的白伦内向《文学史》,和杜丹、浦尔善、佛朗士、陆悌的作品;又指点我法译本的意、西、英、德各国的作家名著;我因此沟通了巴黎几家书店,在三四年里,读了不少法国的文哲学书。①

在曾朴的这段自述中,我们可以看到,曾朴在陈季同的指导下按照法国文学几个世纪以来的源流发展进行系统性阅读,不仅了解了古典文学和浪漫文学之间的区别,还对法国古典主义戏剧尤其是莫里哀的喜剧有了初步的认知。

曾朴自从结识陈季同以后,激发起了他阅读和学习法国文学的狂热。曾朴在给胡适的信中坦言:

> 我文学狂的主因,固然是我的一种嗜好,大半还是被陈季同先生的几句话挑激起来的,他常和我说:我们在这个时代,不但科学非奋力前进,不能竞存,就是文学,也不可妄自尊大,自命为独一无二的文学之邦;殊不知人家的进步,和别的学问一样的一日千里,论到文学的统系来,就没有拿我们算在数内,比日本还不如哩。我在法国最久,法国人也接触得最多,往往听到他们对中国的论调,活活把你气死。……我想弄成这种现状,实出于两种原因:一是我们太不注意宣传,文学的作品,译出去的很少,译的又未必是好的,好的或译得不好,因此生出重重隔膜;二是我们文学注重的范围,和他们不同,我们只守定诗古文词几种体格,做发抒思想情绪的正鹄,领域很狭,而他们重视的如小说戏曲,我们又鄙夷不屑,所以彼此易生误会。我们现在要勉力的,第一不要局于一国的文学,嚣然自足,该推扩而参加世界的文学;既要参加世界的文学,入手方法,先要去隔膜,免误会。要去隔膜,非提倡大规模的翻译不可,不但他们的名作要多译进来,我们的重要作品,也须全译出去。要免误会,非把我们文学上相传的习惯改革不可,不但成见要破除,连方式都要变换,以求一致。然要实现这两种主意的总关键,却全在乎多读他

---

① 病夫:《复胡适的信》,《真善美》第1卷第12号,1928年。

们的书。①

以上这么长的一大段转述,让人感觉曾朴是在借陈季同的话语来表白自己的文学理想。这段文字可能是陈季同对曾朴讲过的原话,也可能是曾朴借陈季同的名义"夫子自道"的阐释,但它的叙述思路鲜明地体现出晚清士人群体中普遍存在的"救亡图存"心态。只不过与晚清那些注重坚船利炮的物质文明的科技派学人相比,陈季同和曾朴表现出更强烈的文学、文化自觉意识,他们希望中国文学能够加入世界文学的"统系"之内,在文学进化的谱系中占有一席之地。曾朴后半生倾注心血致力于西方文学翻译,尤其是法国经典文学作品的译介,很大程度上可以说是受到了陈季同这种"去隔膜、免误会"的文学发展思路的影响。

从曾朴对于自己早年学习法国文学的叙述和对陈季同的回忆追述中可知,在他初识莫里哀的阶段,他的文学阅读和文学趣味是由其法文导师陈季同一手培养起来的,他绝大部分的文学观点都是陈季同观念的翻版。陈季同对于莫里哀的推崇和批评,直接构成了曾朴理解莫里哀的认知基础。

2. 曾朴的莫里哀喜剧译介:"有统系"的翻译,参与新文学的建构

1927年9月,曾朴和曾虚白父子主办的真美善书店集中推出了曾朴的四种译作,分别是《吕克兰斯鲍夏》(Lucrèce Borgia)、《吕伯兰》(Ruy Blas)、《欧那尼》(Hernani)和《夫人学堂》(L'Ecole des femmes)。前三种是雨果的浪漫主义戏剧,属于真美善书店的"嚣俄(Victor Hugo)戏曲全集"这一丛书系列,后一种是莫里哀的古典主义喜剧代表作。这四种译作同时重磅推出,很能够使当时的中国读者对法国文学"古典和浪漫的区别"一目了然。这四种的体裁又都是戏剧,正是陈季同所说的西方注重而我们鄙夷不屑的文学样式。曾朴选择它们进行翻译,鲜明地体现了他有统系地翻译介绍西方文学的努力。②

在曾朴的译作发表之前,莫里哀喜剧在中国的译介集中在《吝啬鬼》(L'Avare)和《伪君子》(Tartuffe)两部剧作上。《吝啬鬼》的译本有两个:其一是1914—1916年间在《小说丛报》上连载的《守钱奴》,由唯一、贝母、竹溪乐天生三人接续翻译,经徐枕亚润词修饰;其二是高真常翻译的《悭吝人》,1921年在《小说月报》上连载,1923年作为"文学研究会丛书之一"由上海商务印书馆出

---

① 病夫:《复胡适的信》,1928年。
② 关于曾朴的翻译思想,相关研究可参看李广利的论文《曾朴的翻译思想》,载《中国比较文学》,1997年第2期,以及马晓冬:《文化转型期的翻译实践——作为译者的曾朴》,北京大学博士论文,2008年。

版。《伪君子》的译本也有两个：其一是1924年朱维基从英译本转译的《伪君子》，由六社出版；其二是世界出版社1926年刊行的译者未知的《伪君子》。曾朴在20年代翻译的《夫人学堂》，填补了莫里哀中国翻译史上的一个剧目空白。

　　从翻译的选题来看，他避开那些重复翻译的剧目，除了阅读市场的考虑之外，更主要的原因可能还在于《夫人学堂》这部剧作的文学史意义。在莫里哀的早期创作中，1659年《可笑的女才子》(Les Précieuses ridicules)是独幕散文体喜剧，1660年的《斯嘎纳耐勒》(Sganarelle)是诗体独幕喜剧，1661年的《丈夫学堂》(L'Ecole des maris)是三幕诗体喜剧，而按照当时古典主义戏剧的标准，只有五幕、诗体、结构符合三一律的剧本才算得上是真正的古典主义戏剧，《夫人学堂》在形式上完全符合这样的标准，由于在此之前法国还没有出现过这样完整而成功的古典主义喜剧，所以《夫人学堂》被认为是法国古典主义喜剧正式形成的标志，文学史上将其称之为"高尚喜剧"(Les grands comédies，李健吾先生译作"大喜剧")的第一部剧作。① 曾朴选择这部在莫里哀喜剧创作和法国古典主义喜剧发展中都占据重要位置的《夫人学堂》进行翻译，在当时的中国译界，可谓是独具慧眼、煞费苦心。在《夫人学堂》的版权页后面，还附有真美善书店的广告两则，其一是对《真美善》半月刊的宣传："本刊是东亚病夫跟虚白两人主编的。创作部分有《孽海花》同《鲁男子》两部长篇，译述部分多选择介绍欧西名家的作品。在作者的意思，原想本着自己的主张，自己的能力，不骛新，亦不徇俗，另开途径，创造成一种真正国性的文学。或者是'小蛇吞象'，志望太大，却想努力进行，始终不懈，求社会上普遍的同情。"② 从这段文字可知，曾朴对于翻译的选择锁定在"欧西名家的作品"上，译介的目的是为了"创造成一种真正国性的文学"。在另外一则题为"嚣俄戏曲全集"的广告下，又说道，"现在介绍西洋书籍，大半多东拉西扯，毫无统系。一般研究西洋文学的热心人所看见的大半是断简残篇，恨没有畅畅快快研究的机会。本书店因此发下一个宏愿，想把各国文学界几个领袖的全集逐步翻译，先今从这部书着手。底封面上刻着详细目录"③。这两段广告文字附在《夫人学堂》一书后页，鲜明地体现了曾朴一贯坚持的"有统系的翻译事业"的翻译理念，《夫人学堂》的翻译可以说正是在这一理念的驱动

---

① Roger Guichemerre, *La comédie classique en France: De Jodelle à Beaumarchais*, Paris: PUF, 1978, p.50.
② 穆理哀著，东亚病夫译：《夫人学堂》，上海：真美善书店，1927年。见版权页后面的广告一。
③ 穆理哀著，东亚病夫译：《夫人学堂》，见版权页后面的广告二。

下展开的。

从《夫人学堂》译文的形式来看,曾朴并未对原文进行明显的缩减或者增加,基本上是按照原文的意思来翻译的,但是译文的风格介于旧文言和新白话之间,译文总体来说是比较通顺明白的。这与20世纪20年代中国翻译界盛行的译述和转译改译之风相比,曾朴的翻译已经"不知不觉走到谨严的道路上来"[1]。将曾朴的译文和莫里哀喜剧的早期译文《守钱奴》相比,可以看出,已经从《守钱奴》以文言和旧小说式的白话为主的译文过渡到《夫人学堂》以通顺的现代白话为主的译文。在某种意义上,曾朴的莫里哀喜剧译文和他的其他译著一起都参与和促进了现代汉语及文学的转型进程。1934年,文学批评家马宗融在《从莫利耶的戏剧说到五种中文译本》一文中对曾朴翻译的《夫人学堂》有所批评,认为"剧本的译文……单读是流畅可喜,对照便太觉失真了",他"不能不表示失望;因而感到创作家还是惜些精力创作的好"[2]。马宗融通过比较30年代市面上已有的五种莫里哀中译本:《悭吝人》《装腔作势》(合本,高真常译,商务印书馆出版)、《夫人学堂》(东亚病夫译,真美善书店出版)、《史嘉本的诡计》(唐鸣时译,商务印书馆出版)和《心病者》(邓琳译,商务印书馆出版),认为"几种译本中《悭吝人》读起来更觉生涩",至于译本的可靠程度,"这五种译本中怕要算唐鸣时和邓琳两位的译本较好,哪怕稍欠忠实一点"[3]。从马宗融的这一批评看出,曾朴的《夫人学堂》译文虽然通顺,但内容有欠忠实,与当时以新文化知识分子占据主体的翻译界所持有的"谨严"标准尚有一定距离,曾朴的莫里哀喜剧中译本新旧杂糅的风格也并不被新文学批评家认可。但不可否认的是,曾朴这种新旧杂糅、介于旧文言和新白话之间的译文特色恰恰构成了中国莫里哀喜剧早期译介过程中的过渡和转折,起到了桥梁式的连接作用。

3. 曾朴的莫里哀研究:传统考据之学与新式学术批评的融合

曾朴在翻译《夫人学堂》之外,还以极大的热情和考据之学的方法来从事莫里哀的学术研究工作。[4] 在《夫人学堂》的译文前面,不仅有莫里哀的画像,还有莫里哀的原序,在译文后面还有两篇附录:《喜剧大家穆理哀小传》[5]和《节译法

---

[1] 胡适:《论翻译——与曾孟朴先生书》,载《胡适文集》第四卷,北京:北京大学出版社,1998年,第613页。

[2] 马宗融:《从莫利耶的戏剧说到五种中文译本》,载《文学》第3卷第5期,1934年。

[3] 马宗融:《从莫利耶的戏剧说到五种中文译本》,载《文学》第3卷第5期,1934年。

[4] 曾朴出身于江苏常熟的书香门第,他旧学功底深厚,18岁便考中秀才,青年时代曾潜心于金石、目录、校勘、辑佚之学。

[5] 穆理哀著,东亚病夫译:《夫人学堂》,附录,第1—10页。

赅法兰西文学史》①。虽然这两篇附录和《夫人学堂》的译文一样,都呈现出文白交杂的语言风格,但总体来说,曾朴翻译的法盖的文学史中关于莫里哀喜剧的部分在内容上是相当忠实的,他自己根据各种文学史资料写出的莫里哀小传也成为中国20世纪20年代最为详尽的莫里哀传记。更加难得的是,曾朴在译介欧洲学者研究资料的同时,还能够结合自身的阅读经验,对莫里哀及其喜剧提出一些独到的见解:

> 氏者一人情风俗之大描写家也,时人呼之为画家,其仇敌则评为观察家;意盖谓其注重于观察实在,而不甚措意于情节及结构。其实不尽然,氏实为创造法国风俗喜剧之惟一人物,敢于放胆描摹当代可鄙可笑之人事者也;且一方面亦兼造性质喜剧,往往能显人类之情状,其观察力既深,而印感力亦异常强猛,似已侵入悲剧境界矣;顾仍守其自然之快乐主义,及真实之描写,不失喜剧之本分,此氏之特长也。②

曾朴关于莫里哀及其喜剧的评论,不仅在很大程度上继承了陈季同对于莫里哀的赏识和喜爱,而且也很好地吸收借鉴了西方莫里哀研究的代表性成果,在继承和转述中也不乏个人的独立判断和新颖的创见。

除了关注莫里哀本人的生平创作以外,曾朴还译介了一些关于莫里哀家庭和恋爱生活的资料。1927年底,曾朴在《真美善》杂志上发表了《穆理哀的女儿》,内容是关于莫里哀家庭逸闻的考证,其中引用了法国学者皮埃尔-保罗·普兰(Pierre-Paul Plan,曾朴译作"边勒保尔·柏朗")关于莫里哀女儿生平的研究和考证。1928年,曾朴继续在杂志上发表了《穆理哀的恋爱史》的长文,他在文章中引用参考了许多关于莫里哀生平的原文资料,从一个侧面反映出他对于莫里哀研究着力颇深。他在这篇文章中提到的参考资料有以下数种:

> 穆理哀去今不到三百年,年代并不算远,记载他事迹的已很多传闻异辞。但对着婚姻一事,最早是一六八二年拉格朗实的刊集记(*Notice* par La

---

① 穆理哀著,东亚病夫译:《夫人学堂》,附录,第11—16页。经过笔者的比对,可知曾朴所采用的文学史底本是埃米尔·法盖(Emile Faguet,1847—1916)所著的《法国文学史》第二卷(*Histoire de la littérature française : depuis le XVIIe siecle jusqu'à nos jours*,Paris:Plon-Nourrit et Cie,1913)中关于莫里哀的章节。埃米尔·法盖所著的文学史在20世纪上半期相当畅销,截至1924年已经出版发行30版。

② 曾朴:《喜剧大家穆理哀小传》,《夫人学堂》,附录第8页。

Grange),其他如葛利麦莱 La vie de Molière Par Grimarest(1705),葛哈华 Etudes sur Molière, Caihava(1802),裴法拉 Dissertation sur Molière, Beffara(1821),旦斯显鲁 Les Oeuvres et la vie de Mde Molière, Taschereau(1825),巴散(Bazin),沙衣言(Soullie),都是一般说法,差不多已算了盖棺论定了。

直到近代拉古尔先生(Léopold Lacour)始不拘成说,不加主观,旁搜博证,把莫里哀私密的生活,如实的探索,著了一部《莫里哀的情人及夫人》Les Maitresses et Femme de Molière,……①

从这段文字可以看出,曾朴不仅大量阅读了法国文学史和莫里哀研究的相关著作,还积极迅速地将法国学界的莫里哀研究新成果介绍到中国来。曾朴列出和引用的参考书目给后来中国的其他莫里哀研究者提供了可资借鉴的原文材料,他关于莫里哀生平家世、喜剧作品的译介和研究,也在一定程度上促进了中国莫里哀研究的发展和进步。

曾朴在1928年5月25日的日记中写道:

我又全夜没有睡,译了一段莫利爱的青年事迹,又看了 Pierre Louys 的一节论文,题目是:"莫利爱杰作的著作人,是不是高耐一?"这个奇僻的问题,他的意思,是不信是莫利爱自己做的,是高耐一代作的;他的证据,就是两点,一、莫利爱没受过高深教育,二、莫利爱没一些遗留的手稿,有的只有两张收据,缀字多错误,便断定做不出假面人、厌世人等诸作品,真算得奇论了。②

当他写下这段文字的时候,曾朴已经是56岁的老人了,但他却以超人般的毅力彻夜未眠,倾注心力翻译莫里哀的资料,研读法国莫里哀研究的学术前沿成果。他对皮埃尔·路易学术观点的评价虽短,但我们可以从中看出他的态度,他是不赞同莫里哀剧作高乃依代笔之说的。不赞同的其中一个原因在于皮埃尔·路易提出的两点证据均有不足,这在朴学出身的曾朴看来是无法认同的,另外一个原因恐怕也是他对莫里哀研读得越多,他和研究对象之间的感情就愈益深厚,

---

① 病夫:《穆理哀的恋爱史》,载《真美善》第2卷第1号,1928年5月。引文中的西文注解均为原文所有。

② 《病夫日记》民国十七年五月二十五日,《宇宙风》1935年第2期,后收入《曾公孟朴纪念特辑》。

以致在情感上无法接受莫里哀其人并不存在这样一种学术推断。

就莫里哀的接受而言,将20世纪20年代的曾朴与1900年前后的曾朴加以对比,就会发现最初他在陈季同指导下对莫里哀的阅读仅限于了解"古典和浪漫的区别",而经过长期坚持不懈的学习、翻译和研究之后,他对于莫里哀的接受程度已经逐渐超过了他的文学导师陈季同,他对于莫里哀的理解和把握也较之前的那一代学人更进一步,他对于莫里哀的再阐释也给后一批的新文化知识分子提供了学术资源。可以这样说,莫里哀在晚年的曾朴那里,已不再是文学史中遥远的大师,而变成了他所感知的法国文化中颇为坚实的一个经典象征符号。

三、结　语

讨论莫里哀在晚清士人中的接受,仅仅描述接受者阅读了哪些材料,发表了哪些言论是远远不够的,更重要的是接受者自身生活语境的文化氛围。根据熊月之先生的分析,1900年以前,能够直接阅读西文书刊的中国知识分子,总数不超过一千人。① 陈季同和曾朴是晚清士人群体中能够直接阅读西文的那一部分少数派,法文语言的学习为他们打开了一扇了解西方文化和亲近西方文学的大门。曾朴晚年回忆说:"那时候,大家都很兴奋的崇拜洋人,但只崇拜他们的声光化电,船坚炮利;我有时谈到外国诗,大家无不瞠目结舌,以为诗是中国的专有品。"② 在中西交流历史上,中国民众对于以诗歌艺术为代表的西方精神文化的接受远远逊色于对西方物质文化的接受。在晚清普遍的"中学为体、西学为用"的实用主义思潮中,陈季同评论的目光能够投向西方文学,曾朴晚年致力于翻译法国文学经典作品,这种独到的眼光和实干的精神在晚清文学界是非常难得的。

陈季同和曾朴在莫里哀进入中国的过程中都充当了中间媒介的作用,在作为媒介的两位晚清士人身上,两种不同质的文化撞击、冲突、合成,各自生成了不同的文化变异体,而促进两种文化融合、变异的中间媒介人也在这一文化冲突的过程中有了一定程度的改变。陈季同屡次评论莫里哀及其喜剧,给予莫里哀极高的礼遇和赞赏,但他的根本目的在于借着论述莫里哀来为中国戏剧正名,力图纠正西方世界尤其是法国文学界关于中国戏剧的不正确理解,从而使得中国戏剧在世界文学统系中获得其应有的地位。陈季同回国之后,他对于法国文学的

---

① 参阅熊月之:《晚清社会对西学的认知程度》,载王宏志编:《翻译与创作:中国近代翻译小说论》,北京:北京大学出版社,2000年,第35页。
② 病夫:《复胡适的信》,1928年。

深刻理解和先进的世界文学观念都对接受他指导的曾朴产生了非常重要的影响。如果把陈季同看作是中国接受莫里哀的最初媒介的话，那么曾朴就是莫里哀中国接受链条上的第二环，他对于莫里哀的认知在很大程度上深受陈季同这位第一媒介人的影响。曾朴译介莫里哀及其他法国文学经典的实际行动践行了陈季同关于中西文化交流"去隔膜、免误会"的文学发展思路，也是他本人希望介绍域外文学来创造一种新的国文学的良好愿望。

晚清士人对莫里哀的接受，是在19世纪末20世纪初中法两种文化撞击碰触的过程中产生的，晚清士人对莫里哀的接受程度受制于时人对于法国文学的认知程度。根据日本学者樽本照雄先生的统计，在1840—1920年间，中国对法国文学的翻译数量紧随英语文学之后，占第二位。① 但在1901年之前，中国对于法国文学的"选择"往往并非译者主观意愿的取舍，而是与外界的任何偶然接触都有可能导向"事实"的选择。从1902年起，法国文学在中国的翻译进入一个整体高速增长的时期：被译入的法国作家主要集中在19世纪，尤其以后半期居多；就体裁而言，集中于小说，译入的诗歌、戏剧作品数量极少。在1912年之前的法国文学翻译中，直接从法语翻译的文学作品并不多，大量转译尤其是经日文转译的译作构成了法国文学翻译的主体。② 基于以上这种情况，晚清士人在1912年之前通过中文译本来了解莫里哀及其喜剧的可能性是比较小的。

陈季同和曾朴都是通过语言学习对法国文学文化产生兴趣的，他们的西学知识和文化素养在同时代的士人中堪称翘楚，他们对于莫里哀的认知在很大程度上是超越时人的，其结果注定是曲高和寡、知音零落。但他们的著述和引介西方文学的努力都对莫里哀在中国的传播与接受起到了相当重要的作用，陈季同对于莫里哀的表述在晚清士人群体中是独一无二的，是晚清评价莫里哀之第一人，曾朴对中国20世纪早期的莫里哀译介所作出的贡献并不逊色于新文化运动之后接受西式教育的新兴知识分子。19世纪末20世纪初，呈现在中国接受者面前的莫里哀是经过西方近300年阐释后的已然经典化的莫里哀，陈季同和曾朴对于莫里哀的评论和再阐释不仅构成了中国莫里哀研究的一部分，同时也是世界莫里哀研究中不可或缺的组成部分。随着时间的推移，莫里哀在法国本土和他乡异域一直能够得到不断的阐释和"创造性的误读"，从而得以保持着一种与时代同步的现代性。

---

① ［日］樽本照雄：《清末民初的翻译小说》，王宏志编：《翻译与创作：中国近代小说论》，第163页。
② 参阅韩一宇：《清末民初汉译法国文学研究（1897—1916）》，北京：中国社会科学出版社，2008年。但韩一宇博士主要讨论了法国小说在清末民初的汉译，关于法国戏剧在中国的译介未涉及。

Chinese Intellectuals' Acceptance of Molière in the Late Qing Dynasty: On Chen Jitong and Zeng Pu

Xu Huanyan

[Abstract]

　　Molière was a great master of French Classical Comedy. His connection with Chinese culture could be traced back to the Late Qing Dynasty. The comments of Chen Jitong and the translation of Zeng Pu were outstanding works on Molière at this time. As a diplomat, Chen Jitong tried to find out the similarity between Chinese traditional culture and French culture so as to guide the late 19th century Western readers to understand the different Chinese culture with a tolerant attitude. Zeng Pu has never been abroad, but his comments on Molière were directly influenced by Chen Jitong, his mentor of French literature. Zeng Pu's literary taste and translation theory to some extent were close to the intellectuals of the New Culture Moverment. His research on Molière not only embodied a systematic effort to translate French literature, but also indicated his hope to create new patterns of Chinese literature and culture by way of the introduction of foreign literature and culture.

[Keywords]

　　Molière, Chen Jitong, Zeng Pu, late Qing intellectuals, studies on acceptance

晚清中国人对澳大利亚的认识

邹振环

[摘要]

  澳洲的发现可以说是人类历史上第二次重要的地理大发现。关于晚清中国人对澳大利亚的认识，学界尚无全面和深入的讨论。本文拟以明末清初耶稣会士关于澳大利亚的想象为起点，重点分析晚清著名学者梁廷枏、徐继畬关于澳洲的最初描述。19世纪中期国人绘制有"澳大利亚"的世界地图、实地考察与咨询外人所得的澳洲知识信息，以及通过对吴宗濂、赵元益《澳大利亚洲新志》和沈恩孚的《澳大利亚洲志译本》两译本的讨论，尝试比较全面地阐述晚清中国人是如何从汉文西书和域外文献中对关于澳大利亚知识进行摸索，完成了对第二次世界地理大发现的了解和认识。

[关键词]

  晚清；澳大利亚；世界地理；地理大发现；地理译著

  澳大利亚,亦称"澳洲",是世界上与其他大陆距离最遥远的大陆。在相当长的时期里,这个四周被广阔海洋环绕的世界上最小的大陆,一直没有能够进入地理学家的视野。澳大利亚(Australia)来源于拉丁文"Australis"一词,意思是"南方"。早在中世纪,欧洲人就曾在地图上绘制过一个他们想象中的南方大陆(Terra Australis),15、16世纪随着地理大发现的进一步深入,欧洲人不仅知晓了欧亚大陆,而且他们认为,在广袤的南半球海域,在非洲和南美洲之间,不会全然是大海,很可能还存在一个类似亚洲一样的大陆。但在相当长的时期里,欧洲人虽然从马来人那里耳闻一些关于南方大陆的传闻,但由于那里并无出产,因此尚无探险家登上所谓"南方大陆"。欧洲地理学家对这个大陆的想象和猜测,也反映在16、17世纪来华的耶稣会士的地理学汉文西书中。从1606年荷兰人威廉·詹思(Wiillem Jansz,一译Wiillem Janszoon)从爪哇东航登陆约克角(Cape

York)半岛起,到 1688 年,英国人丹皮尔(William Dampier)第一个登陆澳洲西北部,1699 年他再次到达澳洲,1770 年英国库克(James Cook,1728—1779)登陆植物湾(Botany Bay),命名东澳洲为"新南韦尔斯"(New South Wales)并为英国所有,差不多经过一个多世纪的探索,欧洲人才揭开了澳洲神秘的面纱,证实了这个新大陆的存在。①

关于中国人对澳大利亚的早期认识,目前所知最早的讨论者有 1954 年菲茨杰拉德发表题为"是中国人发现了澳洲吗?"的论文,认为澳大利亚的达尔文港发现的一尊玉雕神像(或称石寿星)是 14 世纪的产品,是航抵澳洲北部(今达尔文港)的一艘中国船上的东西,这艘船很有可能属于郑和在 15 世纪初所统率的那支庞大的船队。由此得出"中国的势力曾掠过澳洲北部海岸,抵达彼地旋即又离去,只留下一道引人注目又唯一的一次接触的踪迹"②。李约瑟主编的《中国科学技术史》第四卷中有"中国和澳洲"一节,也提及 1879 年出土于澳大利亚达尔文港的一株至少 200 年树龄的树根中有一道教老人像,但又认为中国制图学至今未能提供有关中国与澳洲的早期交往的任何资料。③ 1971 年方豪发表了《十六七世纪中国人对澳大利亚地区的认识》一文,主要讨论了利玛窦、艾儒略等明末清初传教士关于"墨瓦蜡泥加"的记述,强调了艾儒略《职方外纪》中"墨瓦蜡泥加总说"中第一次介绍了"阁龙"(哥伦布),阳玛诺、龙华民制作的地球仪上的墨瓦蜡泥加,以及南怀仁(Ferdinand Verbiest,1623—1688)《坤舆全图》和《坤舆图说》中所介绍的墨瓦蜡泥加等,讨论范围限定在明末清初。④ 余定邦的《近代中国人对澳洲的认识与中澳早期交往》[《中山大学学报(社会科学版)》1991 年第 1 期,第 94—102 页]一文再次讨论了利玛窦、艾儒略等明末清初传教士关于"墨瓦蜡泥加"的记述,提供了晚清中国人认识澳洲的资料线索,但很多分析未经详细展开。廖大珂《略论中国人对澳洲的早期认识》[载《厦门大学学报(哲社版)》1999 年第 2

---

① 参见李龙华:《澳大利亚史:古大陆·新国度》,台北:台湾三民书局,2003 年,第 6—16 页;或欧洲流传有葡萄牙人最早发现澳大利亚一说,澳大利亚国家图书馆藏有 1547 年成书于法国迪耶普的《尼古拉斯·瓦拉尔地图集》中有一幅"大爪哇岛"的东海岸,是葡萄牙人绘制的澳大利亚东海岸地图。1856 年英国出版商将其冠名为"首张澳大利亚地图",但很多史家并不认可。参见《首张澳大利亚地图》,载《地图》2013 年第 2 期。

② [澳] C. P. 菲茨杰拉德著,廖大珂译:《是中国人发现了澳洲吗?》,载中外关系史学会编:《中外关系史译丛》第 3 辑,上海:上海译文出版社,1986 年,第 91—103 页。

③ [英]李约瑟主编:《中国科学技术史》第四卷"物理学及相关技术"第三分册"土木工程与航海技术",北京:科学出版社,上海:上海古籍出版社,2008 年,第 588—590 页。

④ 方豪:《十六七世纪中国人对澳大利亚地区的认识》一文,收录方豪等著:《中国史学》,台北:汉苑出版社,1981 年,第 25—59 页。

期]一文根据中国史籍记载,称早在唐宋时期,中国人就对澳洲有所认识。最初中国人关于澳洲的知识是通过与马来人和阿拉伯人的接触得来的,其中难免掺杂了道听途说的成分。随着海外交通的发展,中国人对澳洲的认识也从模糊到逐渐清晰。宋元时期,中国帆船远航澳洲海岸,与澳洲发生了直接的接触,对当地风土人情有了较为翔实的记载。但文中所述《诸蕃志》中的"女人国"和汪大渊《岛夷志略》中的"麻那里"等,系"澳洲"之说,未免牵强附会。① 目前所知较为系统的讨论中澳关系史的论著有澳大利亚学者安德鲁斯的《澳中关系史》(高亮等译,厦门大学出版社,1992年)、侯敏跃的《中澳关系史》(外语教学与研究出版社,1999年),以及刘文龙、赵长华与黄洋的《中国与拉丁美洲大洋洲文化交流志》(上海人民出版社,1998年)等著述,但这些论著对晚清中国人对澳大利亚的认识,均语焉不详。

道光二十四年至二十六年(1844年至1846年)间,在姚莹完成的《康輶纪行》一书中引用魏源《海国图志》,称"以西人所言,墨瓦腊泥加洲为东胜神洲,阻于南冰洋,西士但知有其地,未遇其人也"②。魏源和姚莹都是那个时代最有学问的历史地理学家,由此可知19世纪40年代中国人对澳大利亚的认识,仍停留在16至18世纪时代。中国人关于澳大利亚比较确切的认识,主要是在晚清开始的。本文拟在回应前人研究的基础上,尝试清理晚清中国人对于澳大利亚的认识和理解的线索,尝试比较全面地阐述晚清国人是如何从汉文西书和域外文献中获取有关澳大利亚的知识信息,揭示了国人关于澳大利亚知识的主要来源管道。晚清中国人通过关于澳大利亚知识的摸索和整理,完成了对第二次世界地理大发现的了解和认识。

一、明末清初耶稣会士关于澳大利亚的想象

或说中国与澳大利亚的关系源远流长,传说早在古代中国人就发现了澳洲,但是许多记述多属"传说"。或说14至15世纪明朝,1405年至1433年郑和曾奉命7次远航,南洋抵达了苏门答腊、爪哇等地,据说郑和的船曾经从帝汶岛南下,驶

---

① 近期有李兆良著《〈坤舆万国全图〉解密》称《坤舆万国全图》的作者不是利玛窦,而是郑和时代的作品,其中称中国人早于欧洲人首先发现了澳洲,将之称作"鹦哥地",并认为西方地图中拉丁文"Australis"一词,原意是译自中国命名的"南方之地",与"鹦哥地"是同一块大陆。当时欧洲世界地图上的"鹦哥地""南方之地",都是抄自中国的地图文献。(台北:联经出版社,2012年,第209页)作者想象力颇为丰富,书中亦有大量富有启发性的推测和质疑,但结论尚缺乏确凿的资料依据。
② 姚莹:《康輶纪行》"四大洲",欧阳跃峰整理,北京:中华书局,2014年,第321页。

抵澳洲西北部,有老人塑像和明朝的陶瓷碎片为据。① 或以为《郑和的航海图》上有一个叫"哈甫泥"的地方,经过指认是南极洋的科尔圭兰岛(Kerqueland Island),显示出宝船队的探险可能到达南半球。但这些仅为"据说"而已,没有确凿的材料依据。廖大珂在《从〈郑和航海图〉谈早期中国人对澳洲的认识》一文中以《郑和航海图》为例,认为该图是在前代记载基础上完成的,反映了宋元以来中国人对澳洲的认识,指出元代航海家汪大渊的《岛夷志略》中的"麻那里"即指澳洲北部,但是同时也认为其中所述"此产骆驼"之类并不产于澳洲,也承认无论从《郑和航海图》,还是从其他的文献来看,都没有确凿的证据可以证明:郑和船队曾远航澳洲。② 曾经到达过某个地区,与理性地认识到这是一个从未被认识的新土地是两个不同的概念,发现是有意识的,无意识地走过路过不能算是真正意义上的地理发现,发现应该是价值的认识。

明末来华的意大利耶稣会士利玛窦(Matteo Ricci,1552—1610)绘制的世界地图中未曾绘出澳大利亚,因为其时欧洲人尚未对澳大利亚进行探险。欧洲启程的帆船在南下大西洋,绕过好望角,再进入印度洋驶向亚洲,或从南美洲南端的合恩出发,西渡太平洋,再驶向欧洲时的航线恰好总与澳大利亚擦肩而过。因此,16世纪来华的耶稣会士也就无法具备关于澳大利亚的确切知识。利玛窦在《坤舆万国全图》中写道:"南北亚墨利加并墨瓦蜡泥加,自古无人知有此处,惟一百年前,欧逻巴人乘船至其海边之地方知。然其地广阔而人蛮滑,迄今未详审地内各国人俗。""墨瓦蜡泥加"是《坤舆万国全图》中所谓的"五大州"之一。但"墨瓦蜡泥加"并非今天所说的澳洲,很大部分还属于想象中的大陆。"墨瓦蜡泥加"是麦哲伦(Fernao de Magalhaes,约1480—1521)的译名,称其越过大西洋,经南美洲大陆和火地岛之间的海峡:"墨瓦蜡泥系佛郎几国人姓名,前六十年始遇此峡,并至此地,故欧逻巴士以其姓名名海峡也。"③艾儒略(Giulio Aleni,1582—1649)《职方外纪》在"墨瓦蜡尼加总说"中写道:"先是阁龙诸人既已觅得两亚墨利加矣,西土以西把尼亚之君复念地为圜体,徂西自可达东,向至亚墨利加而海道遂阻,必有西行入海之处。于是治海舶,选舟师,裹糇粮,装金宝,缮甲兵,命一强有力之臣,名墨瓦兰者载而往访。墨瓦兰既承国命,沿亚墨利加之东偏纡回数万里,辗转经年岁,亦茫然未识津涯。人情厌斁,辄思返国。墨瓦兰惧功

---

① 参见[澳]安德鲁斯著,高亮等译:《澳中关系史》,第3—4页。
② 廖大珂:《从〈郑和航海图〉谈早期中国人对澳洲的认识》,载江苏省南京郑和研究会编:《郑和与海洋》,北京:中国农业出版社,1999年,第262—274页。
③ 利玛窦:《坤舆万国全图》,禹贡学会1936年影印本。

用弗成,无以复命,拔剑下令舟中曰:'有言归国者斩!'于是舟人震慑,贾勇而前。已尽亚墨利加之界,忽得海峡,亘千余里,海南大地又复恍一乾坤。墨瓦兰率众巡行,间关前进,只见平原漭荡,杳无涯际,入夜则磷火星流,弥漫山谷而已,因命为'火地'。而他方或以鹦鹉名州者,亦此大地之一隅。其后追厥所自,谓墨瓦兰实开此区,因以其名命之曰墨瓦蜡尼加,为天下之第五大州也。墨瓦兰既逾此峡,遂入太平大海,自西复东,业知大地已周其半,竟直抵亚细亚马路古界,度小西洋越利未亚大浪山,而北折遵海以还报本国。遍绕大地一周,四过赤道之下,历地三十万余里,从古航海之绩,未有若斯盛者。因名其舟为胜舶,言战胜周[风]涛之险,而奏巡方伟功也。"①这是目前笔者所见汉文文献中最早的关于葡萄牙航海家麦哲伦环游世界的记述,但是其中关于所谓第五大洲澳洲的记述显然是不准确的。

《坤舆万国全图》在相当于今天澳大利亚处绘有与"墨瓦蜡泥加"相连的半岛,并标名"新入匿",半岛上除列出"下地""瓶河""仙欧吴私丁河""白峰""美峰"五个地名外,还有一段文字:"此地名为新入匿,因其势貌利未亚入匿相同,欧罗巴人[近]方至此,故未审。或为一片相连地方,或为一岛。"而南怀仁的《坤舆全图》在此处绘有两个大岛,大岛周围还绘制了部分小岛,最大的岛屿标有"新阿兰地亚""加尔本大利亚""新热聂亚地"三个大地名,另外还标注了内得斯地、狮子地、额得尔地、圣玛利峰、玛嘴各尔河、纳扫河、相和河、巴大未亚河、急流、高地、伪峰、高峰、冒火山等地名,其实际面积比现在的澳大利亚要大许多。此大岛东面的岛屿标注有"新瑟兰地亚",大致同今新西兰。周围的小岛有圣伯多罗岛、圣方济各岛、哥个的落岛、檐蝙蝠岛、输等岛、亚哩莫亚岛和高地。②较之《坤舆万国全图》的内容有不少增补。《坤舆万国全图》的最大贡献是将利玛窦"未审"之"新入匿"(New Guinea,今译新几内亚)、"加尔本大利亚"(今译卡奔塔,在昆士兰与北领地之间)和"新阿兰地亚"(西部澳大利亚)等若干新发现的地方,准确地画进了地图。③但其中大多数地名仍很难与今地名对应,有些可能仍属于想象之地名,如狮子地、急流、高地、伪峰、高峰、冒火山等,南怀仁之后所著《坤舆图说》中很多内容还是延续了艾儒略的记述,虽然在《坤舆全图》中剔除了若干《坤舆万国全图》中传闻性质的"矮人国""男女国""鬼国""一目国""狗国"等,但关于第五

---

① [意]艾儒略原著,谢方校释:《职方外纪校释》,北京:中华书局,1996年,第141—142页。
② 汪前进:《南怀仁坤舆全图研究》,载曹婉如等编:《中国古代地图集·清代》,北京:文物出版社,1997年,第106页。
③ [澳]王省吾:《澳大利亚国家图书馆所藏彩绘本——南怀仁〈坤舆全图〉》,载《历史地理》第14辑。

大洲的记述仍然是不确切的。南怀仁之后在地理学知识建构方面最重要的成果是乾隆年间蒋友仁(Michel Benoist, 1715—1774)根据耶稣会士所绘的地图，结合自己来华时带来的世界地图，编绘的《坤舆全图》及其《地球图说》。乾隆二十五年(1760年)、三十二年(1767年)，蒋友仁两次进呈绘制增补的《坤舆全图》。这一绢本彩绘的《坤舆全图》，图幅纵1.95米，横3.75米，采用球状投影法，东半球绘入亚细亚、欧逻巴、利未亚洲；西半球绘亚墨利加洲，东西半球四周绘有天文图19幅，反映了中国与西方国家测量地图的最新成果。[①] 较之以前利玛窦及南怀仁所制"尤为精当"[②]。该图的四周的说明文字中有一个重要的变化，即将利玛窦的"五大州"说改为"四大洲"，去掉了"其界未审何如"的第五大洲"墨瓦蜡泥加"。蒋友仁的《坤舆全图》中所绘的澳大利亚图反映了17世纪以来地理探险于航海的最新成果，填注的地名有"新窝河郎地区"(即New Holland)、内地、圣伯多禄岛、圣方济各岛、铁门地、未特地、黑人地、喀尔朋大李亚等，在澳大利亚的东北方，画有新几鄂亚、录岛等，并已"将澳大利亚与新几内亚的海岸线断开分画"[③]。

明末清初耶稣会士所说的"五大州"，与我们今天意义上的"五大洲"，还有很大的区别。但是利玛窦、艾儒略、南怀仁所绘制的世界地图及其解说，一方面给中国提供了"地圆说"和"五大州"的新知识，同时也一定程度上误导了清人关于澳洲的认识。如陈伦炯的《海国闻见录》(1730年)、李明彻(1751—1832)的《地球正面背图说》(1819年)，大多沿袭了利玛窦等人的叙述；1842年刊行的魏源的《海国图志》所载有关澳大利亚的情况，虽然也有部分来自玛吉士(Jose Martins-Morquez)的《外国地理备考》(1847年)、马礼逊父子撰写的《外国史略》(1847年)等，但基本材料还是取自《职方外纪》。梁廷枏(1796—1861)和徐继畬(1795—1873)的地理著述、叶圭绶和六严绘制的世界地图，以及19世纪后期一些关于澳大利亚的著述，如《新金山记》等，虽然利用了晚清来华新教传教士提供的关于澳洲的新知识，但由于明末清初这些耶稣会士地理学文献的巨大影响，因此在材料的取舍上很大程度上仍受到这些汉文西书的某些误导。

二、梁廷枏、徐继畬关于澳洲的最初描述

中国人最早使用澳大利亚一名，并介绍澳洲地名由来和地理移民情况的著

---

① 鞠德源：《蒋友仁绘坤舆全图》，载曹婉如等编：《中国古代地图集·清代》，第121—122页。
② 徐宗泽：《明清间耶稣会士译著提要》，上海：中华书局，1949年，第414页。
③ 鞠德源：《蒋友仁绘坤舆全图》，载曹婉如等编：《中国古代地图集·清代》，第125页。

作可能是梁廷枏的《海国四说》。该书成书于清道光二十六年(1846年),其序中曰:"万历以后,西人遵海远求荒僻,又得亚墨利之北,移人实之;既又沿沂而得其南,终更冒险以抵极南生火之地。虽不可居,而墨瓦蜡泥加之名,缘是起焉。"梁廷枏《海国四说》声明利玛窦所述"墨瓦蜡泥加名"并不存在,所谓"第五洲为澳大利亚","此与利玛窦之称墨瓦蜡泥加洲不符",考虑到"利玛窦之说传述已久,故仍之"。该书《兰仑偶说·卷四》第一次比较准确地陈述了关于澳大利亚的知识:"澳大利亚洲,(即西人所称天下第五洲者)即墨瓦蜡泥加洲,自古不通人迹之处,兽蹄鸟爪,地野人稀,无君长、城廓、宫室、伦理者,亦听民驾舶徙家于洲之东、南、西三方。凡愿迁者,官资其费,而经其界焉。"①梁廷枏或许是汉文文献中最早使用"澳大利亚"一名,并明确将之视为"第五洲"的中国人,其中最早记述了有关澳大利亚的地理和移民情况。

1848年,也就是第一批来自厦门的中国劳工抵达澳大利亚之时,徐继畲完成的《瀛寰志略》就有了关于澳大利亚更为详细的讨论。该书共十卷,卷一除了记述地球概况外,主要说明中国在亚洲的地理位置和亚洲的概况,卷二至卷三记述亚洲地理。卷四至卷七是记述欧洲的地理和历史,由北至南、由东及西分国记述各地概况。卷八记述非洲各国,由于当时非洲大多数地区属于欧洲殖民地,独立国家甚少,因此对非洲的历史沿革描述较多。卷九和卷十记述美洲概况。当时徐继畲没有把澳洲作为第五大洲,该书卷二记述"南洋各岛""东南洋各岛"和"大洋海群岛",澳大利亚被放在亚洲的"东南洋各岛"部分。称"澳大利亚,即泰西人《职方外纪》所云天下第五大洲":"澳大利亚,一名新荷兰,在亚细亚东南洋巴布亚岛之南,周回约万余里。由此岛泛大洋海东行,即抵南北亚墨利加之西界。其地亘古穷荒,未通别土。前明时,西班牙王遣使臣墨瓦兰,由亚墨利加之南,西驶再寻新地。舟行数月,忽见大地,以为别一乾坤。地荒秽无人迹,入夜磷火乱飞,命名曰'火地',又以使臣之名名之曰'墨瓦蜡尼加'。西班牙人以此侈航海之能,亦未尝经营其地也。后荷兰人东来,建置南洋诸岛,辗转略地,遂抵此土。于海滨建设埠头,名之曰'澳大利亚',又称'新荷兰'。旋为佛郎西所夺,佛人寻弃去,最后英吉利得之。因其土地之广,坚意垦辟,先流徙罪人于此,为屯田计。本国无业贫民愿往谋食者,亦载以来,他国之民愿受一廛者听之。地在赤道以南,天气炎燥,海滨多平土。山岭高者不过三十丈。江河绝少,杂树荒草,灌莽无垠。鸟兽形状诡谲,与别土异。土番黑面,披发裸体,食

---

① 梁廷枏:《海国四说》,北京:中华书局,1993年,第54、155页。

草根山果,结巢于树,予之酒,一饮即醉,卧泥中,如豕负涂。男役女若畜,怒辄杀之。英人流寓者,垦海滨湿土,种麦与粟。草肥茂,牧羊孳乳甚速,毛氄细软,可织呢绒。现居民不足十万,每年运出之羊毛值银二百余万两。百物未备,日用之需皆从别土运往。英人于东境海口建会城曰悉尼,居民二万。捕鲸之船时时收泊,贸易颇盛。而流徙之户莠民,饮博荡侈,相习成风。流寓良民,亦颇染其俗。南境滨大南海,英人新徙人户已成聚落。西境亦创置一廛,在江河之滨。北境近赤道,天气酷热,产海参、海菜、燕窝,英人派陆兵驻守,以防侵夺。计澳大利亚一土,英人四境所耕收,仅海滨片土,不过百之一二。其腹地则奥草丛林,深昧不测。土番如兽,老死无往来。不特风土无从探访,即山川形势亦无由乘轺历览。英人谓此土虽荒旷,而百余年后当成大国。南海诸番岛当听役属如附属也,近命名曰南亚细亚。"①

在介绍澳大利亚之后,《瀛寰志略》还有今天属于澳大利亚的"塔斯马尼亚岛"的介绍:"班地曼兰岛(一作地闽岛)在澳大利亚至东南隅,相隔一港,地周回约七八百里。土脉膏腴,五谷薯芋蔬菜,皆可种植。英人开垦已及大半,居民务农之外,兼捕鲸鱼。沿海港口甚多,贸易颇盛。"之后是关于新西兰的介绍:"搦日伦敦两岛,一名新西兰,在班地曼兰岛之东。幅员倍之。有高山插霄汉,顶上终年积雪,灿白如银。雪水消融,由涧壑分流而下,可以灌溉。土番黑丑,略知人事,有酋长,凶顽好杀,获仇则脔食其肉,藏其头以示武。其土极腴,宜麻谷蔬菜。英人买其土,徙户口垦种之,渐以耶稣教化其土人。捕鲸之船师至,以鸟枪绒毯易食物。土番健有力,鲸船间雇为水手。然不过数人,多则恐其生变。尝有鲸船雇土番数十驶海中,土番忽群起,尽杀船户,炙其肉而啖之。两岛别有佛朗西割据之土。"②由此可见,徐继畲的《瀛寰志略》并非如有些学者所言,将世界分为五大洲和四大洋。他是将当时全球分为"四大洲",思路类似林则徐的《四洲志》。不过较之林则徐,他进一步介绍了相当于今天五大洲现代世界地理学的内容。关于澳大利亚的认识表征着国人对于"五洲"认识,已经接近于现代世界地理学,对澳大利亚的清晰描述表明了国人已开始摆脱明末以来关于"墨瓦蜡泥加"的想象,使"世界"在国人眼中呈现出一个比较清晰的面相。

在徐继畲《瀛寰志略》的记述中,虽然已有19世纪来华传教士或商人等携带来的地理新知识,但我们仍然可见混杂着明末清初耶稣会士的一些谬说,直到19世

---

① 徐继畲著,宋大川校注:《瀛寰志略》,北京:文物出版社,2007年,第59—61页。
② 徐继畲著,宋大川校注:《瀛寰志略》,第62页。

纪后期的阙名《新金山记》仍称:"东南洋中有大岛曰'澳大利亚',即粤人所呼为新金山也。现属英国,始载于《职方外纪》,谓之为天下第五大洲。土地广大,为东南洋诸岛之冠。数百年前,为人迹所不到,野番兽处,亘古昏蒙。明时,西班牙王遣使臣墨瓦兰环海探地,既得亚墨利加两土,侈心不已,辗转西寻,忽见大地,以为搜奇天外,别一乾坤,不如地球圜转,已至亚西亚之东南洋矣。其地荒秽无人迹,入夜磷火乱飞,以是西班牙人虽得之,未尝经营之也。后荷兰人东来,即于海滨建设埠头,名之曰'澳大利亚',又称'新荷兰'。旋为法兰西所夺,寻亦穿荒弃之,于是始为英人属土。因其土地之广,坚意垦辟,流徙罪人于此,为屯田计,贫民无业愿往者,即载之来。他国之民愿受一廛者亦听之,久之遂成都会。"文中也提及"新南维里斯英国总督驻扎于悉德尼,即粤中所呼'雪梨'也"①。19世纪90年代出版的《湘学新报》中关于"古今州域不同,西人所谈五大部洲命名"时还说:"澳大利亚一洲,本西班牙于前明时遣使臣墨瓦兰寻获之地,因以其名命之,曰'墨瓦蜡尼加'。荷兰始更今名,英人又呼'新金山'。西北实与婆罗洲南洋诸岛相值,次皆中西人民群居之地,贸易有无互通,非等荒杳无据之说矣!至其命名之故,则可存而不论。"②这些关于墨瓦兰(今译麦哲伦)对澳洲的发现等内容,还是沿袭着明末清初耶稣会士和《瀛寰志略》关于澳大利亚的一些错误的知识。

也就在徐继畲《瀛寰志略》问世的1848年,澳大利亚的詹姆斯·塔特(James Tait)在厦门买得成年人100名、童子20人,乘船抵达新南威尔士殖民区,开启了华人移民从中国直接来澳大利亚各地的大门。1848年至1852年从厦门去悉尼的华人就达2 638人,其中1 438人是1851年运出的。年轻的澳大利亚和古老的中国开始了以苦力移民为纽带的联系,揭开了中澳关系的第一幕。③

三、19世纪中期中国人绘制有"澳大利亚"的世界地图

19世纪40至50年代,叶圭绶和六严两位世界地图绘制者的工作颇值得重视。道光二十五年(1845年)家中收藏南怀仁《坤舆全图》的汤景,结识了沧州的

---

① 王锡祺:《小方壶斋舆地丛钞》第十帙,上海:著易堂本。王锡祺的《丛钞》从光绪三年(1877年)开始编纂,1880年完成前六卷,1891年在上海出版;续编刊行在1894年,再补编完成于1897年。关于该书与认识世界的关系,参见彭明辉:《晚清的经世史学》,台北:麦田出版社,2002年,第241—256页。
② 谭嗣同、唐才常、熊希龄等主编:《湘学新报》,台北:台湾华文书局,1966年影印本,第986—987页。
③ 侯敏跃:《中澳关系史》,第4—5页。

史地学家叶圭绶,他们两位都意识到《坤舆全图》已经滞后于世界地理的新发现,商议对该图进行修正与考证。叶圭绶参阅大量中外地图、地理资料完成了《万国大地全图》。此图的绘制和国名地名的考证工作主要是叶圭绶的贡献,刻版工作是由江阴六严等完成的。

叶圭绶,字子佩,今河北省沧州市南皮县叶三拨村人。道光十五年(1835年)举人。叶圭绶自幼聪慧,喜读古文、经学,好钻研问题,他"读难懂书文,他人累时日不能了者,一二过即可详解"。其兄叶圭书道光年间任历城知县。后任山东督粮道、山东按察使时,叶圭绶也来到济南寓居,其间他专心研究地理学,17岁时研读了顾炎武的《山东考古录》一书,"辄叹精核得未曾有。而全书仅数十页,窃以太略为恨",为了弥补该书内容单薄、不够系统的缺陷,道光十九年至二十八年(1839—1848)间他利用在山东实地考察之际,博采群书,遍阅各府、州、县方志及家谱,凡有关山东地理的内容就记录下来并进行对比订正。同时,他还对《水经注》和《大清一统志》加以订正,认为"秦无地理志,只可径直据《汉书》。三国无地志,以洪亮吉所补甚不足。东晋及十六国疆域志纰缪尤为多。近世撰志,据此入沿革,与正史并列,殊为未合。故于洪氏之误,附辨于晋后之《一统志》。"对《大清一统志》中各州县沿革、古迹二章失误之处,他都进行摘录,理成各条,分别作《一统志辨误》两卷。叶圭绶不仅辨证通志、府、州、县志中层见迭出的错误,还著有《外译存考》一书,是为域外舆图上国名和地名的专门考证著述。①

刊刻者六严,字德只,为六承如的侄子,江苏江阴人。② 清贡生,师从李兆洛,道光十四年(1834 年)曾协助从父六承如,在《内府舆图》和《大清会典图》编绘的清代全图的基础上,"缩摹各省分图,载府厅州县治所及水道经流",为六承如编著的《皇朝舆地略》配备附图,故此图又称《舆地略图》或《皇朝舆地略图》。李兆洛称其协助自己编刊《历代地理志韵编今释》一书过程中,"盖六生德只之力十七八,而暇日之力则无不致焉,可谓劳矣!"且在活字集印过程中,六严更是"总理其事"。六严自己题写重梓的正式图名则是"皇朝内府舆地图缩摹本",今有道光二十一年(1841 年)原刻本存世,即李鸿章汇刻之所谓《李氏五种》当中所收录

---

① 《万国大地全图》,叶子佩叙,李胜伍主编:《清代国人绘制的世界地图:万国大地全图》,北京:中国大百科全书出版社,2002 年,第 139 页;参见王军:《叶圭绶与〈续山东考古录〉》,载《济南时报》2011 年 2 月 16 日。

② 六承如,字赓九,江苏江阴人。著有《历代纪元编》《赤道恒星经纬图》《皇朝舆地略》《皇朝各省地舆指掌图》等,刊刻有《历代地理沿革图》等多种著述。李孝聪著录《皇朝内府舆地图缩摹本》等图时称:"六严,字德只,号承如,集录《纪元编》三卷等",显然是误将六严与其从父六承如混同一人。参见李孝聪:《美国国会图书馆藏中文古地图叙录》,北京:文物出版社,2004 年,第 21—23 页。

的《皇朝一统舆图》(又题作"舆地图"),另著有《赤道经纬恒星图》等。① 他称自己在丙午年(1846年)"浪游山左",结识叶圭绶,对叶氏"博极群书,曾荟萃外蕃舆地诸图,暨美利坚人所绘西国诸图说,订讹辨误,集成大地全图",极为叹服。于是"服其精心果力,挈稿归南,与同学张君月槎悉心商榷,用平圆式重为摹刊,乃以南北两极为心,赤道为边,其经度以京师为中度取简捷而易明也"。即将原来南怀仁《坤舆全图》经过顺天府为本初子午线,改为以京师(北京)为本初子午线。②

《万国大地全图》是叶子佩于道光二十五年(1845年)十月下旬绘制,刻印工作完成在1851年前。为8轴1幅挂屏式装裱,每轴高132厘米,宽28厘米,全图分南北两个半球,每半球各占4卷轴条幅。经纬度绘成红色,其他为墨色,"图中经度以京师为第一度,得尊王之义也"。即将经过当时京师(现北京)的经线定为0度。从布局上看,图居中央,四周是释文、图说,其中含地名注释420多条。该图主要以南怀仁《坤舆全图》和李兆洛《皇朝一统舆地全图》二图为底图,其资料主要依据南怀仁绘成《坤舆全图》并对之有所修正,如认为地球为扁球体。《万国大地全图》引用资料极为丰富,除正史的《汉书》《后汉书》《三国志》《梁书》《旧唐书》《宋史》《元史》《明史》外,还有《尚书·舜典》《尚书·禹贡》《吕氏春秋》《水经注》《大唐西域记》《通典》《诸番志》《梦溪笔谈》《续文献通考》《八纮译史》《盛京志》《大清一统志》《西域考古录》《读史方舆纪要》等,明清以来与域外世界有关的中外人士的论著更在引用之列,如《天学初函》《职方外纪》《海国闻见录》《海录》《东西洋考》《异域录》《澳门纪略》《四洲志》《海国图志》《吧游纪略》等,对于地图也非常注意利用和参考,如《武备志·郑和航海图》《皇朝一统舆地全图》《南亚墨利加洲图》《俄罗斯图》,还吸收庄廷旉《地图说》等。③ 特别注意利用鸦片战争前后来华传教士带来的地理新成果,如高理文的《米理哥合省全志》《四洲志》《海国

---

① 《李氏五种合刊》凡例,光绪戊子春月扫叶山房校刊本;陈廷恩重刻:《皇朝一统舆地全书》,道光二十二年折叠本;参见辛德勇:《19世纪后半期以来清朝学者绘编历史地图的主要成就》,载《社会科学战线》2008年第9期。
② 咸丰辛亥(1851年)季春江阴德只六严跋,李胜伍主编:《清代国人绘制的世界地图:万国大地全图》,第140页。
③ 庄廷旉(1728—1800),江苏阳湖(武进)人,字安调,号恰甫,著有《皇朝统属职贡万国经纬地球图说》,简称《地图说》。乾隆五十三年庄廷旉还著有《海洋外国图编》,未见其书,见其二图。参见《海国图志》卷七十六,《小方壶斋舆地丛钞再补编》第一帙第六十九册收录庄氏《地图说》一卷。《万国大地全图》上特别有一段介绍叶氏利用外国原本地图的话:"子佩云:旧存洋印方单,即俗名饭单者,其画甚细而标题皆西洋字,初不识何处地图,后见《庄图》,方知为南亚墨利加洲图也。但《庄图》甚小,所载国名甚略。兹以《南图》各地占度与此图相准,地名已得十之六七,其山水视《南图》多数倍。"

图志》等。可能还有一些外文地图数据,如利用过米利坚人自绘《二十八部舆图》,"考检异同,订正新旧"。《万国大地全图》一改《坤舆全图》的写实符号图例,而作新颖的专门图例项标示,如府作"□",厅作"◇",外国地名确知为国名者作"○",确知为属地者作"●"。该图地名注释极多,其中涉及历史、地理、政治、文化,其中对中国西藏、台湾的注释尤为详尽。在《万国大地全图》周边文字中,地名注释可能是取自叶圭绶所著《外译存考》上的材料。①

1851年,叶圭绶在《万国大地全图》的基础上继续修改增订,完成新图《大地全球一览之图》,该图六严跋称重刊在咸丰元年(1851年)。刻本仅见《故宫所藏观海堂书目》著录,台北"故宫博物院"图书文献处的卢雪燕研究员认为该图是杨守敬从日本携归。该图显然是六严之前所刻《万国大地全图》的修改本。《大地全球一览之图》也是8轴1幅挂屏式装裱,卷轴装。每轴条幅长162厘米,连轴长181厘米,宽28厘米。②一至四条幅为北半球,五到八条幅为南半球,图廓为圆形。地图采用了等距极图法绘制而成,即以南北两极为中心,赤道为边,将全图分为南北两半球。北半球对于北极而言称之为北,注有"北"字;对于赤道而言称之为南,注有"南"字。南半球则正好相反。地图经线以京师(北京)为中度,起于东而终于西,经纬交织形成梯形网络,每经纬一度为一格,用朱色线条;每经纬五度为一大格,用黑色线条;每经纬三十度则用粗黑线条。内图廓与外图廓之间,每经线五度标有五、十、十五等依次到三百六十度。两图制图严谨,考证翔实,地图象形符号十分贴切,山、水、城市等非常规范,对以前中外地图中的疏谬多有纠正。中国的南沙、西沙和中沙群岛等均有详细的诠释,地图上称注为"万里石塘""七洋洲""万里长沙"等,宋朝已有记载。令人困惑的是,《万国大地全图》的基本资料依据《坤舆全图》西洋地图学绘制的方法,《坤舆全图》采用的是东西半球图,严树森刻印的胡林翼编纂的《皇朝中外一统舆图》(简称《大清一统舆图》)即依据东西半球图③,而《万国大地全图》和《大地全球一览之图》却均未采用东西半球,而取南北半球,这一点颇令笔者疑惑,为什么绘制者叶圭绶自称以南怀仁《坤舆全图》为蓝本,却又舍易取难,不作"东西半球图"而作"南北半球图"呢? 利

---

① 参见李胜伍主编:《清代国人绘制的世界地图:万国大地全图》,第15—19页。
② 该图的测量工作得到了正在台北"故宫博物院"图书文献处工作的台湾政治大学硕士黄君景彤、许君智玮的帮助,特此鸣谢!
③ 《大清一统舆图》又名《皇朝中外一统舆图》。同治二年(1863年)由胡林翼、严树森在《皇舆全览图》和《乾隆内府舆图》基础上改编而成。该图将经纬度制图法和计里画方制图法混用,每纬度2°一列,每列一卷,共30卷地图。品质不及《皇舆全览图》与《乾隆内府舆图》,但因公开刊行,起普及作用,自清末至民国十几年前,民间流传的地图皆以此图为蓝本。

玛窦的《坤舆万国全图》(图版四)的西半球上下两边分别绘制了《赤道北地半球之图》和《赤道南地半球之图》，艾儒略的《职方外纪》中也有《北舆地图》和《南舆地图》，《万国大地全图》和《大地全球一览之图》两图的绘制者在创作过程中，是否受到了利玛窦、艾儒略两位南北半球绘制法的影响和启发呢，似乎还值得进一步研究。

《大地全球一览之图》部分采用了《万国大地全图》的原木刻版，如南半球第三幅序跋部分，北半球上下新增八块新版，南半球上新增四块，下新增两块新版；也有进行部分内容的挖改，如北半球第一幅将"万国大地全图"改为"说明"。北半球第二幅关于北美洲部分有多处修改，新增的文字如"'南图'(指南怀仁的《坤舆全图》——引者注)此有大地与本洲相连；'庄图'(指庄廷敷的《皇朝统属职贡万国经纬地球式》——引者注)则作数大岛。此据米利坚人所绘本洲图及《瀛寰志略》图"。北半球第三幅"冰海"一段与《万国大地全图》同一处有如下增写："牢山今名敖阑乌纳胡山，其北唐'点戛斯牙'曰'赌满'。元初乃蛮故居，即赌满也。后称吉利吉思，既点戛斯也。"第三幅在东南亚部分有："此洲凡十国，文莱、马神、蒋里闷三国，外又有咕哒、巴萨、昆明、戴燕、此敖、新当、万阑七国，《瀛环志略》谓皆在东南，与《海录》所述方向迥异，姑列其名于此，再考。"第三幅"伯尔母大"(今译百慕大)群岛位置有改动，"亚阑的海"边上添加"新北勒达尼亚六部，㗖咭唎属，《四洲志》作七部，无新地岛，岛有甲墨勃林二岛"。修改者也利用其他数据进行补充，如有一段如此描述："莫克瓦城，一作莫斯可末亚。《元史》作'秃里思歌城'，太祖长子术赤封此。"印度部分有一段增写："印度三垂大海，形如半月，印度华言月也。"地图中的地名也有改动，如《万国大地全图》的"满剌甲"改作"麻拉甲"。南半球地三幅"咬嚼吧"一名的文字换到了左面，还添加了"三宝陇"；"南旺"一名换做"士里莫"。可见六严重刻的《大地全球一览之图》系在《万国大地全图》基础上，进一步参考了《瀛寰志略》以及美国学者的相关地图而有所修正。

最值得注意的是两图中关于"五大洲"的表述。《万国大地全图》中除了"墨瓦蜡泥加"外，其他洲名均没有在图中标识，但在释文中仍然沿用利玛窦"五大洲"的用词。而《大地全球一览之图》则放弃了利玛窦"五大洲"用词，认为"西人分大地为五大洲"，"亚细亚为中国所托而名，以蕃语在蕃人则可，在华人则大不可。亚细亚并东土土耳其古名。并其以东之地，既名为亚细亚，尤属不合。彼蕃人作图可以蕃语为名，我华人作图，何妨易以华语乎！《史记·孟子荀卿列传》邹衍言中国名曰赤县神州；《河图括地象》《淮南子·墬形训》皆载神州等九名。隋唐之世，神州载在祀典，是我中国自有洲名矣！今仍称中途所托为神州"。因此将原来世界地图中的"亚洲"部分称为"神州";而将"原名欧罗巴"部分称为"祆洲",因为"天主教古曰祆(阿怜切)教,欧罗巴皆遵祆教,改曰祆洲"。明显将古文献中的祆教与基督教混为一谈了。将"原名利未亚"即"非洲"部分称为"乌洲",理由比较荒唐:"利未亚人皆乌鬼类,改曰'乌洲'。"将"原名北亚墨利加"即"北美洲",称为"华洲",理由是"北亚墨利加自华盛顿始自立国",故名。而将"原名南北亚墨利加"即"南美洲"称为"白洲",理由是"南北亚墨利加大国曰白西尔(又译巴西),次曰白露(又译秘鲁)",故名。在叶圭绶看来,"祆洲"和"神州"原来"大块相连,实一洲也,西人似欲自为一域,故分为二"。澳洲则改称"南洲"。"'华洲'和'白洲'微地相联,确是两洲,西人统名'亚墨利加',又分南北,何如竟以为二洲乎?今定分大地为六大洲。"①这一"神州""祆洲""乌洲""华洲""白洲"和"南洲"的六大洲体系,虽然不少命名亦仍有牵强附会之处,较之以发现者"亚墨利加"命名,也未见得一定高明,且将祆教与基督教混为一谈,认为欧洲人都信奉祆教,明显有史实错误,但是中国制图者尝试以自己的理解来重构世界地理的分洲法,还是值得尊重的努力。

比较《坤舆全图》《万国大地全图》与《大地全球一览之图》,可见三者间既有联系,又有区别。除上述《万国大地全图》和《大地全球一览之图》两图若干不同外,最大部分的修改还在于今澳洲的部分。今天的澳洲,《万国大地全图》绘制者将"新阿阑地亚"绘在"墨瓦蜡泥加洲"之外,标列出澳洲西海岸的狮子地、额尔得第、铁门斯蒂、马嘴各尔河等地名。"墨瓦蜡泥加洲"仅仅针对冰海(即南极洲)。作者似乎仍然颇感困惑,于是拟另设"南洲"。作者这样写道:"'南图'墨瓦蜡泥加洲,周绕南极各去极三四十度不等,近岁西舶有自'新阿阑地亚'南驶至,去极五六度,登岸者有遇冰海阻路者。则'南图'非此洲真形也。今于'新阿阑地亚'之南改作去极五六度,添入'冰海'字,余仍其旧。《瀛寰志略》称'澳大利亚'(即'新阿阑地亚'),即'墨瓦蜡泥加洲'。盖不知南极下别有大地也。"可见作者一方面利用《瀛寰志略》,一方面也有自己的独立判断。《万国大地全图》所绘的形状与今天有很大的差别,《坤舆全图》上澳洲与南极大陆相连的半岛标有"新阿兰地亚""加尔本大利亚"和"新热聂亚地"三个大地名,岛上还标有不少小地名,据统计,有狮子地、额得尔地、爹门斯地、新瑟兰第亚、高地、圣伯多罗岛、圣方济各岛、干岸、伪峰、圣玛利峰、冒火山、哥个的落岛等23个地名。《万国大地全图》除沿用《坤舆全图》上的狮子地、额得尔地、爹门斯地、新瑟兰第亚、高地外,不少地名

---

① 《大地全球一览之图》叙言部分,该图藏台北"故宫博物院"。

不同程度有改动,如"圣玛利峰"改为"圣马利峰","冒火山"改为"冒火地","哥个的落岛"改为"歌个勺洛"。删去的地名有圣伯多罗岛、圣方济各岛、干岸、伪峰等;新添的地名有大石山、铁门斯地、新为匿亚、亚老哥、龟岛、鸟岛、则浪、圣马豆等,在《万国大地全图》澳洲部分出现的地名多达 86 个。《大地全球一览之图》在《万国大地全图》基础上的重大进步表现在形状方面,所绘澳大利亚与今天相差不大,将《坤舆万国全图》直至《坤舆全图》延续下来的传说中的"墨瓦蜡泥加洲"一词,在《大地全球一览之图》上被全部去除,而改用红色套印的"南洲"。"墨瓦蜡泥加洲"仅指今天的南极洲。南半球第三幅有"新阿兰地亚,又名澳大利亚,又名小亚细亚,有居人如兽,其边地今皆人英",并标志了"英吉利悉尼城"。"海燃"后一段被删去,也删去了有关"《天学初函》"的一段。在第二幅"冒火地"一处有重大修改:"又名巴布亚,古火山国,英地。"新添加了"新危尼耳兰群岛,英地"。而在南美洲部分,去除了"阿尔琐比加"一段,改为"此西洋原图界画,与《瀛寰志略》不同"。"蚂蚁"地名边上添加了"白露海"三字。在"猴岸"地名边上添加了"比里约哥兰的"一词。

《万国大地全图》及其增订本《大地全球一览之图》,是中国地图学史和中国学术史研究上几乎已被遗忘的两个比较准确绘制澳大利亚的重要地图文本,从 20 世纪 20 年代的梁启超《中国近三百年学术史》到笔者眼界所及的最近出版的喻沧、廖克编著的《中国地图学史》(测绘出版社,2010 年)都只字未提上述两图。《万国大地全图》还有汪前进、李胜伍、李纪祥所撰写的论文涉及过①,而《大地全球一览之图》至今尚无专文讨论过。梁启超在著述中阐述了清代"历史的地理学"之演变过程,认为大致可以划作三大阶段:"第一期为顺康间,好言山川形势厄塞,含有经世致用的精神。第二期为乾嘉间,专考郡县沿革、水道变迁等,纯粹的历史地理矣。第三期道咸间,以考古的精神推及于边徼,浸假更推及于域外,则初期致用之精神渐次复活。"②叶子佩和六严所绘制的世界新图——《万国大地全图》和《大地全球一览之图》,正是梁启超所说的"以考古的精神推及于边徼,寖假更推及于塞外,则初期致用之精神渐次复活"建构世界图景的代表作。尽管《万国大地全图》《大地全球一览之图》两图中仍有对《坤舆全图》内容的沿袭,但已经纠正了《坤舆全图》中的不确之处,还增补了大量新知识信息,其中特别是有关澳大利亚的内容。最值得提出的是,两图继承了利玛窦以来在世界地图中附

---

① 参见李纪祥:《海上来的世界图景——从利玛窦到魏源的世界新图与新世界观》,载朱诚如、王天有主编:《明清论丛》第九辑,北京:紫禁城出版社,2009 年。
② 朱维铮校注:《梁启超论清学史二种》,上海:复旦大学出版社,1985 年,第 459 页。

载文字的传统,将《华夷译语》和《红毛番话》读本的内容编入地图文本,作为附记文字;《大地全球一览之图》的修订者还试图突破利玛窦带来的"五大洲"用词,另外形成一个"神州""祔洲""乌洲""华洲""白洲"和"南洲"的六大洲体系。虽然这一体系未被清代学界接受而成功成为进入中国世界地图绘制的系谱地标志性文献,但中国民间制图者试图打破欧洲人世界大洲划分的话语体系,以自己的理解来重构世界地理大洲划分法,创造一种绘制世界新图的尝试,却很值得珍视。

四、来自实地考察与咨询外人的知识信息

晚清也有若干国人到达过澳大利亚,关于澳洲的知识也有部分来自实地考察,如阙名1888年的《澳洲纪游》称:光绪十三年十二月五日(1888年1月6日)作者从香港转道新加坡出发,于光绪十四年正月九日(1888年2月8日)抵达"悉德尼"(今译悉尼,又名雪梨,系1786年正式同意将植物湾作为政治犯和刑事犯流放地的英国内务部大臣雪梨子爵"Lord Sydney"的名字),称该"会城"在澳大利亚东南,"埠内居民十万余,街渠广洁,庐舍崇宏,英国设立总督于此,驻扎全岛,归其辖理,衙署营垒,制度恢廓。此外如博物院、繁术院、医馆、学塾,靡弗壮丽。名园别墅,游观之所,迤逦相属。各部创设绅房,治理政事,三之一由总督所遴选,三之二由民间所举授。西人多构屋山巅,参差栉比,遥望之有如燕翅鱼鳞"。正月十二日抵达"迷里奔"(今译墨尔本),称其地"海滨泊舟,码头穹然高跨,亘若长蛇,登岸八九里始入城。城之东西依据山岭,以峰峦之高下为雉堞之参差。廛市繁华,街衢周广,商贾雨集,货物云屯,高车怒马,电闪飙驰,轰然如雷盈耳,络绎不绝"①。游记之描述给人一种如临其境之感。

关于墨尔本和悉尼,《新金山记》中也有非常详细的实地描述:"新金山产金之伙,生物之众,贸易转输之广,人民居住之繁,诚可称一大都会。旅人足迹所熟至者,为新南维里斯。英国总督驻扎于悉德尼,即粤中所呼雪梨也。特其地广袤数千里,现虽节次开垦,而犹未尽辟。"其中也有关于澳洲土著人的信息,如称:"有二三四人裹粮进入腹地,初则登山度岭,附葛攀藤。青峰碧水,时遇佳境。土人见之尽去,如鸟兽之避弋缴也,行渐远,则刺岩插天,欲前无路。但见绝壁下有巨蛇十余蟠结其间,约长五六丈,围可径丈余,昂其首,似作噬人状。西人大惧,以为此亘古未见之巨蛇也。发枪击之,如中木石。百计擒之,终不能得。后乃结

---

① 王锡祺:《小方壶斋舆地丛钞》第十帙,上海:易堂本。

巨网张而获其一,曳出,聚而观者日有数千人。其地土人极寥落,性最愚鲁,面色尽黑,如摩鲁隅人种类,蓬首裸体,所食仅树根、山果,巢木而居,几如上古穷荒之世。年来附近土人略晓英语,招其工作,颇尽力。而一饱之后,即复飏去。孤须少与之食,然闭置室中,三四日后即闷而求出。与之银亦不识多寡。盖山林野性,非复可羁而驯也。其远处土人尤凶恶,搏人而食。"①这些内容或有来自实地考察以及实地调研的数据。

也有部分关于澳大利亚的知识信息是来自一些驻外使节的咨询外人之后所得资料的整理,如光绪三年八月二十二日(1877年9月28日),张德彝(1847—1918)在《随使英俄记》卷六中系统整理世界各国的地理资料,其中写道:"澳大利亚洲为天下至大之岛,在亚细亚之东南。东临太平洋,西倚印度洋。赤道南十度至三十九度十分,北京东一分至三十九度六分。计二千八百六十三万二千零九十六方里。居民二百七十五万名口。内分五府:曰'牛埠穗'(今译新南威尔士——引者注,下同),曰'威克兜立亚'(今译维多利亚),曰'坤似兰'(今译昆士兰),曰'南澳',曰'西澳'。地面为咸海沙漠,惟四面临海,地脉肥饶。土产金、银、铜、铁、黑铅、白铅、锡、煤、水银、茶、烟、糖、碱、葡萄、黍、麦、牛、马、鸡、羊、棉花、皮革、牛角、羽毛等。初于公历一千五百四十年(即明嘉靖十九年),为葡萄牙人觅得其地,然开垦地少。后于一千七百七十年(即乾隆三十五年),经英国航海船主库克到彼泊船,始遍得其地。继而掘矿开窑,设立一切。"之后还介绍了澳大利亚南部的塔斯马尼亚岛。② 张德彝关于1540年葡萄牙人发现熬煮以及1770年英国库克到达澳洲南部的信息,是当时欧洲关于澳大利亚发现的若干新看法。

清朝首任驻英公使郭嵩焘(1818—1891)赴任后不久即称赞欧洲"风教实远胜中国"③,感叹"三代以前,独中国有教化耳,故有要服、荒服之名,一皆远之于中国而名曰夷狄。自汉以来,中国教化日益微灭;而政教风俗,欧洲各国乃独擅其胜。其视中国,亦犹三代盛时之视夷狄也"④。光绪三年(1877年)三月郭嵩焘在参观英国"Royal Kew Garden"时,注意到其中有很多物产来自澳大利亚。光绪四年四月二十日(1878年5月21日),他专门就澳大利亚的问题咨询过澳洲总督"哲尔威斯"。澳洲总督"哲尔威斯"告知:"澳大利亚凡分五部:东曰'魁英斯兰得'(今译昆士兰),曰'维多里亚',曰'纽苏士威尔士'(今译新南威尔士);其

---

① 王锡祺:《小方壶斋舆地丛钞》第十帙。
② 张德彝:《随使英俄记》,长沙:岳麓书社,1986年,第470—471页。
③ 郭嵩焘:《伦敦与巴黎日记》,长沙:岳麓书社,1984年,第580页。
④ 郭嵩焘:《伦敦与巴黎日记》,第491页。

中土曰'苏士阿尔[斯]得里亚'（South Australia，今译南澳大利亚）；西曰'苏士得尔恩阿斯得里亚'（Western Australia，今译西澳大利亚）。英人于此设四总督，驻扎'苏士阿尔斯得里亚'。"①四月二十二日（5月24日）他在日记中再次记录了从"哲尔威斯"处获得的"新金山"资料："言其地东西亘三千英里（合中国九千里），南北二千余英里（合中国六七千里）。维多里亚一部最小，然已倍于英伦。总督所驻苏士阿尔[斯]得里亚。则已四倍法国疆域矣。其土人制皮为衣，已亦[有]袭西洋衣服者，然日见稀少。性嗜酒，所饮火酒，多患渴死，禁之亦不从。是以其地旷土为多，西北尤荒芜。"②也有公使将耳闻之资料与中国行政制度加以比附的，如薛福成在《出使英法义比四国日记》中就指出："观各国设官之意，颇有与中国暗合者。如英法义比等国办事，亦各分厥部，每部设一尚书。"③光绪十六年六月二十五日（1890年8月10日）卷三介绍澳大利亚的政治建制时称："盖英属新金山共有五省，均设总督、巡抚、布政司及水陆提督。其各埠各岛已经查看者：曰'纽所威路'（今译新南威尔士），曰'雪梨'，曰'纽加士'，均属'纽所威路省'；曰'域多利亚'（今译维多利亚），曰'美利滨'（今译墨尔本），曰'叭拉辣'，曰'仙大市'，即大金山。曰'呲治活'，曰'汪加拉打'，均属'域多利亚省'；曰'衮司伦'（今译昆士兰），曰'庇厘市槟'，曰'洛坑顿'，曰'勃大啤'，曰'麦溪'，曰'坚氏'，曰'波得忌（口字旁）利市'，曰'汤市喊路'，曰'谷当'，均属'衮司伦省'；曰'亚都律'（即南澳士地利亚省城）。曰'咪打稳'，均属南澳士地利亚省，南澳士地利亚省亦曰'亚都律省'；又有西澳士地利亚省。"④

亦有资料来自西人著述的译本，如作新社1903年还译出美国白雷特著《澳洲风土记》，该书是作者的澳洲游记。共分十九记。一记游西德亚及钮客斯特尔、二记树、三记游牧、四记澳洲人民原始、五记禽兽、六记游密伯昂城、七记金矿、八记埃乃城、九记达斯马尼亚岛、十记新西兰、十一记亚克兰岛、十二记新西兰矿源水源并火山、十三记南岛、十四记费几岛、十五记新卡特尼亚岛、十六记檀香山岛、十七记克乐火山、十八记疯人岛、十九记太平洋群岛。全书大约一万五千字，《新学书目提要》称该书"备述形胜，亦及琐俗，虽逊于立温斯敦《黑蛮风土记》之详，亦尚简明有要。按澳洲全境属于英吉利，其中分为无数小国，每国各有一长以执其政，有事则请命于英皇，然自主之权犹未尽失，各设长官，各立议会，

---

① 郭嵩焘：《伦敦与巴黎日记》，第579页。
② 郭嵩焘：《伦敦与巴黎日记》，第581页。
③ 薛福成：《出使英法义比四国日记》，长沙：岳麓书社，1985年，第289页。
④ 薛福成：《出使英法义比四国日记》，光绪二十年铅印本，收入《续修四库全书》影印本。

略似地方自治之规模,惟各国分据疆土,法律既殊,货税亦异,而政策遂以不同,其志士忧之,乃创为联邦之议,自西历一千八百八十五年设立澳洲连合协议会以考察其政俗,务使划一,各帮合力以期,渐收自立之权,历十余年,其间几经摧折,卒于一千八百九十九年合诸联邦而建一政府,邀请英皇以自后凡澳洲事若不关于英国者则不必闻于英廷云。以各国殖民地论之,其制度之完密盖未有过澳洲者,盖其民种本属白人,故能力所呈无殊母国。无锡薛氏《海外文编》曾著《澳太利亚可生人才说》,谓其地虽近赤道而燠度不过盛,终有异才特生,观于联邦之举而信其言之先识也。"该书编者提出:"又闻澳洲土地未尽开垦,四隅之境已具横由,而中央各区尚待人力,其全洲地势之陿与其草莱之功,盖类我之琼州。此书所纪亦云内地泥土干燥,非如沿海之肥美滋润,易于种植,故至今未辟者尚多,是其明证。而日本人之徙于澳洲者年约三四千人,闻多于沿海各州以采取珍珠为业,则府海之利尤宏,异日中国移民之图,当以是邦为最合矣。阿非利加一洲距欧罗巴为近,既任欧人开之,澳洲距亚细亚为近,其未竟之业固将有待于亚人。近世列国之中盛传天演之说,若以争存之理言之,此亦无竞之术也。"①

五、吴宗濂、赵元益《澳大利亚洲新志》和沈恩孚《澳大利亚洲志译本》

1851 年澳大利亚掀起的淘金潮,使中国人与澳大利亚的关系进入了一个新的时期。也许就是在澳大利亚华人的增加,特别是 19 世纪 50 年代淘金热所引发的华人赴澳大利亚采掘黄金的浪潮,1854 年上半年有三千名华人来澳洲,到年底又有七千名华人抵达。从而在澳大利亚形成了华人社会,但是作为海上弱国的清政府又根本无法面对澳大利亚当局通过的一系列排华的所谓华人移民法案。② 华侨问题凸显,在澳大利亚华人也越来越感到需要祖国政府的支持,以解决在澳的种种问题。因此,关于中澳关系问题引起了清政府的关注。19 世纪 90 年代,国人对澳大利亚的关注即缘于上述的背景,郑孝胥(1860—1938)1897 年 2 月 24 日的日记中曾经记述,汪康年(1860—1911)曾向他出示过宁波人张某所撰写的"《檀香山、澳大利亚诸岛志》稿"③。下面讨论的《澳大利亚洲新志》和《澳大

---

① 通雅斋同人编:《新学书目提要》卷三,载熊月之主编:《晚清新学书目提要》,上海:上海书店出版社,2007 年,第 514—515 页。
② [澳]安德鲁斯著,高亮等译:《澳中关系史》,第 6—9 页。
③ 劳祖德整理:《郑孝胥日记》,北京:中华书局,1993 年,第 589 页。

利亚洲志译本》两译本亦诞生在这一背景下,两书完成的时间在 1897 年前。

《澳大利亚洲新志》为嘉定吴宗濂、新阳赵元益同译,元和江标辑刊入"灵鹣阁丛书"第四集,有清光绪中元和江氏湖南使院刊本。本文所据为商务印书馆 1936 年 12 月《丛书集成初编》本,即据"灵鹣阁丛书"本圈点,与《使德日记》和《英轺私记》合刊。该版本 1985 年还为台湾新文丰出版公司编入《丛书集成新编》第 89 册。

吴宗濂(1857—1933),字挹清,号景周,江苏嘉定人。清监生。1876 年入上海广方言馆,1879 年入京师同文馆继续学法语和俄语。后接连追随刘瑞芬、薛福成等驻英法使馆担任翻译官。所著《随轺笔记》分记程、记事、记闻、记游四卷,对西方文化介绍记述颇详,其中记有孙中山伦敦蒙难事件,尤其珍贵。1897 年回国在杭州担任译书公会的翻译,后任汉口铁路总公司总稽查。1901 年在上海广方言馆任法语教习。1902 年担任驻法使馆参赞。1903 年随孙宝琦出使,任驻西班牙使馆代办,旋任湖北、四川、江南等省留学生监督。1904 年任驻奥地利代办,后署外务部左参议、右丞。1909 年奉派出任驻意大利钦差大臣。1912 年改称外交代表。不久辞职回国,任外交部特派吉林交涉员。1918 年当选为安福国会参议员。1927 年任上海法租界工部局华人董事。1930 年起,任国民政府条约委员会委员。卸任后,居北京,后居上海。主要著述有《德国陆军考》《桉谱》等书。后来他除与赵元益合译《澳大利亚洲新志》等外,还编译了《分类锦囊法语》,并与同学黄致尧一起将"V. Valne"的英法文对照原著译成《法语全编》。① 赵元益(1839—1902),字静涵,江苏新阳人,举人出身,华蘅芳的表弟。他通晓中医,是藏书家。19 世纪 60 年代来沪,受聘于江南制造局翻译馆,与傅兰雅、林乐知合作译书多达 17 种。在工艺制造的应用技术方面,1879 年与傅兰雅合译出美国阿发满有关铸造工艺的著作《冶金录》;在采矿工艺方面,1870 年与傅兰雅合译出英国蒲尔奈的《井矿工程》,以及有关数学、工程学和军事方面的译书,其中尤以医书翻译为突出,计有《儒门医学》《内科理法前后编》《西药大成》《西药大成补编》《西药大成药品中西名目表》《法律医学》《济急法》《水师保身法》。另有一些与军事和科技有关的译著。赵元益还曾随清末大臣薛福成于 1890 年出使英、法、意、比三年多,其间曾奉命向德国细菌学家科赫(Robert Koch,1843—1910)学习。②

---

① 参见苏精:《清季同文馆及其师生》,台北:上海印刷厂,1985 年,第 204—207 页;徐友春主编:《民国人物大辞典(增订版)》(上),石家庄:河北人民出版社,2007 年,第 612 页。

② 关于赵元益的生平及其翻译成绩,可参见赵璞珊:《赵元益和他的笔述医书》,载《中国科技史杂志》1991 年第 1 期;郝秉键等著:《19 世纪晚期中国民间知识分子的思想:以上海格致书院为例》,北京:中国人民大学出版社,2005 年。

《澳大利亚洲新志》全书不分卷,通过若干小标题将全书分出若干段落。分境界、幅员、地面高凸、水利、天气、草木鸟兽、民数、教务、学校、耕种、牧养、出产、地产、制造、商务、河道·铁路·电线、各种大城、掌故。后附录：澳司脱拉拉齐、苔斯马尼、新西兰奴浮尔第奈（一名巴布亚）。如"境界"称:"澳大利亚,在南洋各岛之东南,以此与亚细亚洲分开。西边有尖角,其形直削,在京师西经三度二十二分五十八秒。澳大利亚之东,有一凸角,曰比隆。""幅员"写道:"澳洲为地球最大之岛,较法国十四倍,得欧洲五分之四,其地分五属地,彼此不相牵制,各有自主之权。其中最大者曰西澳洲（Western Australia,英文名为引者所加,下同）,凡二百五十二万七千五百三十方启罗迈当①;曰南澳洲（South Australia）,连北地并算有二百三十三万九千七百五十三方启罗迈当。曰魁唔司伦特（Queensland,今译昆士兰）,有一百七十三万零六百三十方启罗迈当;曰奴浮尔加尔第西特（New South Wales）,有八十万零七百三十方启罗迈当;曰维克多利亚（Victoria）,有二十三万七千六百十方启罗迈当。澳洲陆地之形平整有山,其四周之边,断者甚少。……海湾海口等,为数不多,其南边靠西,形弓弯,名曰澳洲大湾。……近太平洋一边之海岸,景致甚佳,有山阜树林牧场等,东北边船只不易弯泊,因海中多暗礁也。海口最大而深者名闸克森,其内有城,名曰昔得内（Sydney,今译悉尼）。又有一海口,名但尔凡,系在北地界内,又有一海口名非里泼,内有迈拉波尔纳城（Melbourne,今译墨尔本）,又有四小城,一名挨得赖以得（Adelaide,今译阿德莱德）,一名白里斯排唔（今译布里斯班）,一名纽手揩司尔,一名弗勒莽脱尔。"②

"地面高凸":"澳洲为一极大之山,其高亦寻常,其边窄而不甚高,近太平洋一带,其地多山而沃饶,树木颇多。热带上之天气,因有海风而温和。如欲入山,山虽不高,颇属不易。自山而下,又至一山,豁然开朗,别有一境。其中有几条山带,孤立而形小,穿过其山,自东至西,或自北至南皆有之。另有数角,草木遮蔽。有槐树胶树成小林。澳洲内地有五分之四无植物与人迹,地面俱干,只有枯草,又有刺人之小树,无江湖,无兽。所有佳地可耕种者,系在山麓及海滨。……澳洲之东南角最高,其山之极高者,名澳洲阿尔魄斯,又名蓝山［西名勃（无力旁）峦］"。"Blue Mountains",也称"布鲁山脉"。"水利":"地近赤道,内地平坦,山

---

① "启罗迈当"今译"千米",系法文"Kilomètre"的音译,后文"迈当"今译米,为法文"mètre"的音译。"方启罗迈当",是"平方千米"之意。
② 吴宗濂、赵元益同译：《澳大利亚洲新志》,商务印书馆,1936年,"丛书集成初编"本（引文中插入的英文原名为引者的注释。下同此版本,仅注书名、页码）,第1—2页。

不甚高,少云雾,并无冰雪,因有此数故,并合天气甚燥,河形极微,最低处在洲之东南。该处有瀑布,有爱尔湖……只有一条大江,名曰墨尔累江,长约一千八百启罗迈当。面积有七千兆法顷,可行小火轮。"①

"天气":"澳洲数处之地势,城邑水道之形,可定澳洲之天气。沿海一带,有益于养身,百度寒暑表向未至一度之下,在日光中升至八十度。阴凉不过四十度,其热气虽在热带,而为海风所吹和,雨稀,惟每下一次甚大。至于内地天气,迥不相同,大火炉风,空气干燥,雨少竟无草木,故不能畜养兽族。"②

"草木鸟兽"记述道:"澳洲植物,种类不少。树木内有槐树与香胶树。此树有高一百五十迈当者,较旧金山最高之树更高。无有矮树,有枝之树甚少,叶暗而不茂。禽兽之种类亦不甚多,所有者大半为澳洲之本产。兽身有袋,其名曰'刚古罗',又有哇尔尼·多兰格芒米否鸟,声不善鸣,羽毛甚肥泽发光亮,式样颇多。"③"槐树与香胶树"显然是指澳大利亚最常见的桉树类,桉树是世界上最高的树种之一。"兽身有袋"的"刚古罗",即袋鼠,西方人一般称大袋鼠为"kangaroo","刚古罗"可能是汉文文献中第一次出现的袋鼠译名。"哇尔尼·多兰格芒米否鸟",可能是指在澳洲形状像鸵鸟的"鸸鹋","哇尔尼"可能是"emu"的发音,"多兰格芒米否鸟"是否系该鸟的学名"Dromaius novaehollandiae"的不准确的音译?待查。书中没有提到树熊(Koala,今译考拉)。"牧养"部分介绍澳洲绵羊产业:"羊为澳洲最大之生意,共有六十六兆头。奴浮尔加尔第西特,其数最多,有三十八兆头。……大半之羊为西班牙之种,毛极细软,其数多以为最。"④

"掌故"部分有比较详细的澳大利亚发现史:"公历一千五百零七至一千五百二十九年之间,澳大利亚,为葡人所寻得。惟是考究明白,实在一千七百二十年,在爪哇京城之荷兰人考究得之。自一千六百零六至一千六百四十四年内,荷兰人在北西南三处海边,详细履勘,水手内之考究甚精。推为有功者名'阿背尔·带司门'(Abel Jansz Tasman,今译'塔斯曼',1603—1659),知西边荒野居民之凶悍,贸易之清淡,因此立属地之意,迁延不就,靠太平洋一边胜于前言之三面,人俱不知之。科克于一千七百七十年,始泊船西南角,所有东南之海边,尽行认出。自好户角(Botany Bay,今译植物学湾)至牙京克角(York Bay Peninsular,

---

① 吴宗濂、赵元益同译:《澳大利亚洲新志》,第2页;墨尔累江即澳大利亚流程最长、流域面积最广、支流最多的水系墨累-达令河。根据最新澳大利亚百科全书,该河流全长为2 700千米,流域面积为65万平方千米。参见沈永兴等编著:《澳大利亚》,北京:社会科学文献出版社,2003年,第11页。
② 吴宗濂、赵元益同译:《澳大利亚洲新志》,第3页。
③ 吴宗濂、赵元益同译:《澳大利亚洲新志》,第3—4页。
④ 吴宗濂、赵元益同译:《澳大利亚洲新志》,第6页。

今译约克角半岛),遂全属于英国,名曰奴浮尔加尔第西特(New South Wales,今译新南威尔士)。近今一千八百年以后有法国之水手名罢代,又有一人名弗来西奈,亦往海边四周游历察看。英国第一次欲立商埠在一千七百八十八年,在罢带里海湾,惟是察看该处方知不佳,故又换至南边。另择一海湾名曰'萨克逊码头'(Port Jackson,又译萨克森埠,今译杰克逊港湾)。其择地之人名曰昔得内(Lord Sydney,今译悉尼子爵,即 1786 年正式同意将植物湾作为政治犯和刑事犯流放地的英国内务部大臣雪梨子爵),初次在该处设埠之时,又犯罪作苦工者七百五十七人,英人二百人,另有管理罪犯之人住在该处。今只能以游历著名最有功者称述之。'罗森伊'(Lawson,今译'罗森'或'劳森')是第一人,穿过蓝山,'爱文司'(George Evans)与'屋克司累'(John Oxley,今译'约翰·奥克斯利',1785—1828),行过'麦加里'(Macquaire River,今译'马夸瑞河'或'麦夸里河')及'辣克郎河'(Lachlan River,今译'拉克兰河'),和'浮尔余没'行过维克多利亚(今译维多利亚)西方一带,至非里勿海口;'阿郎甘奈扛'行至暮尔敦海湾;'沙尔司达脱'(Charles Staurt,今译'史托特')行过'大林'(Darling River,今译'达令河',或译'道林河系'),及'墨累·米赛尔'(Murray)走西边沿海之山内,有多次极为尽力。伯爵'司脱齐里几'(Count Paul de Strzelecki,今译'斯特尔泽莱斯基伯爵',波兰探险家)考究澳洲'阿耳魄司山'内之'可瑟可可山'(今译'科修斯科山',为澳大利亚最高山峰),拿勒哥里兄弟三人考究西澳洲之土地又十五年之久,召唔'爱尔'(Edward Eyre,今译'埃尔')行过'都伦士湖'(Lake Torrens,今译'托仑斯湖')与'爱尔湖'(Eyre Lake,今译'埃尔湖'),'里特微格'(Friedrich Leichhardt),'来沙尔'行过'魁唔司伦特'(今译'昆士兰州'),从'暮尔敦海湾'至'爱星敦海口',后殁于一千八百四十八年。……今时尚有许多游历之人,找寻澳洲各处,内有讲究地学者,又有专寻牧场者。……一千八百五十一年,寻得金矿。澳洲由是兴旺,麇聚多人,至今有愿常住澳洲者。又有从前犯罪充军之人,或其子孙,其民分为二种,各不相涉,得金矿以后,失业之人一拥而来,又有想发财之人,几乎天下之人聚焉。该处居民之旧俗因此不变,众人俱想得金矿,故从前分开各不相涉之意,渐化而无。自彼时起,生齿日繁,一千八百五十一年,又三十万人,今有三百余万人。"①文中所谓"科克",即著名的航海探险家库克(James Cook),1770 年 4 月由其担任船长的英国船来到了南太平洋,船上有一些科学家,他们此行的任务是到塔希提岛进行天文观测,然后进行探索南方大

---

① 吴宗濂、赵元益同译:《澳大利亚洲新志》,第 8—10 页。

陆的计划。1770年4月20日黎明,库克指挥的船向北行驶,看到了澳大利亚大陆东南海岸的山丘和树丛,这是欧洲人第一次见到南方大陆的东海岸,4月29日他们发现了悉尼港南面的植物学湾(Botany Bay),之后沿着海岸继续向北行使到大陆东北沿海的大堡礁一带,由于船触礁而不得不在今天的昆士兰州北部的库克镇停留两个月。继续沿着东海岸前行来到"牙京克角",即今译约克角半岛的北部顶端,然后自东至西穿过托雷斯海峡到达爪哇岛上的雅加达,再横渡印度洋,绕过南部非洲的开普敦,经过大西洋回到英国。

《澳大利亚洲志译本》是《澳大利亚洲新志》的增订本,收入在胡祥鑅辑《渐学庐丛书》中,署名沈恩孚编次,即增订者。沈恩孚(1864—1944),字信卿,亦署心馨,号渐庵,晚号若婴,江苏吴县(今苏州)人。14岁入县学,补博士弟子员。远近争延为私塾师。他为学生讲解"《地球韵言》,以启童蒙"。曾肄业于上海龙门书院,1894年甲午科举人,主张变法维新。旋执教于宝山县学堂,张君劢、张公权、金其堡等皆出其门下。清光绪二十年(1904年)秋天考察日本教育,同年与袁希涛等倡议改上海龙门书院为初级师范学校,任学堂首任监督。参加创办江苏学务总会,当选会长,倡议施行小学单级教授法。武昌起义后入江苏都督府,任副民政长,旋任江苏省民政署秘书长。1913年弃政从教。1917年9月任湖南省教育厅厅长,与黄炎培等发起中华职业教育社,筹创南京河海工程专门学校。创办鸿英图书馆。又任上海市议会议长。抗战期间寓居上海闭门读书。1944年4月病逝于上海(或称1949年去世)。深研《说文》,通训诂之学,著有《戊戌读书记》《说文部首合体字内未入部首之独体字》《注配字母发音部位位表》《文字形体学要》《指字书部首之研究》《字谊新诠》《春秋左传地理今释》《春秋左氏传汉谊》《二十四史文学丛抄偶评》《易学史》《沈氏艺文志》《渐庵东游记》《渐庵诗存》《渐庵文存》等。后人编辑出版《沈信卿先生文集》。①

---

① 参见徐友春主编:《民国人物大辞典(增订版)》(上),第747页。沈恩孚早年在上海办新式教育,今天南京河海大学和上海同济大学的建立,都与沈恩孚有关,曾任同济大学第四任校长。和黄炎培的关系很深,文集后有黄炎培在重庆为其所写的传记,详细叙及平生交往和一生功业。文集编定的时间在1949年,所收他给许多当时出版物写的序跋和为许多名人及他们前辈写的墓志铭,收录其中多为教育、学术、科学、民治、工商等方面内容,尚有大量与章士钊、蔡元培、张君劢、陈柱、潘光旦等人的往来书信。他对中国文字学和西北地理均有研究,文集中亦有此研究和史料。其子沈有干是中国著名心理学家,沈有鼎为著名哲学家,兄弟俩同出清华,都对数理逻辑有很高的天分,且同为留美学生。辽宁教育出版社的"新万有文库"中有沈有干的留美回忆录《西游记》,他还常在《新月》和后来的《西风》杂志上发表小品文,有英国散文的趣味。沈恩孚有四个女儿,其中一女嫁给了工商领袖胡厥文。社会学家潘光旦即其外甥。参见《沈信卿先生文集》后附黄炎培《沈信卿先生传》和沈有珪、沈有琪的跋。

沈恩孚所编《澳大利亚洲志译本》一卷末有"丁酉初冬恩孚自志"的"今据原帙条最其文,录而存之,蹄涔部娄,不识有当万一否?"①据此,该书应该完成在光绪二十三年(1897年),可能同年刊印。该书不分卷,但是通过若干小标题将全书分成若干段落。第一节序言之后,依次为"志山""志水""志气候""志动植物""志民数(附诸教)""志官政""志学校""志农(附牧羊)""志工(附矿产)""志商(附轮船、铁道、电线)""志邑聚(附游历)"。最后为"澳司脱拉拉齐附志"。与《澳大利亚洲新志》的分类相比已有较大的改动,如《新志》中的"境界""幅员""地面高凸""水利""天气",被处理到"志山""志水""志气候"部分内;"志动植物"较之"草木鸟兽"显然更富有现代学科的色彩;那些属于明显传统分类的"教务""耕种""制造""河道""掌故"等,被改作"志农""志工""志商"。

序言部分总体介绍澳大利亚:"澳大利亚地据南洋群岛东南洲之西,有尖角,其形直削,在京师西经三度二十二分五十八秒,东一凸角曰比隆……全洲大于法兰西十四倍(译自法文故云然)得欧洲五分之四,地分五属,各有自主之权,最大者曰西澳洲,凡二百五十二万七千五百三十万启罗迈当;曰南澳洲,合北地凡二百三十三万九千七百五十三方启罗迈当。曰魁唔司伦特,凡一百七十三万零六百三十万启罗迈当;曰奴浮尔加尔第西特,凡八十万零零七百三十方启罗迈当;曰维克多利亚,凡二十三万七千六百十方启罗迈当。陆地平整有山,其四周宽广。……海湾海口可屈指计,其南境偏西处若弓弯,曰澳洲大湾。……东濒太平洋之海岸有胜境焉。山多而沃饶,林木畅茂,东北境海中时有暗礁,泊船者畏之。其海口最大而深者曰萨克森,内有城,曰昔得内(即悉尼)……全境人迹所未经者尚三分之一。内地无植物人迹者五分之四,地可耕者仅山麓海滨,得全境十四分之一。"②

"志山""志水""志气候""志动植物"等部分内容,在《澳大利亚洲新志》基础上有新资料的增补,如"志学校":"诸国学校之制,有初学塾、大人塾、妇学塾、中学塾、太学院,有官立塾、官助塾、民立塾,其建学广,故其兴民智也。锐洲中官设大书院凡三,一建于昔得内(今译悉尼),一建于迈拉波尔纳(今译墨尔本),一建于挨得赖以得(今译阿德莱德),其所课之业,为诸学最。入此学者,亦有差等,类中国生员、举人,以欧洲诸国所名者名之。其等学塾随地取给,公费不属国家,独初学塾,不问操何业者必入学读书,或其父母不令读教门书者听。当光绪十年

---

① 沈恩孚编次:《澳大利亚洲志译本》,载胡祥鑅辑:《渐学庐丛书》,光绪年间元和胡氏石印本,第11页(引文中插入的英文原名为引者的注释。下同此版本,仅注编者、书名、页数)。

② 沈恩孚编次:《澳大利亚洲志译本》,第1页。

(公历一千八百八十四年)又启蒙学塾五千八百四十四所,男童凡二十八万六千一百十三人,女童凡二十六万七千零七十八人,男教习五千六百七十四人,女教习六千二百十六人。(西国无男女贵贱,七八岁皆入学,至十五岁为小成,西一千八百八十一年每百人中识字者。德国约九十四人,美国约九十人,英国约八十人,法国约七十八人,俄国约十一人)。"①

"志邑聚(附游历)"亦有新的增补:"始探获洲地者为葡萄牙人。时值明正德嘉靖之间(西一千五百七年至一千五百二十九年当正德二年至嘉靖八年,迄国朝康熙五十九年,西一千七百二十年)在爪哇京城之荷兰人始详考得,实计自明万历十四年至国朝顺治元年(1606—1644)荷兰人在北西南三边勘地甚密,其有功者曰阿倍尔打司稔知西边荒野居民凶悍贸易稀少,以是不遽立属地,而地濒太平洋处白种人犹未至。乾隆三十五年(1770年)有科克者,始泊船西南角得尽识其东边之地,自好户角至牙京克角,遂全属英吉利,名曰奴浮尔加尔第西特。"该篇补充道:"嘉庆五年(1800年)以后有法兰西人弗来西奈及船工罢代,亦游历洲境之四周。英吉利之初,议立商埠也,在乾隆五十三年(1788年)既相度罢带里海湾不合,别择一湾于南境,名曰萨克森埠。其择地之人曰昔得内,故今有昔得内城,初设埠时仅作苦工者七百五十七人,英人二百人及管理罪犯者居之。"②这是指1788年英国海军军官阿瑟·菲利普(Arthur Phillip)率领的"第一船队",于1788年1月到达澳大利亚。菲利普首先在1770年库克船长考察过的"罢带里海湾"(今译植物学湾)登陆考察,但对于这个平淡无奇的圆形港湾不满意,即所谓"相度"而"不合",于是来到植物学湾北面的"萨克森埠"(Port Jackson,今译杰克逊港湾),这是一个天然良港,首批登陆的欧洲居民一千多人(包括七百多名囚犯),之后,菲利普立即就任澳大利亚第一任总督,宣布称澳洲大陆的整个东半部为英国属地,命名为"新南威尔士"。③ 最后为"澳司脱拉拉齐附志",主要讲述新西兰的情况。

《澳大利亚洲志译本》除了在资料上与《澳大利亚洲新志》有若干补充增订外,还在原有的一些数字前增加了若干观点性的陈述,如"志动植物"开篇写道:"地壳既成泥土,有植物始生动物;有动物始生人。全球之上,植物二十万余种,动物约二十五万种。"④"志工"强调"土硗人满之国,多以工自立。于是重

---

① 沈恩孚编次:《澳大利亚洲志译本》,第4—5页。
② 沈恩孚编次:《澳大利亚洲志译本》,第7页。
③ 于杭、梁再冰:《澳大利亚》,重庆出版社,2004年,第28页。
④ 沈恩孚编次:《澳大利亚洲志译本》,第2页。

工者垡于农"①。"志商"中指出:"全球以商战者大小数十国,视货物进出口数为胜负。"②"志官政"部分,沈恩孚则专门就澳大利亚的政治制度做了比较仔细的阐述:"白种人经画是洲者,自谓新民政事,其诸属地彼此无牵制,除西澳洲外,各有政府不相统属,立属地之法,与英吉利制度差同。其统属之官,即总督。英君主所命其上议院之员,律例官所派充;下议院之员,民间公举。而数至寡以是值,公举事或全岛之人俱有之。其律例由当地议院核准者,即可施行。由英议院中管理属地之员议准者,须英君主允准后施行。"③

《澳大利亚洲新志》及其增订本《澳大利亚洲志译本》,是晚清最早关于澳大利亚的汉文译著,也是中国汉文文献中最早有关澳大利亚的著述。从《澳大利亚洲新志》到《澳大利亚洲志译本》,资料上所据的蓝本或资料取自何种原本,很值得进一步研究。晚清从原本到译本,译者为了迎合中国读者的阅读趣味,经常会在文本处理上采取中国传统的体例④,英文版的《钱伯斯百科全书》是晚清很多译者取材的资料库,《澳大利亚洲新志》及其增订本《澳大利亚洲志译本》资料是否有取自该书,其编纂采用的传统志书的形式究竟与原本有多大程度的不同,都值得深究。二是《澳大利亚洲新志》的编译者及其增订者都是江苏人,且都曾活动在上海,并各自有西洋和东洋的游学经历。赵元益大吴宗濂18岁,后者署名在前,从两位译者早年教育训练的背景考察,译本所参考原本的选择和资料的口译者,主要可能是吴宗濂,赵元益担任的是笔述润饰的工作;增订者沈恩孚小吴宗濂7岁,与赵元益堪称两代人。清末前后几十年间,沪上广泛的异域信息资源和海洋文化的城市特征,是否对他们关注新兴的澳洲有着某种联系呢?我以为这也是一个有意思的、值得进一步讨论的问题。

---

① 沈恩孚编次:《澳大利亚洲志译本》,第5页。
② 沈恩孚编次:《澳大利亚洲志译本》,第6页。
③ 沈恩孚编次:《澳大利亚洲志译本》,第4页。
④ 如英国传教士慕维廉(William Muirhead,1822—1900)和中国的合作者蒋敦复将英国历史与地理学家托玛士·米尔纳(Thomas Milner)的原著《英格兰史》(History of England)编译成《大英国志》。原本是一部按照时间顺序排列的王朝更迭史,译本体例作了很大的修改,原本七卷,译本改成八卷。卷一为开国纪原、英降罗马纪;卷二英萨索尼朝;卷三英诺曼朝;卷四北蓝大曰奈朝;卷五都铎尔朝;卷六斯丢亚尔的朝;卷七北仑瑞克朝。前七卷译自该书,是一部描述从部落时代到克里米亚战争的典型的英国编年史,而卷八则由关于职官、宗教和地理等八种"志略"组成,资料来自英国占弗儿兄弟(William Chambers,今译威廉·钱伯斯,1800—1883,和Robert Chambers,今译罗伯特·钱伯斯,1802—1871)编纂的英文版《钱伯斯百科全书》(Chamber's Information for the People)等书。参见邹振环:《西方传教士与晚清西史东渐——以1815年至1900年西方历史译著的传播与影响为中心》,上海:上海古籍出版社,2007年,第128—129页。

六、结　　语

有学者指出,"世界史上有两次海路地理大发现。第一次是 1492 年哥伦布发现美洲,第二次是 1606 年詹思(Willem Jansz,约 1570－1630)发现澳洲"[①]。如果说明末清初的中国学者是通过西方传教士利玛窦的世界地图、艾儒略的《职方外纪》和南怀仁的《坤舆图说》等来了解第一次地理大发现的成果,那么,晚清国人对澳大利亚的认识则是通过部分实地考察记录所获取的信息,以及部分知识来自对海外人士的咨询,更多的信息还是来自 19 世纪初以来外人撰写的有关澳大利亚的著述,通过国人的摸索、研讨获取的信息,从而完成了对第二次世界地理大发现的了解。

与晚清英国和美国知识在中国的介绍不同,有关澳大利亚的知识并无类似西方传教士裨治文《美理哥合众国志略》和慕维廉《大英国志》这样完整的史地论著为依据[②],而关于澳洲的知识信息,主要是由中国人来承担知识传输者的主角。在国人完成对第二次世界地理大发现的认识过程中,明末清初耶稣会士的地理学汉文西书,在晚清世界地理知识的重建过程中仍然扮演过重要的角色。当然,更重要的还是 19 世纪初以来西方新教传教士等携带来的有关澳大利亚的新知识,这些新知识纠正了明末清初耶稣会士的地理学汉文西书的若干偏差,"澳大利亚"是新学文献学家如梁廷枏、徐继畬和世界地图绘制者叶圭绶、六严等利用新输入的西学地理学知识,修正当年利玛窦、艾儒略、南怀仁等所述"墨瓦蜡泥加"的错谬的重要途径之一。认识了澳洲,五大洲才算有了真正完整的认识,地球的视野也大大拓展了。在传播有关澳大利亚新知识方面,梁廷枏的《海国四说》、徐继畬的《瀛寰志略》在士大夫阶层的认识中起到了至关重要的作用[③],而星轺使行人员和澳洲的游历者也贡献了他们的知识信息,地图学家使原有的地球的形状获得了更为精确的表述,文献翻译家也注意从环境的角度介绍澳大利亚的地形地貌、植物动物、气候农业、制度教育等信息,这类丰富的数据积累,对于 20 世纪初世界地理和区域类型的地理著述

---

　①　李龙华:《澳大利亚史:古大陆·新国度》,第 5 页。
　②　关于上述两书的研究参见邹振环:《西方传教士与晚清西史东渐——以 1815 年至 1900 年西方历史译著的传播与影响为中心》第四章、第五章。
　③　参见邹振环:《晚明汉文西学经典:编译、诠释、流传与影响》,第一章第四节,上海:复旦大学出版社,2011 年,第 72—76 页。

的撰写提供了重要的学术支持。

澳洲在原有所知的亚洲、欧洲、非洲和南北美洲之外,又提供了新一种地理类型和文化类型,这些生动的游记和译著资料,为没有加入澳洲探险的中国人提供了丰富的知识资源。19世纪开始有大量中国侨民移居澳洲"种地开矿",19世纪50年代淘金热所引发的华人赴澳大利亚采掘黄金,不能说与之全无关联。1900年11月至1901年5月,梁启超还将澳大利亚四州作为宣传维新变法思想的基地。梁廷枏、徐继畬等早期西方民主思想的宣传者和郭嵩焘、薛福成等早期欧洲民主政治的考察者,以及吴宗濂、赵元益、沈恩孚等澳大利亚译本的编译者,注意从环境的角度介绍澳大利亚的地形地貌、植物动物、气候农业、制度教育等信息,由于澳大利亚是第二次世界地理大发现的产物,因此,中国传统地理学文献以及明末清初的耶稣会士的汉文西书中都没有其自然地理和人文地理的确凿材料,不管是零星的澳洲政区划分知识的介绍,还是系统的政治制度叙述,还是将澳洲所采取的西方民主政治与中国传统政治模式的模拟,都似乎隐含着一种深意,即优于中国专制统治的西方民主制度,可以在曾经仅仅是荒芜的澳洲土地上根植,当然就更有理由在文化丰厚的中华大地上施行了。澳洲在原有所知的亚洲、欧洲、非洲和南北美洲之外,又提供了新一种地理类型和文化类型,20世纪初国人能够更进一步接受地球的多样性和世界文化多元性的叙述,与第二次地理大发现中澳大利亚地理知识传播和地理知识的启蒙,亦有着密切的关系。

附记:2009年12月3日至22日笔者作为国务院侨办赴澳大利亚华校教师培训团成员,赴悉尼、堪培拉、阿德莱德和墨尔本四地为华文教师讲授"中国文化专题"的课程,其中部分内容述及中国人对澳大利亚的认识。本文的最初构思形成在堪培拉澳大利亚国立图书馆和墨尔本维多利亚州立图书馆的数据调研过程中,2011年12月18日至31日应台北故宫博物院图书文献处卢雪燕研究员的邀请,参与该院图书文献处的"明清舆图数字典藏计划"的地图文献的释读工作,进一步深化了对此一问题的认识。2012年12月7日至9日,本文初稿曾提交香港大学中文学院主办的"绝域远人:明清文化视野中的西方"国际研讨会。本研究系复旦大学"985三期"整体推进人文科学研究项目(2011RWXKZD017)的阶段性成果;复旦大学2011年度光华人文基金资助国际交流项目"学术访问资助"计划的成果之一。

Chinese Knowledge about Australia in the Late Qing Dynasty
Zou Zhenhuan

[Abstract]

The discovery of Australia may be said to be the second great geographical discovery in history. There has been no comprehensive and in-depth discussion in previous scholarship on Chinese knowledge about Australia in the late Qing Dynasty. This article starts with the Jesuits' imagination of Australia in the late Ming and early Qing period, followed by analysis of the primary accounts on Australia by late Qing scholars such as Liang Ting-nan and Xu Ji-yu, the mid-19th-century Chinese world maps that contain Australia, knowledge and information about Australia collected through site visits of the Chinese travelers and consultations with the foreigners, and in particular the two Chinese books *Aodaliya zhou xinzhi* (*A New History of Australia*) and *Aodaliya zhouzhi yiben* (*Translations of the History of Australia*). The article aims to present a comprehensive exposition of how late Qing Chinese by way of their continuous search for knowledge about Australia from Chinese translations of Western books and overseas documents achieved a new understanding of the second great geographical discovery.

[Keywords]

Late Qing Dynasty, Australia, World Geography, Great Geographical Discovery, Geographic Translations

作者简介

夏伯嘉,生于香港,求学于美国,获哈佛大学硕士(1978年)及耶鲁大学博士(1982年)学位。现任美国宾州州立大学讲座教授、台湾"中央研究院"院士。曾获多项国际学术奖项与研究基金,并客座讲学于德国、荷兰、比利时和我国台湾、香港的多所大学。研究专长包括欧洲史(自文艺复兴至法国大革命)、宗教史、文化史及中西文化交流史等领域,著述成果丰富,且被译成中、日、意、德等国文字。

蒋向艳,复旦大学比较文学博士,华东师范大学国际汉语文化学院副教授,2010年2月至12月,在比利时鲁汶大学汉学系做访问学者,主要从事比较文学和欧洲汉学的研究。主要著作包括:《唐诗在法国的译介和研究》(北京:学苑出版社,2016年);《程抱一的唐诗翻译和唐诗研究》(上海:华东师范大学出版社,2008年)、*Famous Chinese Figures and Their Stories*(上海:上海海文音像出版社,2008年)。近年发表的文章有《迁移的文学和文化:耶稣会士韩国英法译〈诗经·蓼莪〉解析》,载《澳门理工学报(人文社会科学版)》2017年第3期;《吴历研究综述》,载《国际汉学》2016年第2期;《吴历皈依天学时间问题再探及其他——读刘耘华教授〈依天立义〉中的吴历研究》,载《中国比较文学》2015年第2期;《吴历〈湖天春色图〉研究》,载《汉学研究》第14集,2012年;《寒山诗在法国的传播及其意义》,载《华东师范大学学报(哲学社会科学版)》2011年第4期。

蔡锦图,香港浸信会差会驻德国宣教士、香港信义宗神学院神学博士。主要研究中国教会史和中文《圣经》翻译。撰写、编辑及翻译多部著作,以中文《圣经》翻译为题的包括《圣言千载:〈圣经〉流传的故事》(2011年)、《遗珠拾穗:清末民初基督新教〈圣经〉选辑》(2014年)、《〈圣经〉在中国:附中文〈圣经〉历史目录》

(2018 年)、《元始有道：19 世纪浸信会中文〈圣经〉翻译》(2018 年)，以及多篇学术论文。

宋刚，北京大学中文系硕士，南加州大学（University of Southern California）东亚语言文化系博士。2008 年起任教于香港大学中文学院。主要研究方向为明清时期入华天主教与中国文化、中西文化交流史。近期从事的专题包括明清之际的圣母玛利亚信仰、早期天主教《圣经》汉译。有专著 *Giulio Aleni, Kouduo richao, and Christian-Confucian Dialogism in Late Ming Fujian*（Monumenta Serica Monograph Series LXIX. Routledge，2018），编著 *Reshaping the Boundaries: The Christian Intersection of China and the West in the Modern Era*（HKUP，2016），并在《华裔学志》《国际汉学》等期刊发表了多篇中、英文学术论文。

李奭学，台湾辅仁大学英国文学硕士，芝加哥大学比较文学博士（1999 年），现任台湾"中央研究院"中国文哲研究所研究员、台湾师范大学翻译研究所合聘教授、辅仁大学跨文化研究所合聘讲座教授。研究专长包括中外比较文学、宗教与文学的跨学科研究、现代文学以及中国翻译史等。著有《中国晚明与欧洲文学：明末耶稣会西洋古典型证道故事考诠》(2009 年)与《译述：明末耶稣会翻译文学论》(2012 年)等十余部，另译有《西洋文学概论》(1988 年)等数部，发表论文百余篇。

黎子鹏，英国牛津大学哲学博士，现任香港中文大学文化及宗教研究系副教授。曾任哈佛燕京学社访问学人。研究领域包括汉语基督教文学、中国小说与宗教文化、宗教文学翻译等。专著有 *Negotiating Religious Gaps: The Enterprise of Translating Christian Tracts by Protestant Missionaries in Nineteenth-century China*（2012 年）、《经典的转生——晚清〈天路历程〉汉译研究》(2012 年)、《福音演义——晚清汉语基督教小说的书写》(2017 年)；编著有《晚清基督教叙事文学选粹》(2012 年)、《赎罪之道传——郭实猎基督教小说集》(2013 年)、《道德除害传——清末基督徒时新小说选》(2015 年)、《中国基督教文字事业编年史（1860—1911）》(2015 年)、《中外宗教与文学里的他界书写》(2015 年)、《古圣若瑟剧本——民国天主教圣经戏剧选辑》(2018 年)；论文发表于多份国际期刊。曾获香港中文大学"卓越研究奖"（2011 年）及"文学院杰出教学奖"（2010 年、

2011年、2013年、2014年、2015年及2017年)。

孟华,北京大学比较文学与比较文化研究所教授。法国巴黎索邦大学法国文学与比较文学博士。主要研究方向:中法文学、文化关系研究,形象研究,十八世纪研究。主要著译作:*Voltaire et la Chine*,《中国孤儿》(译著),《伏尔泰与孔子》,《比较文学形象学》(主编),《法国文化史》(合著),《中国文学中的西方人形象》(编著),*Visions de l'autre：Chine，France*,《神话与史诗——乔治·杜梅齐尔传》(译著),《中法文学关系研究》,*Miroirs croisés：Chine，France*(编著,中方主编)及其中译本《交互的镜像：中国与法兰西》等。现有学术兼职:北大高等人文研究院学术委员会委员,法国 *Revue de littérature comparée*(《比较文学杂志》)名誉编委,法国 *Histoire littéraire de France*(《法国文学史》)杂志通讯编委,国际法国研究会(Association internationale des études françaises)理事。

徐欢颜,女,文学博士。2005年至2010年于北京大学中文系比较文学与比较文化研究所攻读硕士、博士学位,2006—2007年赴法国巴黎索邦大学(Université Paris-Sorbonne，Paris IV)学习一年。现任教于西南大学文学院。目前已发表《中国译者塑造的莫里哀形象》《莫里哀喜剧与李健吾的现代喜剧创作》等学术论文数篇,主持教育部人文社会科学青年项目"莫里哀喜剧与20世纪中国话剧"。近期研究继续致力于中法戏剧文学文化交流领域。

邹振环,1957年出生于上海,祖籍浙江鄞县。历史学博士。现为复旦大学历史系教授、博导、中国古代史教研室主任。主要从事明清历史文献和西学东渐史研究。著有《疏通知译史》(上海:上海人民出版社,2012年)、《晚明汉文西学经典:编译、诠释、流传与影响》(上海:复旦大学出版社,2011年)、《西方传教士与晚清西史东渐》(上海:上海古籍出版社,2007年)、《晚清西方地理学在中国》(上海:上海古籍出版社,2000年)、《20世纪上海翻译出版与文化变迁》(南宁:广西教育出版社,2000年)、《影响中国近代社会的一百种译作》(北京:中国对外翻译出版公司,1996年)等论著多种,发表学术论文百余篇。

图书在版编目(CIP)数据

传播、书写与想象:明清文化视野中的西方/宋刚主编. —上海:复旦大学出版社,2019.4
ISBN 978-7-309-14142-9

Ⅰ.①传... Ⅱ.①宋... Ⅲ.①文化交流-文化史-中国、西方国家-明清时代 Ⅳ.①K248.03

中国版本图书馆 CIP 数据核字(2019)第 016773 号

传播、书写与想象:明清文化视野中的西方
宋　刚　主编
责任编辑/关春巧

复旦大学出版社有限公司出版发行
上海市国权路 579 号　邮编:200433
网址:fupnet@fudanpress.com　http://www.fudanpress.com
门市零售:86-21-65642857　团体订购:86-21-65118853
外埠邮购:86-21-65109143　出版部电话:86-21-65642845
上海四维数字图文有限公司

开本 787×960　1/16　印张 13.75　字数 227 千
2019 年 4 月第 1 版第 1 次印刷

ISBN 978-7-309-14142-9/K·689
定价:45.00 元

如有印装质量问题,请向复旦大学出版社有限公司出版部调换。
版权所有　侵权必究